Volumen I
Parte Común

Auxiliares de Administración Local

Corporaciones Locales

Rodio
ediciones

Autor

Tomás Jesús Robledo de Dios

Licenciado en derecho. ICADE.
Cuerpo de Interventores-Tesoreros Administración Local categoría Superior
Cuerpo de Secretarios-Interventores Administración Local -Excedente

©Ediciones Rodio, S. Coop. And.
©Los autores
Primera edición, agosto 2014. Primera reimpresión, marzo 2015 (282 páginas)
Diseño de portada: Ediciones Rodio, S. Coop. And.
Edita: Ediciones Rodio, S. Coop. And.
Alameda de Hércules, 32-33. 1.ª planta. 41002-Sevilla
Teléfono: 955 28 74 84. Fax: 955 09 38 48
www.edicionesrodio.com
email: info@edicionesrodio.com
ISBN: 978-84-16232-90-1
ISBN (Obra completa): 978-84-16266-11-1

Índice

Presentación

El equipo editorial de Ediciones Rodio, con más de 20 años de experiencia en el sector de libros para la preparación de oposiciones, pone a tu disposición un eficaz y completo manual para la preparación de las pruebas de acceso a Auxiliares de Administración Local, categoría que continuamente están convocando Corporaciones locales como Ayuntamientos, Diputaciones, Cabildos, etc.

Tienes en tus manos el volumen que hemos llamado Parte Común, con trece temas de Constitución y Derecho Administrativo. El segundo volumen, Parte específica, incluirá temas sobre el Régimen Local español.

Son temas totalmente actualizados, exhaustivos y con la garantía de un autor reconocido y con numerosos años de experiencia en la materia.

Ediciones Rodio te ofrece, para la preparación de estas convocatorias, tres volúmenes:

– El presente Temario Volumen 1, Parte Común.

– Temario Volumen 2, Parte Específica.

– Test del Temario.

Tienes el material idóneo: completo, organizado y actualizado, redactado y madurado durante muchos años de experiencia. Si a ello, le unes tu ilusión y ganas, estamos seguros que alcanzarás tu meta.

Te deseamos el mayor de los éxitos.

Tu triunfo será nuestro triunfo.

Prólogo

Estimado opositor, las oposiciones a Auxiliares de Administración Local, que continuamente están convocando Ayuntamientos y Diputaciones, tienen una media de 20 temas y dos formatos de examen, en unos casos de tipo test, y en otros, y muy numerosos, con temas de desarrollo, normalmente divididos en dos partes, una primera parte común, donde se incluyen temas de Constitución y Derecho Administrativo, y una segunda parte específica dedicada al Régimen Local Español.

Así, te hemos preparado un manual, dividido en las dos partes de que suelen constar, con un total de 28 temas (13 de parte Común, y 15 de parte Específica) con un gran desglose de epígrafes, de forma que puedas cubrir un noventa por ciento del temario de tu oposición.

El presente volumen (Volumen 1) ocupa la parte común, con 13 temas.

En él encontrarás dos tamaños de letra, para diferenciar lo más importante a la hora de facilitarte el resumen del tema, en letra de mayor tamaño. El resto del tema se complementa para los exámenes tipo test, para los que tienes que leer y estudiar los temas completos, ya que pueden preguntar detalles y datos que escapan a un estudio de comprensión y desarrollo.

Te aconsejo que adaptes el estudio y los resúmenes al temario específico de tu convocatoria, seleccionando los epígrafes que te hayan incluido.

Hemos desarrollado a lo largo del texto numerosos cuadros sinópticos, a modo de resumen, para facilitarte el estudio y la memorización, y adentrarte a cuestiones que pudieran parecer complejas.

Como complemento a los dos libros del temario, y para facilitar el control para exámenes de preguntas tipo test, este juego de libros se acompaña de un tercer volumen, con exámenes tipo test, tema por tema, al objeto de que puedas evaluar tu progresión en los conocimientos.

Un buen material de base, y tu esfuerzo y constancia será la mejor garantía para tu éxito. ¡Mucha suerte!.

EL AUTOR

Tema **1**

La Constitución Española de 1978

La Constitución Española de 1978.
Principios generales.
La reforma constitucional.

Rodio
ediciones

Índice esquemático

© Ediciones Rodio

1. INTRODUCCIÓN ¿QUÉ ES UNA CONSTITUCIÓN?

Podemos definir una constitución como "**una ley o conjunto de leyes fundamentales, que regulan la estructura de los principales órganos del Estado que ejercen el poder, sus competencias, sus responsabilidades y las relaciones entre ellos; así como los derechos y deberes del ciudadano**".

1. Es una Ley o conjunto de Leyes fundamentales, ya que puede ser una sola ley o diversas leyes, cuya característica más importante es que es la ley fundamental de ese país, y este carácter de "super-ley", se manifiesta en dos aspectos:

a) Se encuentra en el vértice o cúspide del ordenamiento jurídico (es decir por encima de las demás leyes), de forma que ninguna otra pueda ir en contra de lo que prescriba la constitución.

b) La constitución tiene un procedimiento especial de elaboración y reforma distinto del seguido para el resto de las leyes.

2. Que regula la estructura de los principales órganos del Estado que ejercen el poder, regulación que se encuentra en lo que se denomina "parte orgánica" de la constitución, y que recoge la estructura de los principales órganos del Estado, el poder legislativo, el poder ejecutivo y el poder judicial.

3. También regula su funcionamiento, y como se relacionan entre ellos, intentando un equilibrio de distribución del poder entre ellos.

4. Regula además los derechos y deberes fundamentales de los ciudadanos, y está destinada a reconocer y garantizar los derechos y libertades inviolables de los ciudadanos así como los deberes que estos tienen frente al Estado, y que este puede exigir.

En base a estos caracteres generales, podemos definir la:

CONSTITUCIÓN ESPAÑOLA DE 1.978 como la "**Ley Básica del ordenamiento jurídico español, que constituyen el marco jurídico de la vida en común de los españoles, el reparto de poderes y funciones dentro del Estado, sus relaciones, las relaciones entre los poderes y los ciudadanos, los derechos y deberes de estos y sus garantías**".

2. ANTECEDENTES HISTÓRICOS

Dentro de los antecedentes históricos vamos a analizar primero brevemente la historia del constitucionalismo español, y a continuación se analizará el proceso de gestación que originó la aparición de nuestra actual constitución.

2.1. Evolución histórica del constitucionalismo español

El constitucionalismo español, comienza con la **Constitución de Cádiz de 1812** aprobada en dicha ciudad ante la invasión francesa por las tropas napoleónicas. Esta constitución significa el tránsito del antiguo al nuevo régimen. Incorpora a la misma los principios revolucionarios de la división de poderes. Establece por vez primera que la soberanía reside esencialmente en la Nación, y configura a las Cortes como el supremo órgano de representación del pueblo español. Por último garantiza el principio de igualdad y la garantía de ciertos derechos individuales a los ciudadanos.

Sin embargo, dicha constitución tuvo escasa aplicación ya que en 1814, Fernando VII la suspendió, y tan sólo volvió a regir en el trienio liberal de 1820 a 1823.

Tras el fallecimiento de Fernando VII, su viuda la reina María Cristina encarga la elaboración de un nuevo texto constitucional, que se aprobó como **Estatuto Real de 1834**, texto muy corto sólo 50 artículos frente a los 384 de la de 1812. Fundamentalmente es una disposición real por la que se convocan elecciones para unas nuevas cortes bicamerales.

Dicho texto tuvo una aplicación muy breve en el tiempo, ya que, en 1836 se produjo el motín de la Granja, que culminó en la promulgación de la **Constitución de 1837** que es en esencia una revisión de la de 1812, de naturaleza progresista, reconoce los derechos fundamentales de los ciudadanos, mantiene el bicameralismo, y establece la elección mediante sufragio de los ayuntamientos.

En 1844 los conservadores suben al poder presididos por Narváez, y en seguida se plantean modificar la anterior constitución y hacer una acorde a sus planteamientos, que se aprobó como la **Constitución de 1845**. De naturaleza moderada, arrincona la idea de soberanía nacional y la sustituye por la de soberanía compartida entre el rey y las cortes.

En 1868 el general Prim encabeza la revolución progresista conocida como "La gloriosa". La reina abdica y se prepara una nueva constitución, conocida como la **Constitución liberal de 1869**. Lo más llamativo de la misma es la larga lista de derechos y libertades que recoge. Se suprimió la censura de prensa. Aprobada la constitución se entronizó a Amadeo de Saboya como Rey de España. Pero el asesinato de Prim, y la agitación revolucionaria, obligaron a Amadeo a abdicar. Se proclamó entonces la 1ª República Española, que duró tan poco, que no llegó a publicarse su constitución que era de corte federalista.

Se produce entonces La Restauración en la persona de Alfonso XII, y se aprobó la **Constitución moderada de 1876** que estableció un sistema político de alternancia en el poder entre liberales y conservadores que dio una cierta estabilidad al convulso panorama político de nuestro siglo XIX.

Ya en el siglo XX se produjo tras la dictadura de Primo de Rivera, el advenimiento de la 2ª República, publicándose la **Constitución Republicana en 1931**. Constitución intensamente democrática e idealista. Estableció el Sufragio Universal y dedicó amplia atención a los derechos individuales. Permitió la aparición de los Estatutos de Autonomía, y creó un Tribunal de Garantías Constitucionales.

Con la guerra civil española de 1936 a 1939, se trunca el citado régimen, instaurando un régimen de naturaleza personal y autocrático por el General Franco. No tuvo en dicha época una constitución propiamente dicha, sino un conjunto de leyes a las que se denominaba **Leyes Fundamentales**, que hacían las veces de texto constitucional. Dichas Leyes fueron, el Fuero del Trabajo, La Ley de las Cortes, El Fuero de los Españoles, La Ley de Referéndum Nacional, La Ley de Sucesión en la Jefatura del Estado, La Ley de Principios Fundamentales del Movimiento Nacional, y la Ley Orgánica del Estado.

2.2. Proceso de gestación de nuestra actual Constitución

El 20 de noviembre de 1.975, es una fecha clave para comprender la historia de nuestro tiempo; con la muerte del General Franco, se cierra una larga etapa de raigambre carismática y se abre otra llamada de **transición política,** que culmina con la entrada en vigor de nuestra constitución, el 29 de Diciembre de 1.978. En esta etapa de transición se puede distinguir claramente 3 etapas:

2.2.1. Gobierno de Arias Navarro

Que se caracteriza por la continua pugna entre el sector conservador que propugna la persistencia de las leyes fundamentales, con algunos retoques y el sector progresista, que se pronuncia por una reforma profunda.

2.2.2. Gobierno de Suárez

Se inicia en Junio del 76, y se caracteriza por la búsqueda del consenso entre todas las fuerzas políticas del país, para, de esta forma, crear un nuevo marco de convivencia social.

En esta segunda fase se aprobó en referéndum la **Ley para la Reforma Política el 15 de diciembre de 1.976** (que carece de disposición derogatoria), como instrumento para hacer posible el cambio o tránsito sin violencia de la legalidad franquista a la legitimación democrática. (Publicado en enero del 77). Se inicia a través de esta importantísima Ley, en opinión de Hernández Gil la ruptura con el régimen franquista anterior, pero a través de un proceso de reforma paulatina, que llevara a España a un sistema democrático.

Llama la atención la brevedad de esta ley, que tan solo consta de cinco artículos, pero en los cuales se iniciaba un proceso de cambio importante ya que establecía que en adelante sería España un sistema democrático basado en la supremacía de la Ley, atribuyendo la potestad de elaborar las leyes a las Cortes.

Además concretó el principio fundamental de elección democrática de las Cortes al establecer en el artículo 2º que:

- Las Cortes Generales se componen del Congreso de Diputados y el Senado.
- Los Diputados será elegidos por sufragio universal, libre, directo y secreto de los españoles mayores de edad.
- Los Senadores será elegidos en los mismos términos, en representación de las Entidades Territoriales Provinciales.
- La duración del mandato de senadores y diputados será de cuatro años.
- Establecen sus propios reglamentos y eligen sus presidentes.
- El Presidente de las Cortes lo nombra el Rey.
- El Congreso y el Senado establecerán sus propios reglamentos y elegirán sus propios Presidentes.

En marzo del 77 se promulga la llamada Ley Electoral, cuando ya habían salido de la clandestinidad los partidos políticos.

2.2.3. Cortes Constituyentes

El **15 de Junio de 1.977**, se celebran las primeras elecciones generales democráticas, de las que surgen las primeras Cortes Democráticas, cuyo objetivo era la redacción de la Constitución.

En dichas elecciones generales el electorado español optó por posiciones moderadas, ganando UCD seguida del PSOE. EL PCE y Alianza Popular quedaron bastante relegadas, y las organizaciones extremistas fueron absolutamente marginales. Las Cortes así elegidas resultaron equilibradas y este hecho tendría un peso decisivo en la estructuración del régimen democrático y en la configuración de las futuras reglas del juego, caracterizada por el consenso, que será la primera y más importante característica de nuestra Constitución.

La situación histórica en la que se desarrolló el proceso constituyente no estuvo exenta de enormes dificultades en un ambiente general de inestabilidad: Una profunda crisis económica, el terrorismo estaba en pleno auge, el paro no dejaba de aumentar, y con relativa frecuencia se escuchaba el "ruido de sables" en los cuarteles. Por eso y como manifiesta el Catedrático de Historia Juan Manzanares, "La democracia recién nacida no estaba ni mucho menos asentada, por lo que una acción conjunta y decidida de todas las fuerzas políticas y sociales en su favor resultaba imprescindible".

Con este criterio consensual se eligió una ponencia de siete miembros, que elaboró el anteproyecto constitucional. El texto resultante fue sometido, sucesivamente a las comisiones y plenos del Congreso y del Senado, en donde se presentaron más de mil enmiendas en cada cámara. El texto una vez enmendado pasó a ser discutido por una comisión Mixta Congreso y Senado, encargada de redactar un proyecto definitivo.

Éste sería aprobada por los plenos de ambas Cámaras, el 31 de octubre de 1.978, fue sometida a Referéndum el 6 de Diciembre de 1.978 siendo ratificada mayoritariamente por todos los españoles; la sanción por el Rey tuvo lugar el 27 de diciembre de 1.978, y su publicación en el B.O.E. el **29 de diciembre de 1.978**, entrando en vigor el mismo día de su publicación.

La Constitución de 1978 ha permitido que España disfrute de la más duradera estabilidad democrática de su Historia. Hasta la fecha sólo ha tenido **dos modificaciones**, en 1992 el art. 13.2 y en 2011 el art. 135.

La Constitución Española: fechas

FECHA	QUÉ SE HIZO	SINÓNIMOS
13 Julio 1977	Constitución del Congreso Constituyente.	
22 Julio 1977	Sesión de apertura de las Cortes	
25 Julio 1977	Creación Comisión Constitucional encargada de redactar el proyecto de Constitución	
5 Enero 1978	Publicación en el BOE del anteproyecto de Constitución	
21 Julio 1978	Aprobación del proyecto de Constitución por el Congreso	

.../...

.../...

31 Octubre 1978	Aprobación por ambas Cámaras	Aprobación conjunta
6 Diciembre 1978	El pueblo español la aprobó en referéndum	Referéndum
27 Diciembre 1978	El Rey la sancionó	Promulgó
29 Diciembre 1978	Publicación BOE y entrada en vigor	Publicación
28 Agosto 1992	Publicación en el BOE de la modificación del art. 13.2	1ª Reforma
27 septiembre 2011	Publicación en el BOE 2ª modificación, del art. 135	2ª Reforma

3. CARACTERÍSTICAS, ESTRUCTURA Y CONTENIDO DEL TEXTO CONSTITUCIONAL

3.1. Características de la Constitución Española

Son **características** de nuestra Constitución que es **Consensuada, extensa, escrita, codificada y rígida.**

Como hemos visto antes, la característica más importante de nuestra constitución de 1978, es haber sido una Constitución de **consenso**, entre todas las fuerzas políticas, para poner el énfasis, en aquello que les unía a todos, y apartar lo que les separaba. Esta característica rompe con la tradición constitucional española, del siglo XIX, que vimos en la pregunta de evolución histórica, que se caracteriza por la imposición de un grupo político sobre los demás. Además el haber sido una Constitución consensuada, ha sido probablemente la razón de su éxito. Han pasado ya más de 30 años desde que se promulgó, y ha servido sin retoques para gobiernos de Centro, Izquierda y Derecha, con lo que ha sido decisiva para la consolidación del sistema democrático en la España contemporánea.

Consecuencia de ser consensuada es que algunos autores señalan como característica su **imprecisión o ambigüedad,** ya que en ocasiones recoge principios aparentemente contradictorios, y otros autores le achacan como aspecto negativo estar **inacabada,** ya que constantemente está haciendo llamadas a su desarrollo a través de leyes orgánicas que desarrollen aspectos importantes de la misma.

Por mi parte no he incluido esas características entre las relevantes de la CE, ya que en mi opinión han sido superadas por el desarrollo posterior que el Tribunal Constitucional ha realizado, de interpretación flexible de nuestro texto constitucional, y por la creación por el mismo Tribunal del llamado "Bloque de la Constitucionalidad", como conjunto de normas que junto a nuestra CE, la completan y cierran para su desarrollo.

Su **codificación** en un solo texto, es decir, es una Constitución cerrada, a diferencia de las Leyes Fundamentales que vino a sustituir. Como tal código se articula en Títulos, capítulos y artículos que luego señalaremos.

Su **extensión,** (tiene 169 artículos) fruto de su pragmatismo, y del laborioso consenso entre las distintas fuerzas políticas al elaborarla, intentando superar la concepción partidista de la constitución que se dio en nuestra historia constitucional –como hemos visto antes–. La contrapartida a esta extensión y a su carácter consensuado es la dificultad en su interpretación y aplicación, resultando fundamental, a estos efectos, la intervención del Tribunal Constitucional, intérprete supremo de la Constitución, que ha venido depurando, con la doctrina contenida en sus pronunciamientos, su alcance y contenido.

Su **rigidez,** ya que su reforma requiere un procedimiento distinto al de las leyes ordinarias, regulándose en el Título X los distintos procedimientos de reforma. Algunos autores achacan la rigidez, precisamente a su extensión, ya que las Constituciones más cortas son más fáciles de interpretar y de adaptarse a los cambios.

Se establece por último como forma política del Estado, la Monarquía Parlamentaria.

3.2. Estructura de la Constitución Española de 1978

Consta de un **Título Preliminar, 10 títulos, con 169 artículos, 4 disposiciones adicionales, 9 transitorias, 1 derogatoria y otra final.** (4.911) Después de la de Cádiz es la más extensa de las españolas. Tiene un breve preámbulo con una enumeración de valores y principios que luego se desarrollan en el texto.

Su **estructura** es la siguiente:

– **Preámbulo**.
– **Título Preliminar**.
– **Título I. De los derechos y deberes fundamentales**.
  ▷ Capítulo I. De los Españoles y los Extranjeros.
  ▷ Capítulo II. Derechos y Libertades.
    ° Sección 1ª. De los derechos fundamentales y de las libertades públicas.
    ° Sección 2ª. De los derechos y deberes de los ciudadanos.
  ▷ Capítulo III. De los principios rectores de la política social y económica.
  ▷ Capítulo IV. De las garantías de las libertades y derechos fundamentales.
  ▷ Capítulo V. De la suspensión de los derechos y libertades.
– **Título II. De la Corona**.
– **Título III. De las Cortes Generales**.
  ▷ Capítulo I. De las Cámaras.
  ▷ Capítulo II. De la elaboración de las leyes.
  ▷ Capítulo III. De los Tratados Internacionales.
– **Título IV. Del Gobierno y de la Administración**.
– **Título V. De las relaciones entre el Gobierno y las Cortes Generales**.
– **Título VI. Del Poder Judicial**.
– **Título VII. Economía y Hacienda**.
– **Título VIII. De la organización territorial del Estado**.
  ▷ Capítulo I. Principios Generales.
  ▷ Capítulo II. De la Administración Local.
  ▷ Capítulo III. De las Comunidades Autónomas.

- Título IX. Del Tribunal Constitucional.
- Título X. De la Reforma Constitucional.
- 4 Disposiciones Adicionales.
- 9 Disposiciones Transitorias.
- 1 Disposición Derogatoria.
- 1 Disposición Final.

3.3. Contenido de la Constitución Española de 1978

Tradicionalmente se dice que nuestra Constitución tiene dos partes:

a) Una **parte Dogmática,** en la que se recogen los dogmas, aquello que es fundamental a la propia constitución, y que en nuestra CE se encuentra en el Título Preliminar y en el Título Primero.

b) Una **parte Orgánica,** en donde se regulan los órganos en los que se estructura el poder, de acuerdo con la División de poderes, establecida en la Revolución Francesa, Poder legislativo, Poder Ejecutivo y Poder Judicial, y que en nuestra Constitución comenzaría en el Título Segundo hasta el final.

En Cuanto al **contenido** de la misma debemos decir que el preámbulo y el Título Preliminar, contienen una serie de valores y principios fundamentales que inspiran todo el texto constitucional, tal y como veremos al final de este tema.

El Título Primero desarrolla los derechos y los deberes fundamentales. Contiene un largo catálogo de todos los derechos y las libertades de que gozamos en España, tanto los españoles como los extranjeros, cuales son nuestros deberes, de que forma se garantizan, y en que supuestos excepcionales se pueden suspender los mismos.

El Título II de la Corona, explica las funciones del Rey como Jefe del Estado español, regula la corona de España, la figura del Príncipe heredero, la tutoría y regencia, etc.

El Título III De las Cortes Generales, regula la actividad de nuestro parlamento como Poder Legislativo. Se divide en tres capítulos dedicados a las Cámaras –Congreso y Senado– a la elaboración de las leyes, las cuales clasifica en Orgánicas y Ordinarias, y a los tratados Internacionales que pueda firmar el Estado Español.

El Título IV. Del Gobierno y la Administración, establece las funciones y composición del gobierno, el nombramiento del presidente del gobierno, la responsabilidad del mismo, y por último establece los principios a través de los cuales actúa la administración pública.

El Título V establece las Relaciones entre el Gobierno y las Cortes Generales, regula la moción de censura al presidente del gobierno, la cuestión de confianza, y la intervención del gobierno en los supuestos de estados de alarma excepción y sitio.

El Título VI regula el Poder Judicial, regulando los principios bajo los que actúa, establece el Consejo General del Poder Judicial, como máximo órgano de dicho poder. Define al Tribunal supremo y al Ministerio Fiscal.

El Título VII denominado Economía y Hacienda, establece varios criterios dirigidos a los poderes públicos, en materia económica y financiera.

El Título VIII de la Organización Territorial del Estado, establece en primer lugar los principios de Autonomía, Solidaridad e Igualdad. Regula en su capitulo segundo a la Administración Local, definiendo los Municipios, las Provincias y el principio de suficiencia financiera de las entidades locales. Y por último, en su capítulo tercero desarrolla la regulación de las Comunidades Autónomas.

El Título IX crea al Tribunal Constitucional, como el máximo órgano interpretador de la Constitución.

Por último el Título X está dedicado a de que manera se puede proceder a la Reforma de la Constitución.

Las disposiciones adicionales y transitorias están dedicadas a problemas de ordenación territorial. La derogatoria deroga las anteriores leyes fundamentales. La final ordena la publicación de la Constitución en las demás lenguas de España.

Estructura de la Constitución Española de 1978

4. PRINCIPIOS GENERALES

Es mayoritariamente admitido que los Principios Generales de nuestra Constitución se encuentran en el Preámbulo y en el Título Preliminar, artículos 1 a 9.

El **Preámbulo** contiene una serie de principios y valores que luego son ampliamente desarrollados en el texto constitucional, y así establece:

La Nación española deseando establecer la justicia, la libertad y seguridad y promover el bien de cuantos la integran, en uso de su soberanía, proclama su voluntad de:

- Garantizar la convivencia democrática dentro de la Constitución y de las Leyes conforme a un orden económico y social justo.
- Consolidar un Estado de Derecho que asegure el imperio de la Ley como expresión de la voluntad popular.
- Proteger a todos los españoles y pueblos de España en el ejercicio de los derechos humanos, sus culturas y tradiciones, lenguas e instituciones.
- Promover el progreso de la cultura y de la economía para asegurar a todos una digna calidad de vida.
- Establecer una sociedad democrática avanzada.
- Colaborar en el fortalecimiento de unas relaciones pacíficas y de eficaz cooperación entre todos los pueblos de la Tierra.

En consecuencia las Cortes aprobaron y el pueblo español ratificó en referéndum nuestra actual Constitución de 29 de Diciembre de 1978.

Tras el Preámbulo, comienza nuestra Constitución con un **Título Preliminar**, que en sus nueve artículos **recoge una serie de valores y principios fundamentales que van a inspirar todo el resto del texto constitucional**, y que son los siguientes:

Artículo 1

1. España se constituye en un Estado social y democrático de Derecho, que propugna como valores superiores de su ordenamiento jurídico la libertad, la justicia, la igualdad y el pluralismo político.

2. La soberanía nacional reside en el pueblo español, del que emanan los poderes del Estado.

3. La forma política del Estado español es la Monarquía parlamentaria.

En este primer artículo el poder constituyente recogió la fórmula condensada de la organización jurídico-política de los Estados democráticos liberales europeos de la segunda mitad del siglo XX. En ese Estado social y democrático de Derecho se reconducen las diferentes corrientes de influencia que han operado sobre los Estados liberales europeos del siglo XIX y XX·

a) El **Estado de Derecho**, con la progresiva ampliación de los ámbitos de sumisión al Derecho y la eliminación de los espacios inmunes al mismo, consagrando este proceso como una auténtica cláusula general. La cláusula del Estado de Derecho, como señala Santamaría Pastor, fue desarrollada por la doctrina alemana de Derecho Público en el primer tercio del siglo XX en torno a criterios formales –principios de legalidad de la Administración, división de poderes, supremacía y reserva de ley, protección de los ciudadanos mediante tribunales independientes y responsabilidad del Estado por actos ilícitos)–, complementados con la garantía y protección de la libertad personal y política.

b) El **Estado democrático.** La incidencia de los principios democráticos sobre el Estado liberal ha significado la extensión del principio de igualdad a la participación política, el reconocimiento de los derechos políticos a todos los ciudadanos, cualesquiera que sea su riqueza, sexo, ideología, religión o creencias. En la conocida fórmula norteamericana, la forma de gobierno del pueblo pero elegido por el propio pueblo, por todo él, sin discriminación. Es, también, el gobierno de la mayoría pero con respeto de las minorías, que tienen que mantener la posibilidad de llegar a ser mayoría, y que los mandatos políticos sean temporales. Nuestra Constitución acoge todos estos principios. Consagra como derecho fundamental la igualdad ante la ley y rechaza cualquier discriminación por razón de nacimiento, raza, sexo, religión, opinión o cualquier otra condición o circunstancia personal o social (art. 14 CE), para después hacer lo propio con la participación política, al convertirla en derecho fundamental:

   ▷ Los ciudadanos tiene el derecho a participar en los asuntos públicos, directamente o por medio de representantes, libremente elegidos en elecciones periódicas por sufragio universal.

   ▷ Asimismo, tienen derecho a acceder en condiciones de igualdad a las funciones y cargos públicos, con los requisitos que señalen las leyes"(art. 23 CE).

c) El **Estado social**, finalmente, que en su formulación primigenia entendía que el Estado contemporáneo, lejos de limitarse a fijar las reglas conforme a las cuales deben desenvolverse los individuos en sus relaciones sociales y económicas, adopta una posición activa, más intervencionista, pues considera como un nuevo fin que le compete el garantizar "la procura existencial" (Forsthoff), el mínimo vital para poder desenvolverse en la sociedad. Como ha descrito con rigor y maestría el profesor García-Pelayo, la idea de Estado social de Derecho se debe al tratadista alemán de Teoría del Estado, Hermann Heller, quien, entre los años veinte y treinta del siglo pasado, lo propugna, como alternativa socialdemócrata entre la anarquía económica y la dictadura fascista; se trata de no renunciar al Estado de Derecho sino de dar a éste un contenido económico y social, de realizar en el marco del Estado de Derecho un nuevo orden laboral y de distribución de bienes. Lo que inicialmente forma parte del ideario de los partidos socialdemócratas pasa progresivamente a extenderse a los partidos democratacristianos, conservadores o liberales –de manera más o menos intensa, es cierto, según los momentos, lugares e ideologías políticas de los gobernantes–. Esa generalización le lleva al Profesor García-Pelayo a sostener que el Estado social significa históricamente el intento de adaptación liberal -burgués a las condiciones de la civilización industrial y postindustrial.

La libertad, la justicia, la igualdad y el pluralismo político como valores superiores del ordenamiento jurídico.

El Tribunal Constitucional ha establecido que la referencia a estos valores es la más acabada expresión (junto a la recogida en el art. 10.1 CE sobre el fundamento del orden político) del contenido material del Estado de Derecho a que nos referíamos en el apartado anterior: toda la actuación de los poderes públicos debe dirigirse a la consecución de valores. Nuestro Tribunal Constitucional se ha referido a la Constitución como orden de valores y a la consecuencia inmediata de que su interpretación tenga un carácter teleológico, destinado a garantizar esos valores.

   – La libertad como valor superior se proyecta en su dimensión política pero también "en su más amplia y comprensiva de libertad personal".

   – La justicia "es uno de los principios cardinales de nuestro Estado de Derecho" en dicho valor superior debe entenderse incluido el reproche de arbitrariedad, pero no es un valor ajeno y contrario al ordenamiento positivo que permita sacrificar otra norma constitucional en aras de una "justicia material", "ni que pueda identificarse unilateralmente con particulares modos de entender lo justo".

- La igualdad es un valor preeminente de nuestro ordenamiento jurídico, que debe colocarse en un rango central, que se proyecta con una eficacia trascendente de modo que toda situación de desigualdad persistente a la entrada en vigor de la Constitución deviene incompatible con el orden de valores que la Constitución proclama.

- El pluralismo político como valor superior del ordenamiento "permite contemplar en el marco de la Constitución diversas soluciones legales", permite una libertad al legislador para apreciar la oportunidad o conveniencia de modificaciones formativas, justifica que una misma corriente ideológica pueda tener diversas expresiones políticas que lleven a denominaciones parcialmente coincidentes, pero también impide que pueda ser ignorada la adscripción política de los representantes en la configuración de órganos en que se integran dichos representantes.

Artículo 2

La Constitución se fundamenta en la indisoluble unidad de la Nación española, patria común e indivisible de todos los españoles, y reconoce y garantiza el derecho a la autonomía de las nacionalidades y regiones que la integran y la solidaridad entre todas ellas.

Tres son los supraprincipios jurídicos que se constitucionalizan en este precepto: unidad nacional, autonomía de nacionalidades y regiones, y solidaridad de todas ellas.

En el debate constituyente se quiso reforzar con calificativos que no admitieran dudas: unidad "indisoluble" y "patria común e indivisible". El implícito reconocimiento de la preexistencia de España como realidad política y social anterior al proceso de refundación constituyente, tiene aquí su refuerzo: la unidad nacional como fundamento de la Constitución.

La unidad nacional "se traduce en una organización –el Estado– para todo el territorio nacional", el Estado, por eso, "queda colocado en una posición de superioridad tanto en relación a las Comunidades Autónomas como a los entes locales".

El constituyente optó también por un Estado compuesto, dotado de una amplia descentralización política mediante el conocimiento del derecho a la autonomía de sus nacionalidades y regiones, lo que doctrinalmente se ha denominado "Estado autonómico". El Título VIII de la Constitución lo concreta de acuerdo "con unos principios dispositivos que permiten que el régimen autonómico se adecue en cada caso a las peculiaridades y características de esas regiones y nacionalidades". El ejercicio de este derecho se articula mediante la aprobación de un Estatuto de Autonomía, por los procedimientos previstos en el citado Título VIII.

La solidaridad es "el corolario de la autonomía", pues ésta "no se garantiza por la Constitución para incidir de forma negativa sobre los intereses generales de la Nación o sobre intereses generales distintos de los de la propia entidad. El TC se ha referido, así a un "deber de auxilio recíproco","de recíproco apoyo y mutua lealtad" , "concreción, a su vez, del más amplio deber de fidelidad a la Constitución".Esta lealtad constitucional, que el TC ve encarnada en este principio, "obliga a todos, incluido el Estado".

Artículo 3

1. El castellano es la lengua español oficial del Estado. Todos los españoles tienen el deber de conocerla y el derecho a usarla.

2. Las demás lenguas españolas serán también oficiales en las respectivas Comunidades Autónomas de acuerdo con sus Estatutos.

3. La riqueza de las distintas modalidades lingüísticas de España es un patrimonio cultural que será objeto de especial respeto y protección.

Básicamente el Tribunal Constitucional ha declarado que "El castellano es medio de comunicación normal de los poderes públicos y ante ellos en el conjunto del Estado español". "Sólo del castellano se establece constitucionalmente un deber individualizado de conocimiento, y con él la presunción de que todos los españoles lo conocen".

La cooficialidad de las demás lenguas españolas lo es con respecto a todos los poderes públicos radicados en el territorio autonómico, sin exclusión de los órganos dependientes de la Administración Central y de otras instituciones estatales en sentido estricto. "En los territorios dotados de un estatuto de cooficialidad lingüística el uso de los particulares de cualquier lengua oficial tiene efectivamente plena validez jurídica en las relaciones que mantengan con cualquier poder público radicado en dicho territorio, siendo el derecho de las personas al uso de una lengua oficial un derecho fundado en la Constitución y el respectivo Estatuto de Autonomía".

Artículo 4

1. La bandera de España está formada por tres franjas horizontales, roja, amarilla y roja, siendo la amarilla de doble anchura que cada una de las rojas.

2. Los Estatutos podrán reconocer banderas y enseñas propias de las Comunidades Autónomas. Estas se utilizarán junto a la bandera de España en sus edificios públicos y sus actos oficiales.

Como es sabido la regulación de estos símbolos –bandera, escudo e himno– recoge y actualiza antiguas tradiciones de la monarquía española. Así, el origen de la bandera bicolor se remonta a Carlos III, el escudo a los Reyes Católicos y el himno procede de un toque militar conocido como marcha granadera.

Artículo 5

La capital del Estado es la villa de Madrid.

La idea de capitalidad, como es conocido, hace referencia a la población donde se localizan las sedes de las instituciones supremas de la comunidad política. Madrid es la capital del Reino de España desde que Felipe II fija la Corte en esta ciudad en 1561, si bien, desde entonces, en algunos pequeños períodos, ha dejado de serlo.

Artículo 6

Los partidos políticos expresan el pluralismo político, concurren a la formación y manifestación de la voluntad popular y son instrumento fundamental para la participación política. Su creación y el ejercicio de su actividad son libres dentro del respeto a la Constitución y a la ley. Su estructura interna y funcionamiento deberán ser democráticos.

Principio consustancial al Estado Democrático, recogido en el artículo 1º de la CE es el reconocimiento de los Partidos Políticos, como eje esencial de la participación de los ciudadanos en los asuntos públicos. Más aún es comprensible su inclusión como un principio general, en el Título Preliminar, derivado de la historia anterior a la Constitución en que proveníamos de un régimen con partido único, que penalizaba la afiliación a cualquier otro.

En consecuencia a dicha importancia nuestra CE asigna a los partidos políticos tres funciones fundamentales: a) Expresar el pluralismo político, el pluralismo de las sociedad sus diversas opiniones y creencias en cada momento; b) Concurrir a la formación y manifestación de la voluntad popular, a través de los procesos electorales periódicos (cada 4 años), mediante un sistema electoral que garantice el sufragio o derecho a voto de los ciudadanos de carácter universal, libre igual directo y secreto; y c) Ser Instrumento fundamental para la participación política de los ciudadanos en la gestión de los asuntos públicos.

Exige a dichos partidos que su estructura interna y funcionamiento deben ser democráticos.

Artículo 7

Los sindicatos de trabajadores y las asociaciones empresariales contribuyen a la defensa y promoción de los intereses económicos y sociales que les son propios. Su creación y el ejercicio de su actividad son libres dentro del respeto a la Constitución y a la ley. Su estructura interna y funcionamiento deberán ser democráticos.

La importancia que nuestra Constitución confiere a los sindicatos y a las asociaciones empresariales en el marco del Estado social y democrático de Derecho, ha llevado al constituyente a referirse al tema sindical en varios artículos de nuestra Norma Fundamental. Dentro del Título Preliminar, el artículo 7 CE consagra su papel como organizaciones básicas para la defensa y promoción de los intereses económicos y sociales. Por otro lado, en relación a la exégesis y contenido del art. 7 CE podemos señalar las siguientes características del precepto comentado:

1.º Situar, en primer lugar, a los sindicatos de trabajadores y las asociaciones empresariales como importantes pilares dentro del Estado social y democrático de Derecho al ocupar un papel de "organismos básicos" en el sistema político. En efecto, el sindicato se muestra como sujeto político capaz de procurar con su acción reivindicativa una transformación en las relaciones de poder en la empresa y en la sociedad. Su constitucionalización tendrá importantes consecuencias jurídicas y sociales, a diferencia de lo que ocurre con el comité de empresa, que al no estar constitucionalizado no es considerado más que como una creación de la Ley.

2.º En segundo lugar, otra importante característica definidora de la formalización de sindicatos y organizaciones empresariales consagradas en el art. 7 CE, es la función que les asigna el Texto constitucional de "defensa y promoción de los intereses económicos y sociales que les son propios". Definido de esta forma, el derecho comprendería un doble plano, dependiendo del sujeto al que se atribuya la facultad o libertad de que se trate. En primer lugar, desde una vertiente individual que implica el derecho de los trabajadores a fundar sindicatos y afiliarse al de su elección (STC 73/1984), o de permanecer al margen y no ser obligado a afiliarse a un sindicato (STC 12/1983). Desde el punto de vista colectivo, la libertad sindical consiste en el derecho de los sindicatos al libre ejercicio de su actividad, tanto en su faceta de defensa y promoción de los intereses económicos que le son propios como, en general, en la defensa y promoción de los intereses de los trabajadores.

3.º En tercer lugar el art. 7 CE no sólo consagra el derecho de libertad sindical, sino que se ocupa de declarar que tanto su creación como el ejercicio de su actividad son libres dentro del respeto a la Constitución y a la ley, fijando como límite a la misma la exigencia de una estructura interna y de un funcionamiento democrático.

Artículo 8

1. Las Fuerzas Armadas, constituidas por el Ejército de Tierra, la Armada y el Ejército del Aire, tienen como misión garantizar la soberanía e independencia de España, defender su integridad territorial y el ordenamiento constitucional.

2. Una ley orgánica regulará las bases de la organización militar conforme a los principios de la presente Constitución.

Las Fuerzas Armadas garantizan la soberanía y la independencia de España, función tradicional que debe entenderse como una actuación externa que busca asegurar la propia existencia del Estado frente a terceros. Deben realizarse algunas acotaciones: esta actuación se realiza ordinariamente con la sola existencia de las Fuerzas Armadas, que produce un claro efecto disuasorio. En cuanto a la presencia de España en organizaciones supranacionales tanto de carácter militar (OTAN) como político (Unión Europea), no obsta a que la soberanía e independencia nacional se sigan manteniendo, ya que la presencia en las mismas no deja de ser un acto voluntario del Estado, según las previsiones que se pueden encontrar en los artículos 93 a 96 CE.

Las Fuerzas Armadas defienden la integridad territorial de España, defensa que presenta una doble vertiente, interna y externa. La proyección externa tiene un perfil excluyente de intentos de anexión por terceros, lo que supone en el fondo una nueva llamada de atención a lo antes expuesto referido a la función de garantía de la soberanía y la independencia. En el ámbito interno, esta defensa de la integridad territorial se concibe como el último recurso material para el impedimento de secesiones o fragmentaciones del territorio nacional. Y es que no podemos olvidar que el artículo 2 de la Constitución española expresa que ésta se basa –y con ella todo el sostén del Estado democrático–, "en la indisoluble unidad de la Nación española, Patria común e indivisible de todos los españoles (...)", cuestión ésta que necesariamente nos pone en contacto con la tercera de las funciones constitucionales de las Fuerzas Armadas y que a continuación tratamos, la defensa del orden constitucional.

Las Fuerzas Armadas garantizan el orden constitucional, actividad, como decimos, fuertemente conectada con las anteriores, también de carácter excepcional, bien que goza de sustantividad propia que lleva a nuestro legislador a expresar -en desarrollo del artículo 116.4 CE y mediante la Ley Orgánica 4/1981 reguladora de los estados de alarma, excepción y sitio–, que se trata de una competencia absolutamente reglada y sometida a las decisiones institucionales de las Cortes Generales y sobre todo del Gobierno, toda vez que se declare el estado de sitio. Esta defensa del ordenamiento constitucional viene referida a un ámbito material, que no jurídico ordinario, ya que es el Tribunal Constitucional el órgano que asume esta última función.

Artículo 9

1. Los ciudadanos y los poderes públicos están sujetos a la Constitución y al resto del ordenamiento jurídico.

2. Corresponde a los poderes públicos promover las condiciones para que la libertad y la igualdad del individuo y de los grupos en que se integra sean reales y efectivas; remover los obstáculos que impidan o dificulten su plenitud y facilitar la participación de todos los ciudadanos en la vida política, económica, cultural y social.

3 La Constitución garantiza el principio de legalidad, la jerarquía normativa, la publicidad de las normas, la irretroactividad de las disposiciones sancionadoras no favorables o restrictivas de derechos individuales, la seguridad jurídica, la responsabilidad y la interdicción de la arbitrariedad de los poderes públicos.

Este precepto recoge un requisito esencial de todo Estado de Derecho que consiste en el sometimiento de los ciudadanos y, sobre todo, de los poderes públicos al Derecho y del mismo se desprende que la Constitución ocupa un lugar preferente en el ordenamiento jurídico. En palabras de García de Enterría, de este precepto "no se deduce sólo el carácter vinculante general de la Constitución sino algo más, el carácter de esta vinculación como "vinculación más fuerte", en la tradicional expresión del constitucionalismo norteamericano".

Por tanto, la Constitución es nuestra norma suprema y no una mera declaración programática, de forma que, "lejos de ser un mero catálogo de principios de no inmediata vinculación y de no inmediato cumplimiento hasta que sean objeto de desarrollo por vía legal, es una norma jurídica, la norma suprema de nuestro ordenamiento, y en cuanto tal tanto los ciudadanos como todos los poderes públicos, y por consiguiente también los Jueces y Magistrados integrantes del poder judicial, están sujetos a ella (arts. 9.1 y 117.1 C.E.)". Se trata, en suma, de una "norma cualitativamente distinta de las demás, por cuanto incorpora el sistema de valores esenciales que ha de constituir el orden de convivencia política y de informar todo el ordenamiento jurídico. La Constitución es así la norma fundamental y fundamentadora de todo el ordenamiento jurídico.

Por otra parte, la supremacía de la Constitución tiene las siguientes consecuencias. En primer lugar, supone que el resto de las normas jurídicas deben estar en consonancia con sus mandatos, pues, en caso contrario, serán declaradas inconstitucionales; en segundo lugar, exige un procedimiento especial de reforma como garantía de su estabilidad jurídica; y, por otra parte, todas las normas jurídicas deben interpretarse de conformidad con los preceptos constitucionales de tal forma que siendo posibles dos interpretaciones de un precepto, una ajustada a la Constitución y la otra no conforme a ella, debe admitirse la primera.

El artículo 9.2 de la Constitución española es un precepto que compromete la acción de los poderes públicos, a fin de que pueda alcanzarse la igualdad sustancial entre los individuos, con independencia de su situación social. El artículo 9.2 puede imponer, como consideración de principio, la adopción de normas especiales que tiendan a corregir los efectos dispares que, en orden al disfrute de bienes garantizados por la Constitución, se sigan de la aplicación de disposiciones generales en una sociedad cuyas desigualdades radicales han sido negativamente valoradas por la propia Norma Fundamental. La incidencia del mandato contenido en el artículo 9.2 sobre el que, en cuanto se dirige a los poderes públicos, encierra el artículo 14 supone una modulación de este último, en el sentido, por ejemplo, de que no podrá reputarse de discriminatoria y constitucionalmente prohibida –antes al contrario– la acción de favorecimiento, siquiera temporal, que aquellos poderes emprenden en beneficio de determinados colectivos, históricamente preteridos y marginados, a fin de que, mediante un trato especial más favorable, vean suavizada o compensada su situación de desigualdad sustancial.

El artículo 9.3 recoge una serie de principios constitucionales de vital importancia:

- El **principio de legalidad**. En virtud de este principio, consagrado indirectamente en el apartado 1.º de este mismo precepto, todos los poderes públicos se encuentran sujetos a la ley. Asimismo, es una consecuencia de lo que se expresa en el Preámbulo como finalidad de la Constitución: "Consolidar un Estado de Derecho que asegura el imperio de la ley como expresión de la voluntad popular". Y, como ha afirmado el Tribunal Constitucional, estamos ante un dogma básico de todo sistema democrático.

- El **principio de jerarquía normativa**. De conformidad con este principio, las normas de rango inferior no pueden oponerse a las de rango superior. El ordenamiento está ordenado de forma jerárquica y en su cúspide se halla la Constitución. El Tribunal Constitucional, ha expresado que "la estricta aplicación del principio de jerarquía permitiría al juez resolver el dilema en que lo situaría la eventual contradicción entre la Constitución y la ley con la simple aplicación de ésta, pero ello hubiera implicado someter la obra del legislador al criterio tal vez diverso de un elevado número de órganos judiciales, de donde podría resultar, entre otras cosas, un alto grado de inseguridad jurídica. El constituyente ha preferido, para evitarlo, sustraer al juez ordinario la posibilidad de inaplicar la ley que emana del legislador constituido, aunque no la de cuestionar su constitucionalidad ante este Tribunal, que, en cierto sentido, es así, no sólo defensor de la Constitución, sino defensor también de la ley".

- El **principio de publicidad de las normas**. El Tribunal Constitucional se ha referido a este principio en los términos siguientes: "La Constitución, en su artículo 9.3, garantiza el principio de la publicidad de las normas. Esta garantía aparece como consecuencia ineluctable de la proclamación de España como un Estado de derecho, y se encuentra en íntima relación con el principio de seguridad jurídica consagrado en el mismo art. 9.3 C.E., pues sólo podrán asegurarse las posiciones jurídicas de los ciudadanos, la posibilidad de éstos de ejercer y defender sus derechos, y la efectiva sujeción de los ciudadanos y los poderes públicos al ordenamiento jurídico, si los destinatarios de las normas tienen una efectiva oportunidad de conocerlas en cuanto tales normas, mediante un instrumento de difusión general que dé fe de su existencia y contenido, por lo que resultarán evidentemente contrarias al principio de publicidad aquellas normas que fueran de imposible o muy difícil conocimiento. Esa garantía de publicidad aparece reflejada en la Constitución en varios de sus preceptos: así, disponiendo la inmediata publicación de las Leyes aprobadas por las Cortes Generales, tras la sanción real (art. 91) y, respecto de los tratados internacionales, condicionando su eficacia a su publicación oficial en España (art. 96.1)."

- El **principio de irretroactividad de las disposiciones sancionadoras no favorables o restrictivas de derechos individuales**. La irretroactividad significa, según definición de Federico de Castro, que la ley se aplicará al futuro y no al pasado, principio ya recogido por el Código Civil cuyo artículo 2.3 establece que "las leyes no tendrán efecto retroactivo, si no dispusieren lo contrario". Este principio constitucional se aplica a dos tipos de disposiciones: a) En las disposiciones sancionadoras no favorables, lo que interpretado a contrario sensu supone que la Constitución garantiza la retroactividad de la ley penal favorable. Y, b) en las disposiciones restrictivas de derechos individuales, que han de entenderse referidas, según opinión generalizada, al ámbito de los derechos fundamentales y de las libertades públicas, esto es, a los regulados en la Sección 1.ª del Capítulo 2.º del Título 1.º de la Constitución. Fuera de estos dos supuestos, nada impide que el legislador dote a la ley del ámbito de retroactividad que estime oportuno.

- El **principio de seguridad jurídica**. La seguridad jurídica es "suma de certeza y legalidad, jerarquía y publicidad normativa, irretroactividad de lo no favorable, interdicción de la arbitrariedad, pero que, si se agotara en la adición de estos principios, no hubiera precisado de ser formulada expresamente. La seguridad jurídica es la suma de estos principios, equilibrada de tal suerte que permita promover, en el orden jurídico, la justicia y la igualdad, en libertad". En el mismo sentido, el TC se refiere a este principio en estos términos: "la exigencia del artículo 9.3 relativa al principio de seguridad jurídica implica que el legislador debe perseguir la claridad y no la confusión normativa, debe procurar que acerca de la materia sobre la que legisle sepan los operadores jurídicos y los ciudadanos a qué atenerse, y debe huir de provocar situaciones objetivamente confusas (...). Hay que promover y buscar la certeza respecto a qué es Derecho y no ... provocar juegos y relaciones entre normas como consecuencia de las cuales se introducen perplejidades difícilmente salvables respecto a la previsibilidad de cuál sea el Derecho aplicable, cuáles las consecuencias derivadas de las normas vigentes, incluso cuáles sean éstas".

- El **principio de responsabilidad de los poderes públicos**. Los poderes públicos son responsables por los daños causados en el ejercicio de su actuación y, en consecuencia, se establece en el artículo 106 CE el derecho de los particulares el derecho a ser indemnizados por toda lesión que sufran de sus bienes y derechos, salvo en los casos de fuerza mayor y siempre que la lesión sea consecuencia del funcionamiento de los servicios públicos. Esta responsabilidad se extiende asimismo a la Administración de Justicia de modo que, de acuerdo con el artículo 121 CE "los daños causados por error judicial, así como los que sean consecuencia del funcionamiento anormal de la Administración de Justicia, darán derecho a una indemnización a cargo del Estado, conforme a la Ley". La única excepción a este principio es la referida al Jefe del Estado pues, de acuerdo con el artículo 56.3 CE "la persona del Rey es inviolable y no está sujeta a responsabilidad", responsabilidad que se traslada al sujeto refrendante.

- El **principio de interdicción de la arbitrariedad de los poderes públicos**. Lo arbitrario es aquello que no se acomoda a la legalidad de tal forma que, frente a una actividad reglada, la arbitrariedad supone una infracción de la norma, y ante una actividad no reglada o discrecional conlleva una desviación de poder. En relación con el poder legislativo, "el acto del Legislativo se revela arbitrario, aunque respetara otros principios del 9.3, cuando engendra desigualdad. Y no ya desigualdad referida a la discriminación –que ésta concierne al artículo 14–, sino a las exigencias que el artículo 9.2 conlleva, a fin de promover la igualdad del individuo y de los grupos en que se integra, finalidad que, en ocasiones, exige una política legislativa que no puede reducirse a la pura igualdad ante la ley". También en conexión con el principio de igualdad, el Tribunal Constitucional se ha manifestado en el sentido de que "A través de numerosas resoluciones este Tribunal ha establecido una constante y uniforme doctrina según la cual el derecho a la igualdad en la aplicación de la ley, protegido por el artículo 14 CE y conectado con el principio de interdicción de la arbitrariedad de los poderes públicos que consagra el artículo 9.3 CE, significa, en relación con el ejercicio de la potestad jurisdiccional, que un mismo Juez o Tribunal no puede modificar el sentido de sus decisiones adoptadas con anterioridad en casos sustancialmente idénticos, a no ser que se aparte conscientemente de él, ofreciendo una fundamentación suficiente y razonable que motive el cambio de criterio o, en ausencia de tal motivación expresa, resulte patente que la diferencia de trato tiene su fundamento en un efectivo cambio de criterio por desprenderse así de la propia resolución judicial o por existir otros elementos de juicio externo que así lo indiquen".

5. LA REFORMA CONSTITUCIONAL

Viene recogido en el Título X de la vigente Constitución Española y establece en cuanto a la **iniciativa para la reforma de la Constitución** en su artículo 166 que "La iniciativa de reforma constitucional se ejercerá en los términos previstos en los apartados 1 y 2 del artículo 87" CE, es decir, que la iniciativa legislativa corresponde al Gobierno, al Congreso y al Senado, de acuerdo con la Constitución y los Reglamentos de las Cámaras y además que las Asambleas de las Comunidades Autónomas podrán solicitar del Gobierno la adopción de un proyecto de ley o remitir a la Mesa del Congreso una proposición de ley, delegando ante dicha Cámara un máximo de tres miembros de la Asamblea encargados de su defensa. En definitiva que la iniciativa de la reforma constitucional corresponde al Gobierno, al Congreso, al Senado, y con determinadas formalidades a las Asambleas Legislativas de las Comunidades Autónomas.

Pero una vez vista la iniciativa, debemos decir que la CE establece dos procedimientos distintos de reforma constitucional, el contenido en el artículo 167, y el del 168, aunque la CE no les asigna nombre específico, podemos denominarlos:

a) Procedimiento ordinario de reforma del artículo 167.

b) Procedimiento de reforma agravado del artículo 168.

En cualquiera de los dos sistemas se establecen unos requisitos bastantes exigentes (Por eso dijimos en las características que era una Constitución rígida), se pretende así que la reforma no pueda realizarse por un solo grupo político. De esta forma se pretende que el consenso que presidió el proceso de elaboración se siga manteniendo en el caso de que los avatares sociales y políticos aconsejen un cambio.

5.1. Procedimiento ordinario de reforma del artículo 167

Artículo 167

El **Artículo 167** CE establece:

1. Los proyectos de reforma constitucional deberán ser aprobados por una mayoría de tres quintos de cada una de las Cámaras. Si no hubiera acuerdo entre ambas, se intentará obtenerlo mediante la creación de una Comisión de composición paritaria de Diputados y Senadores, que presentará un texto que será votado por el Congreso y el Senado.

2. De no haberse logrado la aprobación mediante el procedimiento del apartado anterior, y siempre que el texto hubiere obtenido el voto favorable de la mayoría absoluta del Senado, el Congreso, por mayoría de dos tercios, podrá aprobar la reforma.

3. Aprobada la reforma por las Cortes Generales, será sometida a referéndum para su ratificación cuando así lo soliciten, dentro de los quince días siguientes a su aprobación, una décima parte de los miembros de cualquiera de las Cámaras.

5.2. Procedimiento de reforma agravado del artículo 168

Artículo 168

El **Artículo 168** establece a tal efecto.

1. Cuando se propusiera la revisión total de la Constitución o una parcial que afecte al Título preliminar, al Capítulo segundo, Sección primera del Título I, o al Título II, se procederá a la aprobación del principio por mayoría de dos tercios de cada Cámara, y a la disolución inmediata de las Cortes.

2. Las Cámaras elegidas deberán ratificar la decisión y proceder al estudio del nuevo texto constitucional, que deberá ser aprobado por mayoría de dos tercios de ambas Cámaras.

3. Aprobada la reforma por las Cortes Generales, será sometida a referéndum para su ratificación.

Artículo 169

No podrá iniciarse la reforma constitucional en tiempo de guerra o de vigencia de alguno de los estados previstos en el artículo 116 (Estados de Alarma, Excepción y de Sitio).

Hasta la fecha nuestra Constitución se ha reformado en dos ocasiones, en el año 1992, con ocasión de la firma del Tratado de Maastricht, en la que se modificó el art. 13.2 de la Constitución, por el que se amplió el derecho de sufragio activo **y pasivo** a los extranjeros residentes en España en las elecciones municipales; y en el año 2011 en el que se modificó el art. 135 introduciendo en la Constitución el principio de estabilidad presupuestaria.

Tema **2**

Derechos y deberes fundamentales de los españoles

*Derechos y deberes fundamentales
de los españoles.
Garantías y suspensión.*

Auxiliares de Administración Local

Rodio
ediciones

Índice esquemático

1. INTRODUCCIÓN

Como vimos en el tema primero, las constituciones suelen dividirse en una parte dogmática, donde suelen recogerse los dogmas o principios fundamentales de dicha constitución así como un catálogo de los derechos de los ciudadanos, y una parte orgánica donde se regulan los órganos en los que descansa el poder.

Nuestra actual Constitución de 1978, también obedece a este esquema. Así en el Título Preliminar se recogían los principios generales que informan todo el resto del texto constitucional, y en su Título Primero se recogen los Derechos y Deberes Fundamentales de los españoles, que no es otra cosa que una larga lista de derechos y de libertades públicas que todos los ciudadanos poseemos, de forma que ningún poder público los pueda nunca violar.

Como afirma la Sentencia del Tribunal Constitucional de 15 de junio de 1.981, los Derechos Fundamentales responden a un sistema de valores y principios de alcance universal que han de informar todo nuestro ordenamiento jurídico. Los Derechos Fundamentales, como reconocimiento de algo que pertenece a la esfera del individuo, necesitan su positivación jurídica para ser eficaces. (Es decir han de estar escritos en una norma jurídica).

Para que los derechos humanos se conviertan en derecho positivo es preciso:

- Que una norma jurídica positiva los reconozca.
- Que de dicha norma derive la posibilidad para los sujetos de derecho de atribuirse como facultad, como derecho subjetivo ese derecho fundamental.
- Que las infracciones de esas normas legitimen a sus titulares ofendidos para pretender, de los Tribunales de Justicia, el restablecimiento de la situación y la protección del derecho subjetivo.

Nuestra Constitución atribuye un doble carácter a los Derechos Fundamentales:

1. Los Derechos Fundamentales son derechos subjetivos, derechos de los individuos, no sólo en cuanto derechos de los ciudadanos en sentido estricto, sino en cuanto garantizan un estatus jurídico o la libertad en un ámbito de la existencia.
2. Son elementos esenciales de un ordenamiento objetivo de la Comunidad Nacional, en cuanto ésta se configura como marco de una convivencia humana, justa y pacífica plasmada históricamente en el Estado de Derecho.

2. DERECHOS Y DEBERES FUNDAMENTALES DE LOS ESPAÑOLES: CONCEPTO Y CLASES

2.1. Principio general: concepto

La Constitución española de 29 de Diciembre de 1.978 dedica el Título I a los Derechos y Deberes fundamentales.

Dicho Título comienza con el artículo 10 de la Constitución en el que se define como **fundamento del orden político y de la paz social**: "**la dignidad de la persona,** los derechos inviolables que le son inherentes, el libre desarrollo de la personalidad y el respeto a la Ley a los derechos de los demás", y se añade, "Las normas relativas a los derechos fundamentales y a las libertades que la Constitución reconoce se interpretarán de conformidad con la Declaración Universal de Derechos Humanos y los tratados y acuerdos internacionales, sobre las mismas materias ratificadas por España".

Sin lugar a dudas, este artículo es la pieza angular de todo el sistema de derechos y libertades reconocidos en el Título I de la Constitución. Dentro del sistema constitucional es considerado como el punto de arranque, como prius lógico y ontológico para la existencia y reconocimiento de los demás derechos. Analizando el contenido del apartado primero de este artículo, observamos que, en primer lugar, se refiere a la dignidad de la persona, como valor inherente de la misma, que consiste en el derecho de cada cual a determinar libremente su vida de forma consciente y responsable y a obtener el correspondiente respeto de los demás. Además la dignidad de la persona debe permanecer inalterada cualquiera que sea la situación en que la persona se encuentre, constituyendo en consecuencia un "minimum" invulnerable que todo estatuto jurídico debe garantizar.

Llegados a este punto, podemos precisar las características de la dignidad esencial de una persona: en primer lugar, la dignidad del ser humano es cualitativamente superior a la del resto de seres del planeta; en segundo lugar, y en consecuencia con lo anterior, la dignidad humana no admite grados, por lo tanto todos los seres humanos, por el hecho de ser personas, son iguales en dignidad, no se pude considerar a nadie más digno que a otro, ni devaluar la dignidad de grupos de personas y considerarlos de inferior condición con respecto a los demás. En tercer lugar, el respeto a esta dignidad es el fundamento de todo Derecho positivo ya sea estatal o internacional; es necesario, pues, acomodar cualquier norma del ordenamiento jurídico a las exigencias de la dignidad de la persona. Por último, la dignidad humana es irrenunciable, las personas no pueden disponer de ella y se conserva hasta el mismo momento de la muerte.

2.2. Catalogación constitucional

La Constitución Española establece la siguiente clasificación:

- Capítulo 1. De los españoles y los extranjeros.
- Capítulo 2. Derechos y Libertades:
  - ▷ Sección 1.ª Derechos fundamentales y Libertades Públicas.
  - ▷ Sección 2.ª Derechos y deberes de los ciudadanos.
- Capítulo 3. Principios rectores de la política social y económica.
- Capítulo 4. Garantías de las libertades y derechos fundamentales.
- Capítulo 5. Suspensión de los derechos y libertades.

3. ESTUDIO DE LOS DIVERSOS GRUPOS

3.1. De los españoles y los extranjeros

Se recogen en el Capítulo 1º de la CE, artículos 11 al 13 que establecen:

Artículo 11. La **nacionalidad española** se adquiere, se conserva y se pierde de acuerdo con lo establecido por la Ley. Ningún español de origen podrá ser privado de su nacionalidad.

El Estado podrá concertar tratados de doble nacionalidad con los países iberoamericanos o con aquellos que hayan tenido o tengan una particular vinculación con España. En estos mismos países, aún cuando no reconozcan a sus ciudadanos un derecho recíproco, podrá naturalizarse los españoles sin perder su nacionalidad de origen.

Artículo 12. Los españoles son **mayores de edad** a los dieciocho años.

Artículo 13. Los **extranjeros** gozarán en España de las libertades públicas que garantiza el presente Título en los términos que establezcan los tratados y la ley.

Solamente los españoles serán titulares de los derechos reconocidos en el artículo 23 (Derechos Políticos), salvo lo que, atendiendo a criterios de reciprocidad, pueda establecerse por tratado o ley para el derecho de sufragio activo y pasivo en las elecciones municipales.

La extradición sólo se concederá en cumplimiento de un tratado o de la ley, atendiendo al principio de reciprocidad. Quedan excluidos de la extradición los delitos políticos, no considerándose como tales los actos de terrorismo.

La ley establecerá los términos en que los ciudadanos de otros países y los apátridas podrán gozar del derecho de asilo en España.

3.2. Derechos y libertades

Igualdad ante la Ley

Artículo 14. Los españoles son iguales ante la ley, sin que pueda prevalecer discriminación alguna por razón de nacimiento, raza, sexo, religión, opinión o cualquier otra condición o circunstancia personal o social.

El principio de igualdad ante la ley y la prohibición de discriminación es una vieja aspiración del ser humano que fue recogida con entusiasmo por el movimiento constitucional del siglo XVIII que marcó el fin del Antiguo Régimen. Se convirtió en una de las principales reivindicaciones de los revolucionarios liberales, especialmente de los franceses, hasta el punto de que su proclamación forma parte de la divisa del Estado surgido de la Revolución Francesa ("Libertad, igualdad, fraternidad").

El Tribunal Constitucional ha definido el principio de igualdad como la prohibición de toda diferencia de trato que carezca de una justificación objetiva y razonable; ha afirmado el carácter vinculante de este principio tanto para el legislador (igualdad en la ley), como para los órganos aplicadores del Derecho (igualdad en la aplicación de la ley) y los particulares (igualdad horizontal); ha matizado la vinculación de los particulares al principio de igualdad al señalar que su libertad de actuación sólo está limitada constitucionalmente de forma directa por la prohibición de discriminar por las causas expresamente mencionadas en el artículo 14, por considerarse de orden público, mientras que en lo demás ha de estarse a lo que establezcan las leyes y los jueces, que en todo caso deberán ponderar este trascendente principio con el de autonomía de la voluntad, implícito en la Constitución.

El Tribunal ha establecido también los criterios o elementos que permiten distinguir entre una diferencia de trato justificada y otra discriminatoria y, por tanto, constitucionalmente inadmisible; ha otorgado a las condiciones personales explícitamente enunciadas en el artículo 14 (nacimiento, raza, sexo, religión y opinión) el tratamiento de "categorías sospechosas de discriminación", de tal modo que todo trato desigual basado en alguna de esas circunstancias debe ser sometido a un escrutinio especialmente riguroso, necesitando un plus de fundamentación de su objetividad y razonabilidad para pasar el test de constitucionalidad; ha admitido, con ciertas cautelas, la compatibilidad de las leyes singulares o de caso único con el principio de igualdad; y, por último, ha defendido la necesidad de hacer una interpretación dinámica y abierta de la igualdad formal del artículo 14, a fin de hacer hacerla compatible con la igualdad real y efectiva de que habla el artículo 9.2 de la Constitución, lo que le ha llevado, entre otras cosas, a admitir la validez constitucional de las medidas de acción positiva y de discriminación inversa en relación con grupos sociales desfavorecidos (mujer, discapacitados, etc.).

3.2.1. De los Derechos Fundamentales y Libertades Públicas

Son los derechos fundamentales los más importantes a nuestro juicio de todo el título primero, y esto se demuestra en la especial superprotección que la propia CE hace de estos derechos, por la vía de exigir Ley Orgánica para su desarrollo, o el establecimiento del Recurso de Amparo ante el Tribunal Constitucional, o el establecimiento de un procedimiento agravado de reforma constitucional si lo que se quiere es reformar un derecho fundamental.

Derecho a la vida

Artículo 15. Todos tienen **derecho a la vida y a la integridad física y moral**, sin que, en ningún caso, puedan ser sometidos a tortura ni a penas o tratos inhumanos o degradantes. Queda abolida la **pena de muerte**, salvo lo que puedan disponer las leyes penales militares para tiempos de guerra.

El derecho a la vida y el derecho a la integridad física y moral son los derechos más básicos y primarios de todos los reconocidos en el texto constitucional, en la medida en que la afirmación de los demás solo tiene sentido a partir del reconocimiento de éstos. Esta naturaleza del derecho a la vida y del de integridad personal explica tanto el reconocimiento constitucional conjunto de ambos derechos, como, sobre todo, el lugar en que se produce este reconocimiento: en el primer artículo de la Sección Primera del Capítulo II del Título I (artículos 15 a 29), sección que constituye el núcleo central de la declaración constitucional de derechos, es decir, en la que se ubican los derechos más relevantes, aquellos que gozan del máximo nivel de protección jurídica (artículos 53, 81 y 168). El derecho a la vida y el de integridad personal son, pues, no solo los primeros derechos fundamentales desde un punto de vista lógico, sino también los primeros desde la perspectiva de su enunciado y tratamiento constitucional.

Libertad ideológica y religiosa

Artículo 16. **Se garantiza la libertad ideológica, religiosa y de culto** de los individuos y las comunidades sin más limitación, en sus manifestaciones, que la necesaria para el mantenimiento del orden público protegido por la ley.

Nadie podrá ser obligado a declarar sobre su ideología, religión o creencias.

Ninguna confesión tendrá carácter estatal. Los poderes públicos tendrán en cuenta las creencias religiosas de la sociedad española y mantendrán las consiguientes relaciones de cooperación con la Iglesia Católica y las demás confesiones.

La libertad ideológica tiene una vertiente íntima: el derecho de cada uno no sólo a tener su propia cosmovisión, sino también todo tipo de ideas u opiniones, es decir desde una concepción general u opiniones cambiantes sobre cualquier materia; sin embargo, la libertad alcanza su trascendencia en su vertiente externa, que se traduce en la posibilidad de compartir y transmitir, en definitiva de exteriorizar esas ideas.

La libertad religiosa se corresponde con la vertiente trascendente de la libertad ideológica, pero más que por el contenido de las ideas, la libertad religiosa se distingue por su ejercicio comunitario o colectivo (sin perjuicio de su componente individual) que alcanza su máxima expresión externa mediante los actos de culto. La libertad religiosa se ha regulado mediante la Ley Orgánica 7/1980, de 5 de julio, de libertad religiosa.

En la Ley Orgánica se destacan tanto los aspectos individuales: derecho a profesar cualesquiera creencias religiosas o a no profesar ninguna, a cambiar de religión, a no ser obligado a declarar sobre sus ideas o a no ser obligado a practicar actos de culto, a recibir enseñanza religiosa según las propias convicciones (o las de los padres o tutores) o a recibir sepultura digna; como los colectivos: derecho a celebrar sus propios ritos u otros muchas veces vinculados a otros derechos fundamentales como sería el derecho a impartir enseñanza religiosa (art. 27 CE); a reunirse o manifestarse (art. 21 CE) o a asociarse (art. 22 CE), con relación a los cuales se establece un régimen especial.

Derecho a la libertad personal

Artículo 17. Toda persona tiene derecho a la libertad y a la seguridad. Nadie puede ser privado de su libertad, sino con la observancia de lo establecido en este artículo y en los casos y en la forma previstos en la ley.

La **detención preventiva** no podrá durar más del tiempo estrictamente necesario para la realización de las averiguaciones tendentes al esclarecimiento de los hechos, y, en todo caso, en el plazo máximo de setenta y dos horas, el detenido deberá ser puesto en libertad o a disposición de la autoridad judicial.

Toda persona detenida debe ser informada de forma inmediata, y de modo que le sea comprensible, de sus derechos y de las razones de su detención, no pudiendo ser obligada a declarar. Se garantiza la asistencia de abogado al detenido en las diligencias policiales y judiciales, en los términos que la ley establezca.

La ley regulará un procedimiento de **"habeas corpus"** para producir la inmediata puesta a disposición judicial de toda persona detenida ilegalmente. Asimismo, por ley se determinará el plazo máximo de duración de la prisión provisional.

La libertad personal es, después del derecho a la vida, el primero de los derechos, lo que llevó a que su protección se consignara ya en la Carta Magna inglesa de 1215. La importancia del derecho se refleja en el cuidado con el que el constituyente lo recogió y en su régimen de garantías, contando con una característica de este derecho, como es el procedimiento de habeas corpus.

Los titulares del derecho son todas las personas con independencia de su nacionalidad, sin perjuicio de que la regulación de los supuestos o el régimen de privación de libertad pueda variar según se trate de españoles o extranjeros al establecerse específicas medidas restrictivas de la libertad para los extranjeros en determinados supuestos, como es el caso de los extranjeros en trámite de expulsión. La garantía del derecho si bien habitualmente se opone frente a los poderes públicos, podrá también argüirse frente a los particulares según se desprende de la Ley Orgánica 6/1984, reguladora del procedimiento de habeas corpus.

Los supuestos en los que, de acuerdo con el precepto constitucional, podrá privarse de la libertad a una persona serán la detención preventiva, la prisión provisional y la prisión. Sin embargo, no acaban ahí las posibilidades de restricción de la libertad, sino que entre las privaciones de libertad de corta duración hay que sumar la denominada 'retención' a efectos de identificación, presente en la Ley Orgánica de Seguridad Ciudadana o la retención para efectuar la prueba de alcoholemia, y entre las privaciones de libertad de más larga duración el internamiento en centro psiquiátrico u otro centro asistencial.

Respecto a la Detención preventiva el art. 17.2 CE establece que tendrá por objeto llevar a cabo las actuaciones tendentes al esclarecimiento de hechos de carácter delictivo. No podrá mantenerse más que el tiempo estrictamente necesario para tal esclarecimiento, imponiéndose, en todo caso, un plazo máximo de 72 horas para que la persona sea puesta en libertad o a disposición judicial. El propio precepto constitucional se encarga de establecer las garantías del detenido, después desarrolladas legal y jurisprudencialmente:

a) El detenido ha de ser informado de los motivos de su detención, así como de sus derechos de manera comprensible.

b) Nadie puede ser obligado a declarar, lo cual significará, en primer lugar, que la persona detenida tendrá derecho a guardar silencio, o a declarar sólo parcialmente, o a manifestar que sólo se declarará ante el Juez, sin que en ningún caso la confesión responda a 'un acto de compulsión, inducción fraudulenta o intimidación; y, en segundo lugar, que el detenido tendrá derecho a no declarar contra sí mismo y no declararse culpable.

c) Derecho a asistencia letrada, ya sea de su elección o designado de oficio.

d) Derecho a comunicar a un familiar o persona de su elección el hecho de la detención y el lugar de la misma, pudiendo comunicarse en el caso de los extranjeros a la Oficina Consular de su país.

e) Derecho a ser asistido por un intérprete en caso de no comprender o no hablar el castellano, ya se trate de extranjeros o también de nacionales.

f) Derecho a ser reconocido por un médico dependiente de las Administraciones Públicas, todo ello en los términos previstos en la LO de Asistencia letrada al detenido.

Derecho a la intimidad e inviolabilidad del domicilio

Artículo 18. Se garantiza el **derecho al honor, a la intimidad personal y familiar y a la propia imagen.**

El **domicilio es inviolable**. Ninguna entrada o registro podrá hacerse en él sin consentimiento del titular o resolución judicial, salvo en caso de flagrante delito.

Se garantiza el **secreto de las comunicaciones** y, en especial, de las postales, telegráficas y telefónicas, salvo resolución judicial.

La ley limitará el uso de la informática para garantizar el honor y la intimidad personal y familiar de los ciudadanos y el pleno ejercicio de sus derechos.

El primer párrafo del precepto que comentamos cuenta ya con un contenido complejo, pues en él se protegen, en primer lugar, el derecho al honor, en segundo lugar, el derecho a la intimidad, tanto personal como familiar, y en tercer lugar el derecho a la propia imagen, derechos como veremos con rasgos comunes, pero también con aspectos que permiten distinguir tres derechos diferenciados.

a) El derecho al honor es el que ha gozado de protección por parte de nuestro ordenamiento de manera tradicional, al configurar uno de los derechos clásicos de la personalidad y ha sido objeto de una larga interpretación jurisprudencial, fruto de la cual se distinguen un aspecto inmanente y otro trascendente del honor: el primero consiste en la estima que cada persona tiene de sí misma; el segundo, por su parte, radica en el reconocimiento de los demás de nuestra dignidad, se vincula así, pues, con la fama, con la opinión social.

b) El derecho a la intimidad se vincula a la esfera más reservada de las personas, al ámbito que éstas siempre preservan de las miradas ajenas, aquél que desea mantenerse oculto a los demás por pertenecer a su esfera más privada, vinculada con la dignidad y el libre desarrollo de la personalidad (art. 10.1 CE). De esta forma el derecho a un núcleo inaccesible de intimidad se reconoce incluso a las personas más expuestas al público La intimidad, de acuerdo con el propio precepto constitucional, se reconoce no sólo al individuo aisladamente considerado, sino también al núcleo familiar.

c) El derecho a la propia imagen salvaguarda la proyección exterior de dicha imagen como medio de evitar injerencias no deseadas, de velar por una determinada imagen externa o de preservar nuestra imagen pública. Este derecho está íntimamente condicionado por la actividad del sujeto, no sólo en el sentido de que las personas con una actividad pública verán más expuesta su imagen, sino también en el sentido de que la imagen podrá preservarse cuando se desvincule del ámbito laboral propio.

Inviolabilidad del domicilio. La inviolabilidad del domicilio se vincula al derecho a la intimidad de las personas, pues protege el ámbito donde la persona desarrolla su intimidad al amparo de miradas indiscretas, como consecuencia de ello es lógico que el Tribunal Constitucional haya dado al término domicilio un significado mucho más amplio que el otorgado por el Código Civil, considerando así 'domicilio', 'segundas viviendas', vehículos o caravanas y habitaciones de hotel, aunque en algunos de estos casos con ciertas cortapisas derivadas de las propias características del alojamiento. Para que se admita la vulneración del derecho no es necesaria la penetración física sino que se comprende también la que se efectúa mediante aparatos visuales o auditivos.

La Constitución señala tres situaciones en las que se admite la entrada y registro domiciliarios: a) consentimiento del titular; b) resolución judicial; c) flagrante delito. A éstas hay que añadir otra, no consignada, pero igualmente admisible, dadas sus características, la situación de urgente necesidad, como la que se produce en casos de catástrofe, ruina inminente u otros similares con la finalidad de evitar daños inminentes y graves para personas o cosas, es decir en supuestos en los que es necesaria la quiebra de la inviolabilidad domiciliaria para preservar otros bienes protegidos, en particular la vida o integridad de las personas.

Libertad de residencia y circulación

Artículo 19. Los españoles tienen **derecho a elegir libremente su residencia y a circular por el territorio** nacional.

Asimismo, tienen derecho a entrar y salir libremente de España en los términos que la ley establezca. Este derecho no podrá ser limitado por motivos políticos o ideológicos.

Este precepto reconoce a los españoles la libertad tanto para circular libremente por el territorio nacional como para fijar el lugar de residencia. Ello significa la posibilidad de trasladarse de un lugar a otro, de una Comunidad Autónoma a otra o de fijar la residencia en una u otra con independencia del origen, sin ningún tipo de trabas, la libertad alcanza pues todo el territorio nacional. Esta libertad se vincula con lo establecido en el artículo 139.2 de la Constitución que señala la imposibilidad de poner obstáculos a la libre circulación, lo que no obsta para que cada Comunidad Autónoma pueda establecer sus propios derechos y deberes en el marco de sus competencias siempre que no impidan o dificulten la libertad de circulación o residencia en cualquier parte del territorio.

Hay que hacer notar que la libertad de circulación y de residencia en la actualidad no viene impuesta solamente por el ordenamiento interno, sino también por la normativa comunitaria. En este sentido aunque el derecho tiene como sujeto expreso a 'los españoles', la libertad de circulación y de residencia, por vía del Derecho de la Unión Europea (art. 18 TCE), se extiende a todos los ciudadanos comunitarios y a sus familias, de conformidad con las Directivas de desarrollo, sin que los Estados puedan restringir el derecho más que por causa de orden o seguridad públicos o de salud pública, cuya apreciación corresponde al Estado receptor pero siempre con el control del Tribunal de Justicia de las Comunidades Europeas, quien ha propiciado una interpretación restringida de las mencionadas cláusulas.

Libertad de expresión

Artículo 20. Se reconocen y protegen los derechos:

a) A **expresar y difundir libremente los pensamientos, ideas** y opiniones mediante la palabra, el escrito o cualquier otro medio de reproducción.

b) A la producción y creación literaria, artística, científica y técnica.

c) A la **libertad de cátedra.**

d) A comunicar o recibir libremente información veraz por cualquier medio de difusión. La ley regulará el derecho a la cláusula de conciencia y al secreto profesional en el ejercicio de estas libertades.

El ejercicio de estos derechos no puede restringirse mediante ningún tipo de censura previa.

La ley regulará la organización y el control parlamentario de los medios de comunicación social dependientes del Estado o de cualquier ente público y garantizará el acceso a dichos medios de los grupos sociales y políticos significativos, respetando el pluralismo de la sociedad y de las diversas lenguas de España.

Estas libertades tienen su límite en el respeto a los derechos reconocidos en este Título, en los preceptos de las leyes que lo desarrollen y, especialmente, en el derecho al honor, a la intimidad, a la propia imagen y a la protección de la juventud y de la infancia.

Sólo podrá acordarse el secuestro de publicaciones, grabaciones y otros medios de información en virtud de resolución judicial.

Especial incidencia cuenta la formulación de las libertades de expresión e información (párrafo 1, apartados a) y d), respectivamente, libertades no siempre fácilmente distinguibles, pero que es necesario matizar para hacer plenamente operativos los mandatos constitucionales; de esta forma, la libertad de expresión hace referencia a la libertad para comunicar pensamientos, ideas, opiniones por cualquier medio de difusión ya sea de carácter general o más restringido (pasquines...), aunque se garantice una especial protección en el primer caso. Por su parte, la libertad de información se refiere a la comunicación de hechos mediante cualquier medio de difusión general, esto es la libertad de expresión conlleva un matiz subjetivo, mientras que libertad de la información contiene un significado que pretende ser objetivo. Evidentemente expresión e información con frecuencia no se dan separados, sino, por el contrario, unidos puesto que con las noticias es frecuente intercalar opiniones propias del informador.

El precepto constitucional exige la veracidad en el caso de la información, lo cual se ha interpretado como necesidad de veracidad subjetiva, es decir que el informante haya actuado con diligencia, haya contrastado la información de forma adecuada a las características de la noticia y a los medios disponibles, puesto que de exigirse una verdad objetiva eso haría imposible o dificultaría en extremo el ejercicio de la libertad de información.

Las libertades de expresión e información con frecuencia entran en colisión con los derechos al honor, a la intimidad y la propia imagen, que aparecen como límite expresamente reconocido en el precepto constitucional. En caso de conflicto deberá llevarse a cabo la correspondiente ponderación de bienes, teniendo que analizar cada una de las circunstancias concurrentes, de forma tal que cada caso necesitará de un examen particularizado sin que quepa la aplicación automática de reglas generales. No obstante, existen unas pautas, puestas de relieve en especial por la jurisprudencia, que será necesario tener presentes a la hora de analizar cualquier conflicto entre los derechos del artículo 18.1 y los del artículo 20: a) En ningún caso resultará admisible el insulto o las calificaciones claramente difamatorias. b) El cargo u ocupación de la persona afectada será un factor a analizar, teniendo en cuenta que los cargos públicos o las personas que por su profesión se ven expuestas al público tendrán que soportar un grado mayor de crítica o de afectación a su intimidad que las personas que no cuenten con esa exposición al público. c) Las expresiones o informaciones habrán de contrastarse con los usos sociales, de forma tal que, por ejemplo, expresiones en el pasado consideradas injuriosas pueden haber perdido ese carácter o determinadas informaciones que antes pudieran haberse considerado atentatorias del honor o la intimidad ahora resultan inocuas; d) No se desvelarán innecesariamente aspectos de la vida privada o de la intimidad que no resulten relevantes para la información. Sin embargo, más allá de estos aspectos de carácter subjetivo el Tribunal Constitucional ha destacado el carácter prevalente o preferente de la libertad de información por su capacidad para formar una opinión pública libre, indisolublemente unida al pluralismo político propio del Estado democrático. No obstante es necesario tener presente que esa prevalencia no juega de forma automática sino sólo en supuestos en los que no concurran otros factores, como pueda ser la presunción de inocencia, en los que la ponderación lleve a primar intimidad, honor o propia imagen sobre las libertades de expresión o, en particular, de información.

Derecho de reunión

Artículo 21. Se reconoce el **derecho de reunión pacífica y sin armas.** El ejercicio de este derecho no necesitará autorización previa.

En los casos de reuniones en lugares de tránsito público y **manifestaciones** se dará comunicación previa a la autoridad, que sólo podrá prohibirlas cuando existan razones fundadas de alteración del orden público, con peligro para personas o bienes.

El derecho de reunión se configura como un derecho del que participan elementos de la libertad de expresión y del derecho de asociación, de tal forma que ha podido definirse como la agrupación temporal para reivindicar una finalidad por medio de la expresión de ideas o como 'una manifestación colectiva de la libertad de expresión ejercitada a través de una asociación transitoria'. Los elementos configurados son, pues, una agrupación de más de 20 personas, en un momento prefijado y con una duración determinada y la expresión de unas ideas, con frecuencia con fines reivindicativos. En los supuestos en los que no se dieran los elementos citados nos encontraríamos ante meras 'aglomeraciones', en consecuencia no amparadas por el artículo 21 de la Constitución. Además de los derechos ya mencionados el derecho de reunión se vincula con otros como la participación política, las libertades sindicales o el derecho de huelga en cuanto que cauce de expresión de estos derechos, lo que conduce a calificar el derecho de reunión como un derecho instrumental.

En el artículo 21 hay que distinguir dos apartados el primero que genéricamente se refiere al derecho de reunión y el segundo que recoge unos supuestos específicos del mismo: las reuniones en lugares de tránsito público. De esta forma la afirmación general del párrafo primero se reduce a las reuniones que se celebren en lugares cerrados o en lugares abiertos pero que no sean de tránsito público. El único requisito que se exige con carácter general es que la reunión sea pacífica y sin armas.

En el segundo párrafo, por su parte, se establecen unas limitaciones a los supuestos en que las reuniones se celebren en lugares de tránsito público, ya sean de forma estática (reuniones) o de manera ambulatoria (manifestaciones), estos supuestos cuentan con una regulación especial debido a que las repercusiones o la afectación de otros derechos o bienes será más intensa que en las reuniones que se celebran en lugares cerrados, por este motivo la Constitución exige que en esos supuestos la reunión 'se comunique' a la autoridad competente, que, a su vez, puede llevar a una prohibición de la manifestación cuando existan fundadas razones para presumir la alteración del orden público, que habrá de ser entendido de forma restrictiva y de acuerdo con lo establecido en el ordenamiento, pero además se añade 'con peligro para personas o bienes' con lo cual habría que interpretarlo que el riesgo de otro tipo de desórdenes que no implicaran peligro para personas o bienes no podría conducir a la prohibición de una manifestación.

Derecho de asociación

Artículo 22. Se reconoce el **derecho de asociación**.

Las asociaciones que persigan fines o utilicen medios tipificados como delito son **ilegales.**

Las asociaciones constituidas al amparo de este artículo deberán inscribirse en un registro a los solos efectos de publicidad.

Las asociaciones sólo podrán ser disueltas o suspendidas en sus actividades en virtud de resolución judicial motivada.

Se **prohíben** las asociaciones secretas y las de carácter paramilitar.

Nuestra Constitución regula autónomamente las manifestaciones históricamente más polémicas del derecho de asociación: los partidos políticos y los sindicatos (artículo 7), así como las excepciones a la libertad negativa: los colegios profesionales (artículo 36) y las organizaciones profesionales (artículo 52).

Respecto de la titularidad del derecho, viene regulado en la Ley Orgánica 1/2002. El artículo 3 detalla quienes pueden asociarse: las personas físicas con capacidad de obrar y no sometidas a ninguna condición legal para la ejercicio del derecho; los menores no emancipados de más de catorce años con el consentimiento documentalmente acreditado de sus padres; las personas jurídicas por acuerdo expreso de su órgano competente; y también las personas jurídicas públicas entre sí o con particulares como medida de fomento y en igualdad de condiciones con los privados para evitar posición de dominio en el funcionamiento de la asociación. En lo que atañe a los militares y jueces, el artículo 3 remite a las normas propias de sus cuerpos que modulan el ejercicio del derecho de asociación.

La libertad de asociarse se manifiesta ad extra en el acuerdo de constitución que refleja esa voluntad de tres o más personas de actuar conjuntamente en la consecución de los fines asociativos; y ad intra en la capacidad de fijar esos fines, de organizar la asociación y establecer el régimen interno de acuerdo, claro está, con el orden jurídico. La libertad de asociarse implica, por tanto, la facultad de autoorganización que se convierte en límite del control judicial sobre la vida interna de la asociación. La Ley Orgánica 1/2002 regula, en sus artículos 5 a 10, el momento constitutivo. La constitución se produce mediante el otorgamiento, en documento público o privado, del acta fundacional donde se recogen el acuerdo de constitución y los estatutos de la asociación. A partir de este instante la asociación adquiere su personalidad jurídica y la plena capacidad de obrar "sin perjuicio de la necesidad de su inscripción a los efectos del artículo 10".

Derecho de participación

Artículo 23. Los ciudadanos tienen el derecho a participar en los asuntos públicos, directamente o por medio de representantes, libremente elegidos en elecciones periódicas por sufragio universal.

Asimismo, tienen derecho a acceder en condiciones de igualdad a las funciones y cargos públicos, con los requisitos que señalen las leyes.

El artículo 23 de nuestra Constitución presenta un contenido complejo y en realidad recoge tres derechos autónomos: el derecho a la participación política directamente o a través de representantes (apartado 1); y el derecho de acceso a cargos públicos en condiciones de igualdad (apartado 2) que se desdobla, según la jurisprudencia del Tribunal Constitucional, en el derecho de acceso a cargos públicos representativos que incluye sufragio pasivo, pero no sólo, y el derecho de acceso a la función pública conforme a los principios de mérito y capacidad invocados en el artículo 103.3 CE. Se trata de un derecho de participación política, no de una participación de cualquier otra naturaleza en asuntos públicos. Mediante este tipo de participación el ciudadano contribuye a la formación democrática de la voluntad estatal, y ésta se produce directamente a través de la elección de representantes que forman los órganos en donde esa se expresa.

Como el propio artículo 23.1 establece, la participación puede ser directa o indirecta. La primera se refleja en nuestra Constitución en la previsión del referéndum del artículo 92 o del referéndum de reforma constitucional, así como en la más modesta iniciativa legislativa popular. En cambio, la representación política es el eje de la estructura democrática del estado y el verdadero mecanismo a través del cual se legitima el funcionamiento de las principales instituciones en cada esfera territorial: Cortes Generales, Parlamentos Autonómicos, municipios y diputaciones provinciales. El artículo 23.1 exige que la elección de los representantes se realice mediante elecciones periódicas y sufragio universal.

Protección judicial de los derechos, y tipicidad penal

Artículo 24. Todas las personas tienen derecho a obtener la tutela efectiva de los jueces y tribunales en el ejercicio de sus derechos e intereses legítimos, sin que, en ningún caso, pueda producirse indefensión.

Asimismo, todos tienen derecho al Juez ordinario predeterminado por la ley, a la defensa y a la asistencia al letrado, a ser informados de la acusación formulada contra ellos, a un proceso público sin dilaciones indebidas y con todas las garantías, a utilizar los medios de prueba pertinentes para su defensa, a no declarar contra sí mismos, a no confesarse culpables y a la presunción de inocencia. La ley regulará los casos en que, por razón de parentesco o de secreto profesional, no se estará obligado a declarar sobre hechos presuntamente delictivos.

Artículo 25. Nadie puede ser condenado o sancionado por acciones u omisiones que en el momento de producirse no constituyan delito, falta o infracción administrativa, según la legislación vigente en aquel momento.

Las penas privativas de libertad y las medidas de seguridad estarán orientadas hacia la reeducación y reinserción social y no podrán consistir en trabajos forzados. El condenado a pena de prisión que estuviere cumpliendo la misma gozará de los derechos fundamentales de este Capítulo, a excepción de los que se vean expresamente limitados por el contenido del fallo condenatorio, el sentido de la pena y la ley penitenciaria. En todo caso, tendrá derecho a un trabajo remunerado y a los beneficios correspondientes de la Seguridad Social, así como al acceso a la cultura y al desarrollo integral de su personalidad.

La Administración civil no podrá imponer sanciones que, directa o subsidiariamente, impliquen privación de libertad.

Artículo 26. Se prohíben los Tribunales de Honor en el ámbito de la Administración Civil y de las organizaciones profesionales.

Nos encontramos sin lugar a dudas ante los artículos más complejos de la parte dogmática de nuestra Constitución española. No en vano es el derecho que más demandas de recurso de amparo constitucional genera. La titularidad de este derecho es de todas las personas. Esto significa que lo pueden ejercitar tanto españoles, comunitarios, extranjeros, incluso personas jurídicas. En todo caso, su contenido se podría sintetizar en el derecho a la tutela judicial efectiva, a la prohibición de la indefensión, a las garantías constitucionales del proceso penal, a la presunción de inocencia y a la exclusión del deber de testificar.

La presunción de inocencia "ha dejado de ser un principio general del derecho que ha de informar la actividad judicial para convertirse en un derecho fundamental que vincula a todos lo poderes públicos y que es de aplicación inmediata". Estamos por tanto ante una presunción de la denominada iuris tantum. Esto significa que toda persona se presume su inocencia hasta que no quede demostrada su culpabilidad. Es una presunción que por tanto admite prueba en contrario, pero lo relevante es que quien acusa es quien tiene que demostrar la culpabilidad, el acusado pues no tiene que demostrar su inocencia, ya que de ella se parte. La carga de la prueba es así de quien acusa.

El contenido del artículo 25 se desglosa en: la proclamación del principio de legalidad, mandatos al legislador para orientar la regulación de la relación de sujeción especial penitenciaria, y la prohibición a la Administración civil de imponer sanciones que impliquen privación de libertad. En puridad, sólo los apartados 1 y 3 generan por sí mismos derechos amparables, mientras que el apartado 2 contiene en realidad principios orientadores de la legislación penitenciaria. El apartado 1 del artículo 25 proclama como derecho fundamental el principio de legalidad penal extendiéndolo al Derecho administrativo sancionador. Una tradicional manifestación del garantismo que se expande a otro ámbito donde se pueden producir limitaciones de derechos.

Los tribunales de honor eran unas instituciones típicamente españolas, sin parangón en el Derecho extranjero, que nacen en el ámbito castrense para juzgar oficiales, se extienden luego a la Administración pública y más tarde a la esfera privada, en especial a los colegios profesionales. Estaban formados por los pares del encausado y tenían por finalidad juzgar la dignidad de éste para pertenecer al cuerpo o profesión de la que era miembro. De resultar declarado indigno, el sujeto era expulsado del cuerpo, sin que pudiera interponerse recurso alguno. Hoy de acuerdo con la tipicidad penal están absolutamente prohibidos.

Libertad de enseñanza y derecho de educación

Artículo 27. Todos tienen el **derecho a la educación. Se reconoce la libertad de enseñanza.**

La educación tendrá por objeto el pleno desarrollo de la personalidad humana en el respeto a los principios democráticos de convivencia y a los derechos y libertades fundamentales.

Los poderes públicos garantizan el derecho que asiste a los padres para que sus hijos reciban la formación religiosa y moral que esté de acuerdo con sus propias convicciones.

La enseñanza básica es obligatoria y gratuita.

Los poderes públicos garantizan el derecho de todos a la educación.

Se reconoce a las personas físicas y jurídicas la libertad de creación de centros docentes, dentro del respeto a los principios constitucionales.

Los profesores, los padres y, en su caso, los alumnos intervendrán en el control y gestión de todos los centros sostenidos por la Administración con fondos públicos, en los términos que la ley establezca.

Los poderes públicos inspeccionarán y homologarán el sistema educativo para garantizar el cumplimiento de las leyes.

Los poderes públicos ayudarán a los centros docentes que reúnan los requisitos que la ley establezca.

Se reconoce la autonomía de las Universidades, en los términos que la ley establezca.

Parece evidente que dos son los derechos principales que se encuentran en este artículo: el derecho a la educación y la libertad de enseñanza. Este principal y doble reconocimiento tiende, por un lado, a garantizar la educación a todos y, por otro, a preservar el mayor pluralismo educativo posible, consintiéndolo al margen de la escuela pública.

El derecho a la educación presenta una innegable naturaleza prestacional, reforzada con la proclamación de la obligatoriedad y gratuidad de la enseñanza básica. Los poderes públicos vienen obligados a facilitar un puesto escolar gratuito en la enseñanza básica. (Hoy hasta Secundaria).

La libertad de enseñanza presenta la naturaleza propia de los derechos de libertad y está conectada, como ha recordado el Tribunal Constitucional, con otros derechos reconocidos en los artículos 16, 35 y 38 de la CE. La libertad de enseñanza supone la libertad de creación de centros docentes que también reconoce la Constitución y esta última entraña la imposición del ideario. La neutralidad no puede exigirse sino a los centros públicos puesto que el ideario equivale a tomar partido, al expresar ciertas convicciones ideológicas o religiosas que a través de él se pretenden inculcar al educando. Esta libertad de crear centros con ideario propio tiene el límite expreso en el respeto a los principios constitucionales.

Libertad de sindicación y derecho de huelga

Artículo 28. Todos tienen **derecho a sindicarse libremente**. La ley podrá limitar o exceptuar el ejercicio de este derecho a las Fuerzas o Institutos armados o a los demás Cuerpos sometidos a disciplina militar y regulará las peculiaridades de su ejercicio para los funcionarios públicos. La libertad sindical comprende el derecho a fundar sindicatos y a afiliarse al de su elección, así como el derecho de los sindicatos a formar confederaciones y a fundar organizaciones sindicales internacionales o afiliarse a las mismas. Nadie podrá ser obligado a afiliarse a un sindicato.

Se reconoce el **derecho a la huelga** de los trabajadores para la defensa de sus intereses. La ley que regule el ejercicio de este derecho establecerá las garantías precisas para asegurar el mantenimiento de los servicios esenciales de la comunidad.

Este precepto recoge los dos derechos de autotutela de los que disponen los trabajadores en el Estado social para defender sus intereses de parte más débil frente a la parte económicamente más fuerte, es decir, los empleadores. Es obvia, por lo demás, su conexión con el artículo 7 CE que reconoce a los sindicatos centralidad en las relaciones laborales y, en general, en la vida económica y social.

El apartado 1 del artículo 28 reconoce la libertad sindical y el apartado 2 el derecho de huelga. Respecto de la primera debe apuntarse que la titularidad del derecho está sometida a ciertas restricciones, pues si bien el texto del precepto constitucional dice "todos" hay algunas exclusiones recogidas en este artículo y en algún otro precepto de la Constitución. En efecto, el propio artículo 28.1

autoriza al legislador para que limite o exceptúe del ejercicio del derecho de sindicación a militares y otras personas encuadradas en cuerpos sometidos a disciplina militar, es decir, la Guardia Civil. El legislador ha optado por la afectación mas fuerte proscribiendo a los militares el ejercicio de este derecho. En lo que atañe a los funcionarios públicos, el artículo 28.1, en relación con el artículo 103.3 CE, no autoriza la privación, pero sí ciertas " peculiaridades" no necesariamente comunes a toda clase de funcionarios. El artículo 127.1 CE contiene la más enérgica prohibición de ejercicio de la libertad sindical a un sector del funcionariado, pues la veda absolutamente a los jueces, magistrados y fiscales. Los policías pueden sindicarse, pero sometidos al régimen privativo especial. Los extranjeros gozan de libertad sindical, pero su ejercicio, como el de tantos otros derechos, se condiciona a la obtención de autorización de estancia o residencia. El artículo 28.1 concreta el genérico derecho de sindicación en el derecho a fundar sindicatos y en el de afiliarse al de su elección, y debe entenderse también comprendido el derecho de no afiliarse, sin que la no afiliación merme el derecho del trabajador a la actividad sindical. También comprende el derecho de los sindicatos a formar confederaciones y a fundar organizaciones sindicales internacionales o afiliarse a ellas.

En cuanto al derecho de Huelga, la CE reconoce este derecho a los trabajadores para "la defensa de sus intereses" y prevé el mantenimiento durante la huelga de los "servicios esenciales de la comunidad". En cuanto a la titularidad del derecho, corresponde a los trabajadores individualmente, pero se ejerce colectivamente pues no es posible la huelga individual, que sería, sin más, un incumplimiento del contrato de trabajo.

Derecho de petición

Artículo 29. Todos los españoles tendrán el **derecho de petición individual** y colectiva, por escrito, en la forma y con los efectos que determine la ley.

Los miembros de las Fuerzas o Institutos armados o de los Cuerpos sometidos a disciplina militar podrán ejercer este derecho solo individualmente y con arreglo a lo dispuesto en su legislación específica.

El derecho de petición se puede definir como la facultad que pertenece a toda persona de dirigirse a los poderes públicos para hacerles conocer un hecho o un estado de cosas y para reclamar su intervención. De la previsión regulada en el artículo 29 de la CE se ha de entender como derecho individual o colectivo, con ciertas restricciones para colectivos como los pertenecientes a la Fuerzas e Institutos armados y de los Cuerpos sometidos a la disciplina militar.

3.2.2. Derechos y Deberes de los ciudadanos

Aunque la CE no clasifica los Derechos y Deberes de los Españoles, gran parte de la doctrina los clasifica en:

a) De Carácter Social: entre los que se encontrarían:
  ▷ El Derecho-Deber al Trabajo del art. 35.
  ▷ El sostenimiento de los gastos públicos del art 31.
  ▷ La Negociación Colectiva del art 37.
  ▷ La Libertad de empresa del art 38.

b) De Carácter Personal: entre los que se encontrarían:
  ▷ El derecho a contraer matrimonio del art 32.
  ▷ El derecho a la propiedad privada y herencia del art. 33.
  ▷ El derecho de fundación del art 34.

c) de Carácter General: entre los que se encuentran:

  ▷ El Derecho-Deber de defender a España del art. 30.1.

  ▷ El derecho a la Objeción de Conciencia del art 30.2.

  ▷ Los deberes en caso de riesgo, catástrofes o calamidad pública del art 30.4.

Pasemos a detallar cada uno de ellos.

Servicio Militar

Artículo 30. Los españoles tienen el **derecho y el deber de defender a España.**

La ley fijará las obligaciones militares de los españoles y regulará, con las debidas garantías, la objeción de conciencia, así como las demás causas de exención del servicio militar obligatorio, pudiendo imponer, en su caso, una prestación social sustitutoria.

Podrá establecerse un servicio civil para el cumplimiento de fines de interés general.

Mediante ley podrán regularse los deberes de los ciudadanos en los casos de grave riesgo, catástrofe o calamidad pública.

Sostenimiento de los gastos públicos

Artículo 31. Todos contribuirán al sostenimiento de los gastos públicos de acuerdo con su capacidad económica mediante un **sistema tributario justo inspirado en los principios de igualdad y progresividad** que, en ningún caso, tendrá alcance confiscatorio.

El gasto público realizará una asignación equitativa de los recursos públicos, y su programación y ejecución responderán a los criterios de eficiencia y economía.

Sólo podrán establecerse prestaciones personales o patrimoniales de carácter público con arreglo a la ley.

Derecho a contraer matrimonio

Artículo 32. El hombre y la mujer tienen derecho a **contraer matrimonio con plena igualdad jurídica.**

La ley regulará las formas de matrimonio, la edad y capacidad para contraerlo, los derechos y deberes de los cónyuges, las causas de separación y disolución y sus efectos.

Derecho de propiedad

Artículo 33. Se reconoce el derecho a la **propiedad privada y a la herencia**. La función social de estos derechos delimitará su contenido, de acuerdo con las leyes.

Nadie podrá ser privado de sus bienes y derechos sino por causa justificada de utilidad pública o interés social, mediante la correspondiente indemnización y de conformidad con lo dispuesto por las leyes.

Derecho de fundación

Artículo 34. Se reconoce el **derecho de fundación** para fines de interés general, con arreglo a la ley.

Regirá también para las fundaciones lo dispuesto en los apartados 2 y 4 del artículo 22.

Derecho y deber de trabajar

Artículo 35. Todos los españoles tienen el **deber de trabajar y el derecho al trabajo**, a la libre elección de profesión u oficio, a la promoción a través del trabajo y a una remuneración suficiente para satisfacer sus necesidades y las de su familia, sin que en ningún caso pueda hacerse discriminación por razón de sexo.

La ley regulará un estatuto de los trabajadores.

Derecho a colegiación

Artículo 36. La ley regulará las peculiaridades propias del régimen jurídico de los Colegios Profesionales y el ejercicio de las profesionales tituladas. La estructura interna y el funcionamiento de los Colegios deberán ser democráticos.

Derecho de negociación colectiva

Artículo 37. La ley garantizará el derecho a la negociación colectiva laboral entre los representantes de los trabajadores y empresarios, así como la fuerza vinculante de los convenios.

Se reconoce el derecho de los trabajadores y empresarios a adoptar medidas de conflicto colectivo. La ley que regule el ejercicio de este derecho, sin perjuicio de las limitaciones que pueda establecer, incluirá las garantías precisas para asegurar el funcionamiento de los servicios esenciales de la comunidad.

Libertad de empresa y economía de mercado

Artículo 38. Se reconoce la libertad de empresa en el marco de la economía de mercado.

Los poderes públicos garantizan y protegen su ejercicio y la defensa de la productividad, de acuerdo con las exigencias de la economía general y, en su caso, de la planificación.

3.3. De los principios rectores de la política social y económica

3.3.1. Naturaleza de los principios rectores de la política social y económica

La doctrina no es unánime sobre el alcance y función que desempeñan los principios rectores de la política social y económica en nuestro ordenamiento jurídico, existiendo al respecto, al menos dos hipótesis, que sintetizan las distintas opiniones.

A) Primera hipótesis: Sobre la función correctiva de los principios rectores de la política social y económica

Esta primera postura se basa en la funcionalidad de los Principios. Señala que los principios rectores desarrollan una *función correctiva* del sistema económico-social, *función* que tales preceptos cumplen en el marco del nuevo Estado. El capítulo III del título I proporciona al poder una serie de instrumentos capaces de evitar que el costo social de los desequilibrios económicos sea demasiado alto. En ese sentido es posible y exacto hablar de una función *correctiva* de los principios rectores de la política social y económica.

Por un lado podemos decir que los principios rectores de la política social y económica son concreción de la idea de Estado social señalada el artículo 1.El significado de este concepto constitucional habrá de buscarse por una parte en la «subsistencia de las estructuras económicas del capitalismo», pero acompañadas y, en cierta medida, reforzadas por la permisión de intervenciones públicas más o menos amplias en función correctiva de los desequilibrios más graves que aquél implica. Basile señala que: «Resulta clara la función de esta normativa: permite corregir los más graves desequilibrios, con un efecto estabilizador, por tanto, de la estructura económica vigente», y «Para la propia conservación del sistema económico-social se hace necesario un intervencionismo público correctivo que debe disponer de una amplia capacidad de maniobra, por eso se trata de directrices genéricas, dejando a la libertad del legislador la elección de los modos y términos para actuarlas»

Lo que si es cierto es que la aplicación de estos principios se debe en buena parte a las necesidades de tipo político. No podemos saber cómo va a utilizar el Gobierno los principios rectores, y a cual le dará más importancia en su programa político. Por ejemplo, en la Ley de Presupuestos Generales del Estado se recogen las cantidades que el Estado destinará a la Sanidad Pública, familia, discapacitados, jóvenes, medio ambiente etc., y cada gobierno concederá más o menos importancia a estos conceptos en su política.

B) Segunda hipótesis: Sobre la naturaleza de normas jurídicas de los principios rectores

A pesar de la importancia que tiene la función de los principios rectores, ahora vamos a analizar la naturaleza de estos principios. Porque existe un sector de la doctrina que, basándose en el hecho de que los preceptos contenidos en el capítulo III necesitan mayores concreciones para poder ser aplicados, ha deducido que nos encontramos ante proposiciones carentes de la condición de norma jurídica. Los principios rectores de la política social y económica no dan lugar al surgimiento de derechos subjetivos. De hecho sería absurdo acudir a los tribunales porque el Estado no nos proporciona una vivienda En este punto parece que no cabe discusión.

Sin embargo, a tenor de lo establecido en el artículo162 de la Constitución, nada impide su alegación fundamentando un recurso de inconstitucionalidad ante el Tribunal Constitucional y por los sujetos públicos legitimados para ello. Garrido Falla al comentar el párrafo tercero del artículo 53 señala que: «Obsérvese, con todo, que no existe prohibición de que sean alegados ante el Tribunal Constitucional, lo cual a los efectos del recurso de inconstitucionalidad puede tener consecuencias importantes. Por ejemplo, si el 39.1 (que encabeza el capítulo III) ordena a los poderes públicos que aseguren "la protección social, económica y jurídica de la familia", ¿no podría estar aquí la base para impugnar por inconstitucional una ley fiscal que desgravase la soltería o estableciese un impuesto progresivo sobre el número de hijos o, en fin, gravase con más intensidad el patrimonio del matrimonio que el de la pareja que no estuviese unida por vínculo civil o canónico?»

Además la constitución tiene efectos vinculantes inmediatos y directos. Así el artículo 9.1 de la Constitución señala que: «*Los ciudadanos y los poderes públicos están sujetos a la Constitución y al resto del ordenamiento jurídico.*» De lo que se deriva que si los ciudadanos y los poderes públicos están *sujetos a la Constitución,* únicamente puede ser porque ésta tiene en su conjunto efectos jurídicamente obligatorios, y además puede querer indicarse que la Constitución es parte del ordenamiento jurídico. La Constitución no sólo es norma jurídica, sino que es, además, la primera de las normas jurídicas.

Para finalizar y en mi opinión no podemos considerar los principios rectores de la política social y económica como «pura retórica», como afirman algunos autores. Lo que si es cierto es que toda la Constitución, incluidos los principios rectores, tiene valor normativo inmediato como corroboran la doctrina de ciertos autores, la jurisprudencia del Tribunal Constitucional, la del Supremo y las resoluciones de las Administraciones públicas.

3.3.2. Estudio de los principios rectores en particular

Artículo 39. Los poderes públicos aseguran la protección social, económica y jurídica de la familia.

Los poderes públicos aseguran, asimismo, la protección integral de los hijos iguales éstos ante la ley con independencia de su filiación, y de las madres, cualquiera que sea su estado civil. La ley posibilitará la investigación de la paternidad.

Los padres deben prestar asistencia de todo orden a los hijos habidos dentro o fuera del matrimonio, durante su minoría de edad y en los demás casos en que legalmente proceda.

Los niños gozarán de la protección prevista en los acuerdos internacionales que velan por sus derechos.

Artículo 40. Los poderes públicos promoverán las condiciones favorables para el progreso social y económico y para una **distribución de la renta regional y personal más equitativa,** en el marco de una política de estabilidad económica. De manera especial realizarán una política orientada al pleno empleo.

Asimismo, los poderes públicos fomentarán una política que garantice la formación y readaptación profesionales, velaran por la seguridad e higiene en el trabajo y garantizarán el descanso necesario, mediante la limitación de la jornada laboral, las vacaciones periódicas retribuidas y la promoción de centros adecuados.

Artículo 41. Los poderes públicos mantendrán **un régimen público de Seguridad Social para todos los ciudadanos** que garantice la asistencia y prestaciones sociales suficientes ante situaciones de necesidad, especialmente en caso de desempleo. La asistencia y prestaciones complementarias serán libres.

Artículo 42. El Estado velará especialmente por la salvaguardia de los **derechos económicos y sociales de los trabajadores españoles en el extranjero** y orientará su política hacia su retorno.

Artículo 43. Se **reconoce el derecho a la protección de la salud.**

Compete a los poderes públicos organizar y tutelar la salud pública a través de medidas preventivas y de las prestaciones y servicios necesarios. La ley establecerá los derechos y deberes de todos al respecto.

Los poderes públicos fomentarán la educación sanitaria, la educación física y el deporte. Asimismo facilitarán la adecuada utilización del ocio.

Artículo 44. Los poderes públicos promoverán **y tutelarán el acceso a la cultura,** a la que todos tienen derecho.

Los poderes públicos promoverán la ciencia y la investigación científica y técnica en beneficio del interés general.

Artículo 45. Todos tienen el derecho a disfrutar de **un medio ambiente adecuado para el desarrollo de la persona**, así como el deber de conservarlo.

Los poderes públicos velarán por la utilización racional de todos los recursos naturales, con el fin de proteger y mejorar la calidad de la vida y defender y restaurar el medio ambiente, apoyándose en la indispensable solidaridad colectiva.

Para quienes violen lo dispuesto en el apartado anterior, en los términos que la ley fije se establecerán sanciones penales o, en su caso, administrativas, así como la obligación de reparar el daño causado.

Artículo 46. Los poderes públicos garantizarán la conservación y promoverán **el enriquecimiento del patrimonio histórico**, cultural y artístico de los pueblos de España y de los bienes que lo integran, cualquiera que sea su régimen y su titularidad. La ley penal sancionará los atentados contra este patrimonio.

Artículo 47. Todos los españoles tienen derecho a disfrutar de **una vivienda digna y adecuada**. Los poderes públicos promoverán las condiciones necesarias y establecerán las normas pertinentes para hacer efectivo este derecho, regulando la utilización del suelo de acuerdo con el interés general para impedir la especulación.

La comunidad participará en las plusvalías que genere la acción urbanística de los entes públicos.

Artículo 48. Los poderes públicos promoverán las condiciones para la **participación libre y eficaz de la juventud** en el desarrollo político, social, económico y cultural.

Artículo 49. Los poderes públicos realizarán una política de previsión, **tratamiento, rehabilitación e integración de los disminuidos** físicos, sensoriales y psíquicos, a los que prestarán la atención especializada que requieran y los ampararán especialmente para el disfrute de los derechos que este Título otorga a todos los ciudadanos.

Artículo 50. Los poderes públicos garantizarán, **mediante pensiones adecuadas y periódicamente actualizadas**, la suficiencia económica a los ciudadanos durante la tercera edad. Asimismo, y con independencia de las obligaciones familiares, promoverán su bienestar mediante un sistema de servicios sociales que atenderán sus problemas específicos de salud, vivienda, cultura y ocio.

Artículo 51. Los poderes públicos garantizarán la **defensa de los consumidores y usuarios**, protegiendo, mediante procedimientos eficaces, la seguridad, la salud y los legítimos intereses económicos de los mismos.

Los poderes públicos promoverán la información y la educación de los consumidores y usuarios, fomentarán sus organizaciones y oirán a éstas en las cuestiones que puedan afectar a aquéllos, en los términos que la ley establezca.

En el marco de lo dispuesto por los apartados anteriores, la ley regulará el comercio interior y el régimen de autorización de productos comerciales.

Artículo 52. La ley regulará las **organizaciones profesionales** que contribuyan a la defensa de los intereses económicos que les sean propios. Su estructura interna y funcionamiento deberán ser democráticos.

4. GARANTÍAS Y SUSPENSIÓN

4.1. De las garantias de las libertades y derechos fundamentales

La CE no se limita a reconocer Derechos y Libertades, sino que además establece el respeto de estos Derechos, tanto por parte de los poderes públicos como por parte de los demás ciudadanos. La CE hace una distinción entre los derechos y libertades fundamentales (formados básicamente por los derechos personales y los cívico-políticos) y los principios rectores de la política social y económica (entre los que figuran la mayoría de los derechos económicos y sociales).

Artículo 53. Los derechos y libertades reconocidos en el Capítulo segundo del presente Título (es decir Derechos y Libertades tanto la sección 1ª, como la 2ª) **vinculan a todos los poderes públicos**. Sólo por ley, que en todo caso deberá respetar su contenido esencial, podrá regularse el ejercicio de tales derechos y libertades, que se tutelarán de acuerdo con lo previsto en el artículo 161.1.a).

Cualquier ciudadano podrá recabar la tutela de las libertades y derechos reconocidos en el artículo 14 y la Sección primera del Capítulo segundo (es decir, solamente los Derechos Fundamentales y Libertades Públicas –artículos 15 a 29–) ante los Tribunales ordinarios por un procedimiento basado en los principios de preferencia y sumariedad y, en su caso, a través del **recurso de amparo** ante el Tribunal Constitucional. Este último recurso será aplicable a la objeción de conciencia reconocida en el artículo 30.

El reconocimiento, el respeto y la protección de los principios reconocidos en el Capítulo tercero informarán la legislación positiva, la práctica judicial y la actuación de los poderes públicos. Sólo podrán ser alegados ante la Jurisdicción ordinaria de acuerdo con lo que dispongan las leyes que los desarrollen.

Aún cuando el artículo pueda parecer demasiado denso, podemos esquematizarlo estableciendo los cinco niveles de protección de los Derechos y deberes que el mismo contiene:

a) **Regulación por Ley**: En el sentido de que Todos los derechos y Libertades del Capítulo 2º, obligan –vinculan– a todos los poderes públicos y Sólo mediante Ley se pueden regular. Que además en el caso de los derechos fundamentales (Sección 1ª) dicha Ley debe ser Orgánica.

b) **Control de Constitucionalidad de las Leyes**: Que se protegen por dos vías, en primer lugar a través del Recurso de Inconstitucionalidad, que puede plantearse directamente al TC contra Leyes y disposiciones normativas con fuerza de Ley, y en segundo lugar mediante La Cuestión de Inconstitucionalidad, que pueden plantear los Jueces y tribunales.

c) **Recurso de Amparo**: Que por violación de un derecho pueden plantear directamente los ciudadanos afectados por tal violación, o el Defensor del Pueblo, o el Ministerio Fiscal, si se ha violado un derecho Fundamental (14 al 29) mas el 30.2, la Objeción de Conciencia, ante el Tribunal Constitucional.

d) **Establecimiento de un proceso Preferente y Sumario**: Mediante el cual cualquier ciudadano puede recabar la tutela de sus derechos fundamentales (14-29) ante los tribunales Ordinarios, por un procedimiento basado en los principios de preferencia y sumariedad.

e) **Protección de los derechos económicos y sociales**: La protección de los derechos recogidos en los principios rectores de la política social y económica, es algo más débil ya que sólo se determina que el reconocimiento respeto y protección de dichos derechos, informará la legislación positiva, la práctica judicial y la actuación de los poderes públicos; y que los mismos podrán ser alegados ante la jurisdicción ordinaria de acuerdo con lo que dispongan las leyes que lo desarrollen.

Artículo 54. Una ley orgánica regulará la institución del **Defensor del Pueblo**, como alto comisionado de las Cortes Generales, designado por éstas para la defensa de los derechos comprendidos en este Título, a cuyo efecto podrá supervisar la actividad de la Administración, dando cuenta a las Cortes Generales.

La Constitución española establece que una ley orgánica regulará la institución del Defensor del Pueblo como el alto comisionado de las Cortes Generales, designado por éstas para la defensa de los derechos fundamentales, a cuyo efecto podrá supervisar la actividad de las Administraciones públicas. En cumplimiento de este mandato constitucional se promulgó la Ley Orgánica 3/1981 de 6 de abril, que regula la institución. Al Defensor del Pueblo lo eligen el Congreso de los Diputados y el Senado mediante una votación, en la que se necesita una mayoría de tres quintos, por un periodo de cinco años. El Defensor del Pueblo no está sujeto a mandato imperativo alguno, no recibe instrucciones de ninguna autoridad, desempeña sus funciones con autonomía y goza de inviolabilidad e inmunidad durante su permanencia en el cargo. El Defensor del Pueblo está auxiliado por un Adjunto Primero y un Adjunto Segundo, en los que puede delegar sus funciones, y que son nombrados previa conformidad de las Cortes Generales, y que, junto con el Secretario General forman la Junta de Coordinación y régimen Interior, que dirige y organiza el trabajo en dicha institución.

El Defensor del Pueblo tiene como misión la protección y defensa de los derechos fundamentales y las libertades públicas de los ciudadanos. Además controla que la Administración pública actúe conforme a lo dispuesto en el artículo 103.1 de la Constitución, es decir, que sirva los intereses generales con objetividad y que actúe de acuerdo con los principios de eficacia, jerarquía, desconcentración, coordinación, y con sometimiento pleno a la ley y al derecho, prohibiéndose expresamente toda arbitrariedad.

La competencia del Defensor del Pueblo se extiende a la totalidad de órganos y autoridades de la Administración General del Estado, de las Administraciones de las Comunidades Autónomas y a las de las Administraciones Locales. Asimismo puede intervenir ante quienes actúen como agentes o colaboradores de cualquiera de estas Administraciones en el cumplimiento o realización de fines o servicios públicos.

Cuando el Defensor reciba quejas referidas al funcionamiento de la Administración de Justicia deberá dirigirlas al Ministerio Fiscal, para que éste investigue su realidad y adopte las medidas oportunas con arreglo a la ley, o bien dé traslado de las mismas al Consejo General del Poder Judicial. El Defensor del Pueblo no puede entrar en el examen individual de aquellas quejas sobre las que esté pendiente resolución judicial y lo suspenderá si, iniciada su actuación, se interpusiere por persona interesada demanda o recurso ante los tribunales ordinarios o el Tribunal Constitucional, ya que el Defensor del Pueblo debe respetar la independencia del poder judicial.

El Defensor del Pueblo vela por el respeto de los derechos fundamentales y las libertades públicas en el ámbito de la Administración militar, sin que ello pueda entrañar una interferencia en el mando de la defensa nacional.

El Defensor del Pueblo no puede intervenir en los siguientes supuestos: Cuando no haya existido intervención de las administraciones públicas; Cuando se trate de conflictos entre particulares; Cuando haya transcurrido más de un año desde el momento en que el ciudadano haya tenido conocimiento de los hechos objeto de su queja; Cuando se trate de quejas anónimas, sin pretensión concreta, en las que se aprecie mala fe o aquellas cuya tramitación pueda acarrear perjuicios a legítimos derechos de terceros; Cuando se plantee la disconformidad con el contenido de una resolución judicial.

4.2. De la suspensión de los derechos y libertades

Artículo 55. Los derechos reconocidos en los artículos 17,18,apartados 2 y 3, artículos 19, 20, apartados 1, a) y d), y 5, artículos 21, 28, apartado 2, y artículo 37, apartado 2, podrán ser suspendidos cuando se acuerde la declaración del estado de **excepción o de sitio** en los términos previstos en la Constitución.

Una ley orgánica podrá determinar la forma y los casos en los que, de forma individual y con la necesaria intervención judicial y el adecuado control parlamentario, los derechos reconocidos en los artículos 17, apartado 2, y 18, apartados 2 y 3, pueden ser suspendidos para personas determinadas, en relación con las investigaciones correspondientes a la actuación de bandas armadas o elementos terroristas.

La utilización injustificada o abusiva de las facultades reconocidas en dicha ley orgánica producirá responsabilidad penal, como violación de los derechos y libertades reconocidos por las leyes.

Dicha *Ley Orgánica es la ley 4/1981 Ley Orgánica que regula los Estados de Alarma, excepción y sitio* que establece que los derechos y libertades del título primero que se indican en el artículo 55, pueden ser suspendidos cuando aparezcan circunstancias extraordinarias, que define bajo los conceptos de Estado de Alarma, Excepción y Sitio.

ESTADO DE ALARMA. Se produce con ocasión de catástrofe o calamidad pública. El Estado de Alarma lo acuerda el Consejo de Ministros, durante el mismo se podrá limitar la circulación de personas, o el uso de servicios públicos.

El estado de alarma será declarado por el Gobierno mediante decreto acordado en Consejo de Ministros por un plazo máximo de quince días, dando cuenta al Congreso de los Diputados, reunido inmediatamente al efecto y sin cuya autorización no podrá ser prorrogado dicho plazo. El decreto determinará el ámbito territorial a que se extienden los efectos de la declaración.

ESTADO DE EXCEPCIÓN. Se produce como consecuencia de graves alteraciones de orden público que impida el normal funcionamiento de las instituciones democráticas o servicios públicos esenciales. Lo aprueba el Congreso de los Diputados y se autoriza al Gobierno a dictarlo.

El estado de excepción será declarado por el Gobierno mediante decreto acordado en Consejo de Ministros, previa autorización del Congreso de los Diputados. La autorización y proclamación del estado de excepción deberá determinar expresamente los efectos del mismo, el ámbito territorial a que se extiende y su duración, que no podrá exceder de treinta días, prorrogables por otro plazo igual, con los mismos requisitos.

ESTADO DE SITIO. Se produce con ocasión de una invasión o declaración que atente contra la soberanía nacional de España. Lo aprueba el Congreso de los Diputados a propuesta del Gobierno, pudiendo designarse autoridad militar competente para el territorio al que el Estado de Sitio se refiera.

El estado de sitio será declarado por la mayoría absoluta del Congreso de los Diputados, a propuesta exclusiva del Gobierno. El Congreso determinará su ámbito territorial, duración y condiciones.

No podrá procederse a la disolución del Congreso mientras estén declarados algunos de los estados comprendidos en el presente artículo, quedando automáticamente convocadas las Cámaras si no estuvieren en período de sesiones. Su funcionamiento, así como el de los demás poderes constitucionales del Estado, no podrá interrumpirse durante la vigencia de estos estados.

Disuelto el Congreso o expirado su mandato si se produjere alguna de las situaciones que dan lugar a cualquiera de dichos estados, las competencias del Congreso serán asumidas por su Diputación Permanente.

La declaración de los estados de alarma, de excepción y de sitio no modificarán el principio de responsabilidad del Gobierno y de sus agentes reconocidos en la Constitución y en las leyes.

Finalizar diciendo que como establece el artículo 169 CE, no puede iniciarse un proceso de reforma constitucional en tiempo de guerra o de vigencia de alguno de los estados de alarma, excepción o sitio.

DERECHOS Y LIBERTADES

Sección 1ª. De los derechos fundamentales y de las libertades públicas	Sección 2ª. De los derechos y deberes de los ciudadanos	Principios rectores de la política social y económica
15. Dcho.a la vida.	30. Servicio Militar y objeción de conciencia.	39. Protección familia.
16. Libertad ideológica, religiosa y de culto.	31. Sostenimiento gastos públicos.	40. Promoción progreso social y económico.
17. Dcho. libertad personal y seguridad.	32. Dcho. contraer matrimonio.	41. Régimen público Seguridad Social.
18. Dcho. honor, intimidad e inviolabilidad de domicilio.	33. Dcho. propiedad privada y herencia.	42. Salvaguardia dchos. trabajadores españoles en el extranjero.
19. Libertad residencia y circulación.	34. Dcho. fundación.	43. Dcho. protección salud.
20. Libertad expresión.	35. Dcho y deber de trabajar.	44. Promoción y tutela acceso a la cultura.
21. Dcho. reunión.	36. Dcho. colegiación.	45. Dcho. disfrutar medio ambiente adecuado.
22. Dcho. asociación.	37. Dcho. negociación colectiva laboral.	46. Conservación patrimonio histórico, cultural y artístico.
23. Dcho. participación.	38. Libertad empresa y economía de mercado.	47. Dcho. vivienda digna y adecuada.
24. Dcho. a la tutela judicial efectiva.		48. Participación juventud en el desarrollo político, social, económico y cultural.
25. Tipicidad penal delitos y faltas.		49. Política para disminuídos.
26. Prohibición Tribunales Honor		50. Pensiones tercera edad.
27. Libertad enseñanza y dcho. educación.		51. Defensa consumidores y usuarios.
28. Libertad sindicación y dcho. huelga.		52. Organizaciones profesionales.
29. Dcho. petición.		

Una de las formas de preguntar en los exámenes tipo test, los derechos y libertades es saber en dónde están encuadrados cada uno de ellos, y en consecuencia nos pueden hacer las preguntas de cuatro formas distintas:

a) Cuál es un Derecho Fundamental o no lo es; un derecho-deber o no lo es, etc.

b) Cuál de los siguientes necesita Ley Orgánica para ser desarrollado (se refiere a los Derechos Fundamentales y libertades públicas).

c) Cuáles de los siguientes derechos se pueden proteger a través del recurso de amparo ante el Tribunal Constitucional (se refiere también a los Derechos Fundamentales y libertades públicas, más el anterior (el 14) y el posterior (el 30.2, la objeción de conciencia).

d) Para modificar que derecho es necesario acudir por el procedimiento de reforma agravada de la Constitución (También se refiere a los derechos fundamentales).

Tema **3**

La Corona en la Constitución Española

La Corona en la Constitución Española de 1978.
El Poder Legislativo.
La elaboración de las leyes.

Índice esquemático

1. LA CORONA EN LA CONSTITUCIÓN ESPAÑOLA

1.1. Significado y atribuciones

Conforme al artículo 1.3. de la Constitución Española, la forma política del Estado español es la Monarquía parlamentaria.

Esto implica que el Rey es el Jefe del Estado (diferenciándose así ésta figura, de la del Jefe del Gobierno). Y además es Jefe del Estado con carácter vitalicio y hereditario, diferenciándose así nuestro sistema político del Republicano, en el que el Jefe del Estado es elegido por el pueblo, y para un periodo de tiempo determinado.

Como afirma SÁNCHEZ-AGESTA, la interpretación común de la monarquía constitucional y parlamentaria tiende a identificar la Corona como un símbolo de la unidad de los órganos del estado. Es una forma popular de expresar la unidad del Estado y de su poder, dentro de la pluralidad de funciones que se atribuyen a órganos diferenciados, pero que cooperan entre sí. El planteamiento correcto para estudiar el significado de la Corona en una monarquía es discernir la Corona como símbolo y representación, y lo que se atribuye al Rey como facultades efectivas.

Pese a este planteamiento, es cierto que nuestra Constitución en el Título II dedicado a la Corona, únicamente regula la figura del Rey como concretización y personificación de la misma, sin hacer mención expresa a que se considere englobado en la misma ningún otro órgano, aunque las funciones que se atribuyen al Rey, en relación con los del resto de los órganos del Estado, responden al planteamiento descrito.

La organización de los poderes del Estado (lo que no expresa muy adecuadamente la noción de «forma política» empleada por el artículo 1.3) se caracteriza por la relación entre la Corona, las Cortes Generales y el Gobierno (la jefatura del Estado, el parlamento y el órgano ejecutivo), de modo que en la Constitución se establece:

- Una **forma de gobierno monárquica:** La jefatura del Estado tiene un carácter hereditario y vitalicio, pero despojada de poderes efectivos, es símbolo de la «unidad y permanencia» del Estado, sus funciones tienen un sentido simbólico, moderador.
- Un **sistema de gobierno parlamentario,** que configura el papel de los órganos del Estado de acuerdo a los presupuestos del parlamentarismo *racionalizado*, de modo que se regula la relación de confianza y la exigencia de responsabilidad política con una serie de instrumentos perfilados de forma muy completa.

El artículo 56 de la Constitución determina que:

"**El Rey es** el Jefe del Estado, símbolo de su unidad y permanencia, arbitra y modera el funcionamiento regular de las instituciones, asume la más alta representación del Estado Español en las relaciones internacionales, especialmente con las naciones de su comunidad histórica, **y ejerce** las funciones que le atribuyen expresamente la Constitución y las Leyes. **Su título es** el de Rey de España y podrá utilizar los demás que correspondan a la Corona."

Se ha optado en nuestro país por la forma monárquica de gobierno asumiendo una terminología (denominar al Rey Jefe del Estado), que pese a las críticas que se han hecho, hay que reconocer que tiene importantes antecedentes en el Derecho Comparado.

Hay que señalar además, que la instauración de la Corona significa, la implantación de un régimen monárquico; pero se trata de una monarquía constitucional y democrática en que **las funciones del Rey son limitadas** y en absoluto se pone en peligro la primacía en todo momento de la voluntad popular, encarnada en los legítimos representantes de ese pueblo, introduciéndose únicamente un elemento de moderación y continuidad, carente de auténticas facultades decisorias propias en el plano público.

1.2. Posición constitucional del Rey

La Corona es el **símbolo de la unidad y permanencia del Estado.**

Como símbolo de unidad, el Rey participa o se refieren a El, todas las actuaciones de los órganos constitucionales del Estado. El Rey nombra al Presidente del Gobierno y a los Ministros, convoca y disuelve las Cortes Generales y convoca a los electores correspondiéndole también sancionar y promulgar las Leyes. La Justicia se administra en nombre del Rey y éste ejerce el Derecho de Gracia. El Rey ejerce el mando supremo de las Fuerzas Armadas y el alto patronazgo de las Reales Academias. Todas estas facultades se destacan como símbolo de unidad.

Porque el Rey es inviolable y no está sujeto a responsabilidad, ha de realizar todas estas funciones con un refrendo. El Presidente del Gobierno, los Ministros o el Presidente del Congreso, asumen esa responsabilidad y son quienes aparecen como autores materiales de esos actos que simbólicamente realiza el Rey como personificación de la Corona.

El Rey, como representante de la Corona, es símbolo de permanencia del Estado en cuanto la monarquía es hereditaria.

Otra importante consecuencia de este carácter simbólico de representación de la unidad y permanencia del Estado, es su función en las relaciones internacionales.

Con el artículo 56 CE se inicia la parte orgánica de la Constitución y, en cabeza de la misma se sitúa, por vez primera en nuestra historia constitucional, el Título referido a la Monarquía, el Título II, que lleva por rúbrica, también por vez primera en nuestro constitucionalismo, "De la Corona". Quiso así el constituyente subrayar, por un lado, la superior posición de la Corona, situada por encima –formal e institucionalmente, que no en poder político– de los poderes del Estado, especialmente, de las Cortes Generales y del Gobierno; y, por otro, su significación y relevancia dentro de la forma política del Estado, definida en el artículo 1.3 como Monarquía parlamentaria.

Pues bien, el primer artículo dedicado a la Corona, el 56, actúa, si es que así puede decirse, como un "artículo marco" o definitorio de los rasgos caracterizadores de la Monarquía consta de tres párrafos. En el primero de ellos se califica al Rey como Jefe del Estado y se le atribuyen las tres grandes funciones de la institución; en el segundo se hace referencia a los títulos del Rey, y, en fin, en el último, se consagran dos privilegios del Monarca: la inviolabilidad y la irresponsabilidad, que se hacen posibles en virtud del instituto del refrendo, expresamente regulado en la Constitución.

a) El Rey como Jefe del Estado. Después de haberse referido la rúbrica del Título II a la Corona, la CE pasa a referirse al titular de la institución, el Rey, del que se afirma que "es el Jefe del Estado", y, además, "símbolo de su unidad y permanencia". A continuación, el artículo 56 enumera algunas de las atribuciones que corresponden al Monarca como Jefe del Estado: moderar, arbitrar, representar internacionalmente al Estado y ejercer las funciones que le atribuyen expresamente la Constitución y las leyes. Late en este precepto, como puso de relieve R. Entrena Cuesta, la preocupación del constituyente por perfilar una Corona sin responsabilidad y sin poder, compatible absolutamente con el régimen parlamentario.

Del precepto que acaba de reproducirse, y siguiendo a Herrero de Miñón, cabe tener en cuenta dos elementos para construir dogmáticamente una definición constitucional de la figura del Rey: su posición en la Jefatura del Estado y su condición de símbolo.

La atribución al Rey de la Jefatura del Estado es nota común de todos los regímenes monárquicos. Sin entrar aquí a recordar el proceso evolutivo que determina que el Rey pase de ser, en las Monarquías del siglo XIX, el Jefe del Ejecutivo, con un poder real y efectivo, a configurarse como un órgano situado al margen de los demás poderes del Estado, como puro poder moderador de los mismos, sí queremos insistir en que nuestra Constitución de 1978 considera a la Corona –y no podía ser de otro modo en un sistema democrático– como uno de los órganos constitucionales del Estado, aquél que se encuentra en el vértice de la organización estatal, el de mayor dignidad formal y posición. De ahí su carácter "soberano".

Por lo que a la segunda referencia constitucional se refiere, la mención de que el Rey es símbolo de la unidad y permanencia del Estado, tiene, en cuanto a la idea de unidad, una significación política doble: Por un lado, la Corona representa la unidad del Estado frente a la división orgánica de poderes, por cuya razón se imputan al Rey una serie de actos (nombramiento de Presidentes del Gobierno, convocatoria de Cortes, promulgación de las leyes, administración de la justicia, expedición de los decretos...), con independencia de cuál sea el peso político de la intervención regia en la adopción de dichos actos. Y por otro lado, representa igualmente al Estado español unido, en relación con los entes político-territoriales en que éste se divide, esto es, las Comunidades Autónomas, cuyos derechos ha de respetar el Rey.

De otro lado, la idea de la permanencia alude al carácter hereditario de la Corona, en relación con el cual, a través del artículo 57, se asegura la sucesión en la continuidad de un régimen de la misma naturaleza.

En cuanto a las funciones generales del Rey, que señala el art. 56 son:

1.º El Rey es árbitro y moderador del funcionamiento regular de las instituciones. Para el cumplimiento de tal función se dota, aparentemente, al Rey de prerrogativas como la propuesta, nombramiento y cese del Presidente del Gobierno; la convocatoria y disolución de las Cortes y la convocatoria de elecciones; la convocatoria de referéndum; la sanción y promulgación de las leyes, etc. En el ejercicio de todas ellas, el Rey actúa como mediador, árbitro o moderador, pero sin asumir la responsabilidad de sus actos.

2.º El Rey es el representante del Estado español en las relaciones internacionales. La competencia atribuida al Rey en este penúltimo inciso del artículo 56.1 guarda estrecha relación con las previstas en el artículo 63, a saber, la acreditación de embajadores y otros representantes diplomáticos, la manifestación del consentimiento en los tratados y la declaración de guerra y paz. Pero tiene, si cabe, una significación más amplia, vinculada a la presencia del Rey en Estados extranjeros, en visita oficial, su comparecencia ante organismos internacionales, la recepción en España de otros Jefes de Estado extranjeros, etc.; competencias todas ellas de indudable significación política y que requerirán el previo conocimiento y consentimiento del Gobierno, al que corresponde dirigir la política exterior.

b) Títulos del Rey. El párrafo 2 del artículo 56 regula los títulos reales, haciendo referencia, además de al de Rey de España, a los demás que corresponden a la Corona. Entre los títulos que, además del de Rey de España, corresponden a la Corona, cabe citar, sin ánimo exhaustivo, los de Rey de Castilla, León y Aragón, de Navarra, Toledo, Granada, Valencia, de Galicia, de Mallorca y Menorca, de Sevilla, de Córdoba, de las Islas Canarias, Conde de Habsburgo, de Flandes, de Barcelona, Señor de Vizcaya y de Molina.

c) Inviolabilidad, Irresponsabilidad y Refrendo: casi todas las Constituciones monárquicas parlamentarias establecen, en unos u otros términos, la regla de la absoluta irresponsabilidad regia, fiel reflejo del viejo aforismo británico "the king can do not wrong" (el Rey no puede hacer mal). En esta línea, la nuestra de 1978 dispone en su artículo 56.3 que "La persona del Rey es inviolable y no está sujeta a responsabilidad. Sus actos estarán siempre refrendados en la forma establecida en el artículo 64, careciendo de validez sin dicho refrendo, salvo lo dispuesto en el artículo 65.2". La primera reflexión que nos suscita el precepto referido es el significado de la inviolabilidad del Rey y si es o no lo mismo, la inviolabilidad que la ausencia de responsabilidad.

La generalidad de la doctrina utiliza, en efecto, ambos términos como sinónimos, aunque la inviolabilidad tiene un significado más amplio que el de la irresponsabilidad, con el que se pretende subrayar la alta dignidad que corresponde al Monarca como Jefe del Estado. Como tal, se proyecta en otras normas, de carácter penal o internacional, que atribuyen una especial protección a la persona del Rey. A lo que se añade un status especial de inmunidad en virtud del cual el Rey se sitúa por encima del debate político y al margen de los Tribunales de Justicia. En este sentido, ambos términos significan que no se puede perseguir criminalmente al Monarca y que, en cuanto se refiere a la responsabilidad civil, no se le puede demandar ante la jurisdicción ordinaria; no se da, en cambio, la imposibilidad de someter a juicio a la Familia Real.

1.3. Sucesión, regencia y tutoría

1.3.1. Sucesión

El artículo 57 de la Constitución establece el siguiente régimen de sucesión:

"La Corona de España es hereditaria en los sucesores de su Majestad Don Juan Carlos I de Borbón, legítimo heredero de la dinastía histórica. La sucesión en el Trono seguirá el orden regular de primogenitura y representación, siendo preferida siempre la línea anterior a las posteriores; en la misma línea el grado más próximo al más remoto; en el mismo grado, el varón a la mujer, y en el mismo sexo la persona de más edad a la de menos."

Lo que quiere decir es que el Trono se defiere al primogénito y a sus descendientes, de padres a hijos, nietos y así sucesivamente, con preferencia a los hermanos y sobrinos por razón de línea; que las mujeres tienen acceso al Trono siempre que no tengan hermanos varones y que la preferencia de línea con derechos de representación significa que los nietos del Rey e hijos del primogénito anteceden en caso de fallecimiento de su padre, a tíos, o hermanos del difunto primogénito, cuya representación como hijos suyos ostentan. Dicho artículo ha funcionado perfectamente sin necesidad de modificación ante la abdicación de D. Juan Carlos I, y la proclamación como Rey de España de su hijo Felipe, con el nombre de Felipe VI.

Extinguidas todas las líneas llamadas en derecho a la sucesión, las Cortes Generales proveerán a la sucesión en la Corona en la forma que más convenga a los intereses de España (Art. 57.3 C.E.).

Aquellas personas que teniendo derecho a la sucesión en Trono contrajeran matrimonio contra la expresa prohibición del Rey y de las Cortes Generales, quedarán excluidas en la sucesión a la Corona por sí y sus descendientes (Art. 57.4 C.E.).

Las abdicaciones y renuncias y cualquier duda de hecho o de derecho que ocurra en el orden de sucesión a la Corona se resolverán por una Ley Orgánica (Art. 57.5 C.E.).

El orden de sucesión a la Corona establecido en la vigente Constitución reproduce la forma habitual en nuestro derecho constitucional histórico.

La Reina consorte o el consorte de la Reina no podrán asumir funciones constitucionales, salvo lo dispuesto para la regencia (Art. 58 C.E.).

Este largo y detallado precepto recoge el régimen de la sucesión a la Corona, con todas sus posibles vicisitudes o eventualidades. Los dos primeros apartados se refieren al supuesto que podríamos llamar "normal" de sucesión en la Corona por herencia, así como al estatuto jurídico del Príncipe de Asturias. Los tres siguientes, aluden a otros tantos supuestos que podríamos considerar anómalos o excepcionales: provisión del sucesor por las Cortes Generales, exclusión en la sucesión a la Corona y abdicaciones y renuncias.

Comienza el precepto consagrando el carácter hereditario de la Corona de España –carácter hereditario consustancial a cualquier régimen monárquico– con una expresa mención al Rey Don Juan Carlos, al que se califica de "legítimo heredero de la dinastía histórica". Dicha referencia a la persona del actual Monarca y su legitimidad dinástica debe ser entendida en dos sentidos, estrechamente ligados entre sí.

–   Por un lado, se quiere señalar que su posición regia dimana de la Constitución y que ésta supone la legitimación democrática de la propia existencia, anterior a la norma constitucional.

–   Por otro, es una decidida reafirmación de la legitimidad dinástica del actual Rey, más que frente a viejos pleitos dinásticos –hoy en día ya no planteados– en cuanto a la persona de D. Juan Carlos, quien, como consecuencia de la renuncia a los derechos sucesorios efectuada por su padre, D. Juan de Borbón, en 1977, se convirtió en la Monarquía re-instaurada en 1978 en el legítimo Rey de España, continuador de la dinastía histórica, hoy continuada con su hijo Felipe VI.

En lo referente al Príncipe heredero, el artículo 57.2 constitucionaliza la dignidad de Príncipe de Asturias, denominación ésta de mayor arraigo histórico que la de Príncipe de España, utilizada durante el período inmediatamente anterior.

1.3.2. Regencia

El artículo 59 de la C.E. regula **la regencia**, estableciendo el siguiente régimen:

"1. Cuando el Rey fuere menor de edad el padre o la madre del Rey, y en su defecto, el pariente mayor de edad más próximo a suceder en la Corona, según el orden establecido en la Constitución, entrará a ejercer inmediatamente la regencia y la ejercerá durante el tiempo de la minoría de edad del Rey.

2. Si el Rey se inhabilitare para el ejercicio de su autoridad y la imposibilidad le fuera reconocida por las Cortes Generales, entrará a ejercer inmediatamente la regencia el príncipe heredero de la Corona, si fuera mayor de edad. Si no lo fuere se procederá en la manera prevista en el apartado anterior, hasta que el príncipe heredero alcance la mayoría de edad.

3. Si no hubiere ninguna persona a quien corresponda la regencia, ésta será nombrada por las Cortes Generales y se compondrá de una, tres o cinco personas.

4. Para ejercer la regencia es preciso ser español y mayor de edad.

5. La regencia se ejercerá por mandato constitucional y siempre en nombre del Rey".

La institución de la Regencia se activa cuando las funciones regias, por distintos motivos, no pueden cumplirse directamente por el titular de la Corona. De ahí que se considere la Regencia como una magistratura extraordinaria, temporal, y caracterizada, ante todo, por su provisionalidad.

Sin embargo debemos destacar que la institución de la Regencia se utiliza, para dos casos o supuestos totalmente distintos:

a) El primero referido, al fallecimiento del monarca, siendo menor de edad el heredero (Menor de 18 años), en cuyo caso entra a ejercer la Regencia, el Cónyuge superviviente, tal y como establece el art. 59.1 "entra a ejercer el padre o la madre del rey"... o en caso de que también hubiere fallecido... "el pariente de más edad más próximo a suceder a la corona".

b) El segundo supuesto no se refiere al fallecimiento del monarca, sino a su inhabilitación para el ejercicio del cargo, inhabilitación de carácter temporal, que tienen que aprobar expresamente las Cortes Generales, y en cuyo caso entra a ejercer la regencia el Príncipe de Asturias si es mayor de edad. Y si no lo es se procede, conforme indica el apartado anterior, es decir las Cortes designan el regente entre 1, 3 o 5 personas.

1.3.3. Tutoría

El artículo 60 establece para la tutoría que "Será **tutor del Rey menor** la persona que en su testamento hubiese nombrado el Rey difunto, siempre que sea mayor de edad y español de nacimiento; si no lo hubiese nombrado, será tutor el padre o la madre, mientras permanezcan viudos. En su defecto, lo nombrarán las Cortes Generales, pero no podrán acumularse los cargos de Regente y de tutor sino en el padre, madre o ascendientes directos del Rey.

El ejercicio de la tutela es también incompatible con el de todo cargo o representación política."

La tutela del Rey menor puede ser, al amparo de ese precepto, de tres clases: A) testamentaria, cuando el tutor del Rey menor sea nombrado por testamento por el Rey difunto; el tutor habrá de ser mayor de edad y español de nacimiento. Cuestión discutida ha sido si el testamento debe ser o no refrendado. La doctrina mayoritariamente se ha decantado por el refrendo en atención a la importante significación política del acto "mortis causa" por el que se nombre tutor al Rey menor; B) legítima, procede en defecto de la testamentaria y corresponde ser tutor al padre o la madre, mientras permanezcan viudos; y C) parlamentaria, que tiene lugar en defecto de la tutela legítima, procediéndose por las Cortes Generales a nombrar a un tutor. Sólo está prevista en la Constitución la tutela del Rey menor, por lo que ésta cesará con la mayoría de edad del Rey.

Finalmente se refiere el artículo 60 a las incompatibilidades de la tutela. Estas son de dos tipos: a) incompatibilidad de cargos de Regente y de Tutor; y b) incompatibilidad de la tutela con todo cargo o representación política. El término representación política no plantea ningún problema: cualquier designación que encarne mediata o inmediatamente la soberanía nacional; y en cuanto a los cargos, deben ser referidos a los de carácter público o político.

1.4. Funciones del Rey

Antes de comenzar con las funciones del rey, señalar que el artículo 61 CE establece que "El Rey, al ser proclamado ante las Cortes Generales, prestará juramento de desempeñar fielmente sus funciones, guardar y hacer guardar la Constitución y las leyes y respetar los derechos de los ciudadanos y de las Comunidades Autónomas.

El Príncipe heredero, al alcanzar la mayoría de edad, y el Regente o Regentes al hacerse cargo de sus funciones, prestarán el mismo juramento, así como el de fidelidad al Rey."

Las funciones que al Rey atribuye la Constitución vienen determinadas en sus artículos 62 y 63 y son las siguientes:

a) Sancionar y promulgar las leyes.

b) Convocar y disolver las Cortes Generales y convocar elecciones en los términos previstos en la Constitución.

c) Convocar a referéndum en los casos previstos en la Constitución.

d) Proponer el candidato a Presidente de Gobierno, y en su caso nombrarlo, así como poner fin a sus funciones en los términos previstos en la Constitución.

e) Nombrar y separar a los miembros del Gobierno, a propuesta de su presidente.

f) Expedir los decretos acordados en el Consejo de Ministros, conferir los empleos civiles y militares y conceder honores y distinciones con arreglo a las Leyes.

g) Ser informado de los asuntos de Estado y presidir, a estos efectos las sesiones del Consejo de Ministros, cuando lo estime oportuno, a petición del Presidente del Gobierno.

h) El mando supremo de las Fuerzas Armadas.

i) Ejercer el Derecho de Gracia con arreglo a la Ley, que no podrá autorizar indultos generales.

j) El alto patronazgo de las Reales Academias.

El Rey acredita a los embajadores y otros representantes diplomáticos. Los representantes extranjeros en España están acreditados ante él.

Al Rey corresponde manifestar el consentimiento del Estado para obligarse internacionalmente por medio de Tratados, de conformidad con la Constitución y las Leyes.

Al Rey corresponde, previa autorización de las Cortes Generales, declarar la guerra y hacer la paz.

El Rey es el Jefe del Estado de una Monarquía parlamentaria, y en consecuencia no es ya el eje del sistema político ni el centro de las decisiones, que pasan al Parlamento y al Gobierno, sino una instancia que nuclea la unidad del Estado, función ésta institucionalizadora que no pueden realizar ni el Gabinete ni las Cortes Generales conjunta ni separadamente. Este carácter permanente del Rey frente a la contingencia del Parlamento –sometido a los procesos electorales– y del Gobierno que resulta de las mayorías obtenidas en el Congreso de los Diputados, otorgan al Monarca una concepción de invariable neutralidad sobre la que descansa la función arbitral y moderadora que se despliega al margen de los restantes poderes del Estado.

La cuestión está en saber si esa función arbitral y moderadora es un auténtico poder, independientemente de los demás poderes o si por el contrario es una instancia persuasiva y de influencia sin poderes concretos, existiendo a este respecto disparidad en la doctrina.

2. EL PODER LEGISLATIVO EN ESPAÑA: LAS CORTES GENERALES

El Poder Legislativo se encuentra recogido en el Título III de la Constitución denominado "De las Cortes Generales". Comprende los artículos 66 a 96.

Artículo 66: "1. Las Cortes Generales representan al pueblo español y están formadas por el Congreso de los Diputados y el Senado.

2. Las Cortes Generales ejercen la potestad legislativa del Estado, aprueban sus presupuestos, controlan la acción de gobierno y tienen las demás competencias que les atribuya la Constitución.

3. Las Cortes Generales son inviolables".

Este precepto enlaza con el artículo 1 CE, cuando establece que la Soberanía reside en el pueblo español, del que emanan los poderes del Estado. Pues bien a través de elecciones periódicas basadas en el sufragio, libre igual directo y secreto los ciudadanos elegimos a nuestros representantes, de forma que podemos decir que el sitio donde se deposita la soberanía por el pueblo es en el Congreso de los Diputados, donde se hace verdad el adagio democrático, un hombre un voto.

El artículo 66 CE, no sólo señala el órgano del poder legislativo, con una estructura bicameral, el Congreso como cámara de representación popular, y el Senado como cámara de representación territorial, sino que además establece entre sus funciones además de la clásica de hacer leyes, el ejercicio del control del gobierno, y la aprobación de los presupuestos en los que el gobierno concreta su actuación. En consecuencia a lo anterior, cada una de las funciones que el estado realiza se concreta en un poder, y éste se encardina en un órgano, conforme el siguiente cuadro:

Función de	Se incardina en el poder	Que se concreta en qué órgano
Legislar	⟹ Poder Legislativo	⟹ Cortes Generales
Ejecutar Hacer cumplir las leyes	⟹ Poder Ejecutivo	⟹ Gobierno
Juzgar. Resolver los conflictos en la aplicación de las leyes.	⟹ Poder Judicial ⟹ Jueces y tribunales	(Poder Judicial)

En Consecuencia el órgano del Poder Legislativo, es el órgano que ostenta la función de hacer las leyes, y controlar al ejecutivo, y en España se incardina en Las Cortes Generales, órgano parlamentario bicameral, ya que está formado por el Congreso de los Diputados, y el Senado.

Artículo 67: "1. Nadie podrá ser miembro de las dos Cámaras simultáneamente, ni acumular el acta de una Asamblea de Comunidad Autónoma con la de Diputado al Congreso.

2. Los miembros de las Cortes Generales no estarán ligados por mandato imperativo.

3. Las reuniones de Parlamentarios que se celebren sin convocatoria reglamentaria no vincularán a las Cámaras, y no podrán ejercer sus funciones ni ostentar sus privilegios.

Curiosamente este art. 67 no prohíbe ser miembro de una Asamblea Legislativa de una Comunidad Autónoma y Senador, que en consecuencia es compatible.

Que los miembros de las Cortes no estén ligados a mandato imperativo, quiere decir que los parlamentarios no se someten en sus decisiones y votaciones a las distintas leyes, a través de un mandato obligatorio, que les haríamos periódicamente los votantes de su circunscripción, de donde han sido elegidos, sino que votan libremente las leyes, a través de su conciencia y honor.

(Aunque algunos autores señalan que se ha sustituido el mandato imperativo popular, por el mandato imperativo del partido correspondiente, que impone a sus diputados y senadores el sentido de sus votaciones).

3. DE LAS CÁMARAS

3.1. Composición de las cámaras

El Congreso de los Diputados (Artículo 68 C.E.)

1. El Congreso se compone de un mínimo de 300 y un máximo de 400 Diputados, elegidos por sufragio universal, libre, igual, directo y secreto, en los términos que establezca la ley.

2. La circunscripción electoral es la provincia. Las poblaciones de Ceuta y Melilla estarán representadas cada una de ellas por un Diputado. La ley distribuirá el número total de Diputados, asignando una representación mínima inicial a cada circunscripción y distribuyendo los demás en proporción a la población.

3. La elección se verificará en cada circunscripción atendiendo a criterios de representación proporcional.

4. El Congreso es elegido por cuatro años. El mandato de los Diputados termina cuatro años después de su elección o el día de la disolución de la Cámara.

5. Son electores y elegibles todos los españoles que estén en pleno uso de sus derechos políticos. La Ley reconocerá y el Estado facilitará el ejercicio del derecho de sufragio a los españoles que se encuentren fuera del territorio de España.

6. Las elecciones tendrán lugar entre los treinta días y sesenta días desde la terminación del mandato. El Congreso electo deberá ser convocado dentro de los veinticinco días siguientes a la celebración de las elecciones.

En la actualidad el número de diputados en el Congreso derivado de la Ley Orgánica de Régimen Electoral General (LOREG) es de 350. El artículo 68.1 en su primer inciso viene a regular la composición del Congreso de los Diputados. Esta regulación no ofrece una solución cerrada y definitiva sino que el constituyente opta por fijar un margen que se sitúa por debajo en los trescientos escaños y por encima en los cuatrocientos. De esta manera puede afirmarse con facilidad que todo aquello que se mueva en estos márgenes es plenamente constitucional y, en cambio, incidirá en contradicción cuando la solución desborde por arriba o por abajo, lo indicado en el art. 68.1.

La fijación del número total de miembros que comprende una Cámara es un dato político y jurídico de la mayor relevancia si se tiene en cuenta que condiciona, entre otros aspectos, la obtención de la mayoría absoluta. A la hora de optar por un número, los diferentes sistemas constitucionales tienden a hacer compatibles dos principios no siempre fáciles de casar. Por un lado para ser operativas y manejables las Cámaras democráticas deben de tener un número de miembros que las hagan funcionales. Pero, por otro lado, la opción por un número excesivamente reducido de miembros dificulta la obtención de unas ratios de representación de la población mínimamente aceptables.

El artículo 68.1 se ocupa también de indicar las características constitucionales de carácter esencial que deben de ser predicables del sufragio emitido para el Congreso de los Diputados.

a) El sufragio ha de ser universal. Esta formulación, significa el reconocimiento de un largo proceso que en España no culmina sino en la II República con el reconocimiento del voto femenino. Es decir lo tienen todos los españoles mayores de edad, con independencia de su sexo o condición social o económica.

b) El sufragio ha de ser libre. Este rasgo, que diferencia nítidamente un sistema democrático de otro que no lo es, no puede entenderse en la acepción formal, sino que hay que llevarlo a la esencia del concepto libertad. No se puede condicionar u obligar el voto de ninguna persona.

c) El sufragio ha de ser directo: Frente al sistema electoral de nuestros inicios constitucionales que preveía elecciones indirectas de varios grados, la elección por el Congreso es de carácter directo sin que medie ninguna instancia o grado entre el votante y el candidato o/y electo.

d) El sufragio ha de ser secreto. Esta característica afecta también al principio de libertad, en la medida que permite eludir coacciones o intromisiones en el sufragio libremente emitido. Ello obliga a la Administración electoral a facilitar los medios técnicos y materiales que garanticen este secreto (cabinas, urnas, etc.). Nótese, en todo caso, que el secreto es un derecho y no una obligación. Nada impide a un ciudadano hacer público el sentido de su voto.

En cuanto a las circunscripciones se reconoce a la provincia como circunscripción electoral, y se reparte el número de escaños asignando dos por provincia y el resto se asignan a cada provincia, en proporción al número de habitantes.

El Senado (Artículo 69 C.E.)

1. El Senado es la Cámara de representación territorial. En cada provincia se elegirán cuatro Senadores por sufragio universal, libre, igual, directo y secreto por los votantes de cada una de ellas, en los términos que señale una ley orgánica.

2. En las provincias insulares, cada isla o agrupación de ellas, con Cabildo o Consejo Insular, constituirá una circunscripción a efectos de elección de Senadores, correspondiendo tres a cada una de las islas mayores –Gran Canaria, Mallorca y Tenerife– y uno a cada uno de las siguientes islas o agrupaciones: Ibiza-Formentera, Menorca, Fuerteventura, Gomera, Hierro, Lanzarote y La Palma.

3. Las poblaciones de Ceuta y Melilla elegirán cada una de ellas dos Senadores.

4. Las Comunidades Autónomas designarán además un Senador y otro más por cada millón de habitantes de su respectivo territorio. La designación corresponderá a la Asamblea legislativa o, en su defecto, al órgano colegiado superior de la Comunidad Autónoma, de acuerdo con lo que establezcan los estatutos, que asegurarán, en todo caso, la adecuada representación proporcional.

5. El Senado es elegido por cuatro años. El mandato de los Senadores termina cuatro años después de su elección o el día de la disolución de la Cámara.

El constituyente optó, al diseñar el modelo parlamentario en nuestra Constitución, por articular un sistema bicameral. A la hora de justificar el bicameralismo se optó por darle una fundamentación territorial aprovechando el nuevo modelo de ordenación política que en ese ámbito abrían tanto el artículo 2 como el propio Título VIII. De ahí la célebre expresión según la cual: "El Senado es la Cámara de representación territorial". A los efectos de fijar el sistema electoral, el art. 166 LOREG establece un sistema plurinominal, mayoritario, de voto restringido y listas abiertas, por el cual cada provincia elige 4 senadores (Es decir el mismo número de senadores con independencia de la población, y esto es así por ser ésta cámara de representación territorial), las Islas mayores 3, las menores 1, Ceuta y Melilla 2, y por último las comunidades Autónomas eligen uno más y otro más por cada millón de habitantes, senadores estos no elegidos directamente por el pueblo, sino de forma indirecta, ya que quien los designa es o la Asamblea Legislativa de su Comunidad Autónoma, o su Consejo de Gobierno.

De las causas de inelegibilidad e incompatibilidad, de los Diputados y Senadores se encarga el **Artículo 70** que establece:

1. La ley electoral determinará las causas de inelegibilidad e incompatibilidad de los Diputados y Senadores, que comprenderán en todo caso:

a) A los componentes del Tribunal Constitucional.

b) A los altos cargos de la Administración del Estado que determine la ley, con la excepción de los miembros del Gobierno.

c) Al Defensor del Pueblo.

d) A los Magistrados, Jueces y Fiscales en activo.

e) A los militares profesionales y miembros de las Fuerzas y Cuerpos de Seguridad y Policía en activo.

f) A los miembros de las Juntas Electorales.

2. La validez de las actas y credenciales de los miembros de ambas Cámaras estará sometida al control judicial, en los términos que establezca la ley electoral.

En cuanto a la **inviolabilidad e Inmunidad** de nuestros parlamentarios, el **Artículo 71** establece:

1. Los Diputados y Senadores gozarán de inviolabilidad por las opiniones manifestadas en el ejercicio de sus funciones.

2. Durante el período de su mandato los Diputados y Senadores gozarán asimismo de inmunidad y sólo podrán ser detenidos en caso de flagrante delito. No podrán ser inculpados ni procesados sin la previa autorización de la Cámara respectiva.

3. En las causas contra Diputados y Senadores será competente la Sala de lo Penal del Tribunal Supremo.

4. Los Diputados y Senadores percibirán una asignación que será fijada por las respectivas Cámaras.

Como puedes ver la inviolabilidad hace referencia a las opiniones, a lo que dicen, políticamente en el ejercicio de su cargo. Sin embargo la inmunidad hace referencia a lo que hacen, en cuyo hacer tienen ciertos privilegios, como el de no ser detenidos sino en caso de flagrante delito, ya que para el resto de los casos es necesaria la autorización de la Cámara respectiva, y que sólo se les juzgue en la sala 2ª de los penal del Tribunal Supremo.

3.2. Funcionamiento de las cámaras

Artículo 72

1. Las Cámaras establecen sus propios Reglamentos, aprueban autónomamente sus presupuestos y, de común acuerdo, regulan el Estatuto del Personal de las Cortes Generales. Los Reglamentos y su reforma serán sometidos a una votación final sobre su totalidad, que requerirá la mayoría absoluta.

2. Las Cámaras eligen sus respectivos Presidentes y los demás miembros de sus Mesas. Las sesiones conjuntas serán presididas por el Presidente del Congreso y se regirán por un Reglamento de las Cortes Generales aprobado por mayoría absoluta de cada Cámara.

3. Los Presidentes de las Cámaras ejercen en nombre de las mismas todos los poderes administrativos y facultades de policía en el interior de sus respectivas sedes.

De las sesiones: Artículo 73

1. Las Cámaras se reunirán anualmente en **dos períodos ordinarios** de sesiones: el primero, de septiembre a diciembre, y el segundo de febrero a junio.

2. Las Cámaras podrán reunirse en **sesiones extraordinarias** a petición del Gobierno, de la Diputación Permanente o de la mayoría absoluta de los miembros de cualquiera de las Cámaras. Las sesiones extraordinarias deberán convocarse sobre un orden del día determinado y serán clausuradas una vez que éste haya sido agotado.

Artículo 74

1. Las Cámaras se reunirán en **sesión conjunta** para ejercer las competencias no legislativas que el Título II atribuye expresamente a las Cortes Generales.

2. Las decisiones de las Cortes Generales previstas en los artículos 94,1, 145,2 y 158,2, se adoptarán por mayoría de cada una de las Cámaras. En el primer caso, el procedimiento se iniciará por el Congreso, y en los otros dos, por el Senado. En ambos casos, si no hubiera acuerdo entre Senado y Congreso, se intentará obtener por una Comisión Mixta compuesta de igual número de Diputados y Senadores. La Comisión presentará un texto que será votado por ambas Cámaras. Si no se aprueba en la forma establecida, decidirá el Congreso por mayoría absoluta.

Funcionamiento de las cámaras: Artículo 75

1. Las Cámaras **funcionarán en Pleno y por Comisiones**.

2. Las Cámaras podrán delegar en las **Comisiones Legislativas Permanentes** la aprobación de proyectos o proposiciones de ley. El Pleno podrá, no obstante, recabar en cualquier momento el debate y votación de cualquier proyecto o proposición de ley que haya sido objeto de esta delegación.

3. Quedan exceptuados de lo dispuesto en el apartado anterior la reforma constitucional, las cuestiones internacionales, las leyes orgánicas y de bases y los Presupuestos Generales del Estado.

Artículo 76

1. El Congreso y el Senado, y, en su caso, ambas Cámaras conjuntamente, podrán nombrar **Comisiones de investigación** sobre cualquier asunto de interés público. Sus conclusiones no serán vinculantes para los Tribunales, ni afectarán a las resoluciones judiciales, sin perjuicio de que el resultado de la investigación sea comunicado al Ministerio Fiscal para el ejercicio, cuando proceda, de las acciones oportunas.

2. Será obligatorio comparecer a requerimiento de las Cámaras. La ley regulará las sanciones que puedan imponerse por incumplimiento de esta obligación.

Artículo 77

1. Las Cámaras pueden recibir peticiones individuales y colectivas, siempre por escrito, quedando prohibida la presentación directa por manifestaciones ciudadanas.

2. Las Cámaras pueden remitir al Gobierno las peticiones que reciban. El Gobierno está obligado a explicarse sobre su contenido, siempre que las Cámaras lo exijan.

Artículo 78

1. En cada Cámara habrá **una Diputación Permanente** compuesta por un mínimo de **veintiún miembros**, que representarán a los grupos parlamentarios, en proporción a su importancia numérica.

2. Las Diputaciones Permanentes estarán presididas por el Presidente de la cámara respectiva y tendrán como funciones la prevista en el artículo 73, la de asumir las facultades que correspondan a las Cámaras, de acuerdo con los artículos 86 y 116, en caso de que éstas hubieran sido disueltas o hubiere expirado su mandato, y la de velar por los poderes de las Cámaras cuando éstas no estén reunidas.

3. Expirado el mandato o en caso de disolución, las Diputaciones Permanentes seguirán ejerciendo sus funciones hasta la constitución de las nuevas Cortes Generales.

4. Reunida la Cámara correspondiente, la Diputación Permanente dará cuenta de los asuntos tratados y de sus decisiones.

Artículo 79

1. Para adoptar acuerdos, las Cámaras deben estar reglamentariamente y con asistencia de la mayoría de sus miembros.

2. Dichos acuerdos, para ser válidos, deberán ser aprobados por la mayoría de los miembros presentes, sin perjuicio de las mayorías especiales que establezcan la Constitución o las leyes orgánicas y las que para elección de personas establezcan los Reglamentos de las Cámaras.

3. El voto de Senadores y Diputados es personal e indelegable.

Artículo 80

Las sesiones plenarias de las Cámaras serán públicas, salvo acuerdo en contrario de cada Cámara, adoptado por mayoría absoluta o con arreglo al Reglamento.

3.3. Otras funciones de las cámaras

Si bien las funciones normativas son el núcleo central de su actuación, el Parlamento realiza otras funciones, y como principales:

– Funciones en relación a otros órganos.

– Funciones de control.

a) Respecto a la Corona. Proveer a la sucesión de la Corona una vez extinguidas todas las líneas de sucesión. Reconocer la imposibilidad del ejercicio de la autoridad del Rey llegado el caso. En caso de necesidad de regencia y si no hay persona adecuada para ejercerla, las Cortes tienen la facultad de nombrar regente o consejo de regentes formado por una, tres, o cinco personas. Asimismo las Cortes reciben el juramento del Rey al ser proclamado y le autorizan para declarar la guerra o hacer la paz.

b) Respecto al Poder Judicial y el Tribunal Constitucional. El Congreso y el Senado eligen a los miembros del Consejo General del Poder Judicial.

De los doce miembros del Tribunal Constitucional, cuatro son propuestos por el Congreso por mayoría de 3/5 de sus miembros y cuatro a propuesta del Senado con idéntica mayoría.

c) Respecto al Gobierno. Las Cortes ejercen una función de control, ya que como señala la Constitución, el gobierno responde solidariamente en su gestión política ante el Congreso de los Diputados. Asimismo las Cámaras y sus Comisiones pueden reclamar la presencia de los miembros del Gobierno.

4. DE LA ELABORACIÓN DE LAS LEYES

4.1. Clases de leyes: orgánicas y ordinarias

Es definición universalmente conocida de la ley la que Santo Tomás de Aquino estableció en la Summa Theológica al concebirla como "la ordenación de la razón al bien común, dictada por el que tiene a su cargo el cuidado de la comunidad y solemnemente promulgada". O la más escueta de Francisco Suárez al definirla simplemente como "precepto común, justo y estable, suficientemente promulgado".

Entre las definiciones modernas ha de citarse la de Federico de Castro para quien la ley es "la norma emanada directamente del poder soberano, reveladora de su mandato respecto de la organización jurídica de la nación".

En el sentido técnico de fuente del Derecho, la palabra ley se emplea en una doble acepción. En un sentido primario se llama ley a cualquiera de las reglas que tienen su origen en el poder del Estado y se contrapone a la costumbre y a los principios generales del Derecho. En un segundo sentido, más estricto, se reserva la palabra ley para la dictada por el órgano superior del Estado y con la máxima solemnidad, distinguiéndose así de las normas dictadas por autoridades con función delegada, reglamentaria o ejecutiva.

Ley en sentido formal es "toda norma jurídica dictada por los órganos estatales a los que el ordenamiento jurídico atribuye el poder legislativo". Y precisando aún más, García de Enterría y Tomás Ramón Fernández la definen como "el acto publicado como tal ley en el Boletín Oficial del Estado, que expresa un mandato normativo de los órganos que tienen constitucionalmente atribuido el poder legislativo superior".

Bajo el genérico concepto de ley se agrupan en el Derecho positivo español diversas manifestaciones de la misma. Jerárquicamente ordenadas son las siguientes:

- Ley constitucional.
- Leyes orgánicas.
- Leyes ordinarias.
- Disposiciones normativas con fuerza de ley (Decretos-Leyes y Decretos-Legislativos).

Es claro que no se integra dentro de este concepto genérico de ley, en sentido formal, la potestad reglamentaria de la Administración a la que nos referimos de manera particular en el siguiente tema del programa.

Habiendo ya estudiado la ley constitucional nos corresponde ahora referirnos a las demás, distinguiendo entre leyes estatales (orgánicas y ordinarias), leyes de las Comunidades Autónomas y leyes de conexión con los subsistemas autonómicos (leyes marco, leyes de armonización y leyes de transferencia o delegación).

4.1.1. Las leyes estatales

A) Leyes orgánicas

La figura de las leyes orgánicas es una de las novedades más sobresalientes de la Constitución de 1978, y también, una de las más complejas y discutibles. En una primera aproximación, pueden describirse como un tipo especial de leyes para cuya aprobación se requiere un quórum especialmente reforzado en el Congreso de los Diputados, por referirse a materias a las que la Constitución otorga una particular relevancia. Son, pues, dos las notas que las caracterizan: una nota material (el ámbito a que se refiere) y una nota formal (el procedimiento de elaboración).

1. **Desde el punto de vista material**, en primer lugar, las leyes orgánicas deben referirse necesariamente (o, lo que es lo mismo, sólo pueden ser dictadas) a las materias expresamente previstas en la Constitución Española; de acuerdo con su artículo 81.1 "son leyes orgánicas las relativas al desarrollo de los derechos fundamentales y de las libertades públicas, las que aprueben los Estatutos de Autonomía y el régimen electoral general y las demás previstas en la Constitución". Este precepto diseña lo que podríamos llamar el ámbito necesario de actuación de las leyes orgánicas; dichas leyes han de regular necesariamente estas materias, de tal forma que su regulación no puede ser llevada a cabo mediante leyes ordinarias; pero, a la inversa, las leyes orgánicas no deben operar fuera de estas materias, careciendo de eficacia en la medida en que regulen cuestiones no comprendidas en la enumeración del artículo 81 o materias en las que otros preceptos de la Constitución Española las exigen (p. ej: arts. 92; 104.2; 107; 116; 122; 136.4; 141.1; 144; 150.2; 157.3; 165; etc.), salvo que se trate de temas conexos con la regulación principal.

2. Por otro lado, las leyes orgánicas se caracterizan por un **dato formal**, cual es el procedimiento exigido específicamente para su aprobación. De acuerdo con el apartado segundo del artículo 81 de la Constitución Española, "la aprobación, modificación o derogación de las leyes orgánicas exigirá mayoría absoluta del Congreso, en una votación final sobre el conjunto del proyecto". Éste es el único requisito que caracteriza a la ley orgánica: el texto de la misma deberá ser votado globalmente en el Congreso, por la mayoría cualificada citada; la ley orgánica no precisa de ser aprobada por mayoría especial alguna en el Senado, siguiendo en esta Cámara el procedimiento normal al que posteriormente nos referiremos.

Para un grupo de autores encabezados por García de Enterría, las leyes orgánicas no tienen rango superior a las leyes ordinarias, ya que entre ellas no cabe hablar de relación de jerarquía sino de separación, por tener un distinto ámbito competencial.

Frente a esta opinión Garrido Falla, partiendo del especial régimen de aprobación y modificación (mayoría absoluta), y del hecho de que la regulación de las materias de mayor trascendencia está reservada a la ley orgánica, defiende la superioridad jerárquica de estas normas sobre las leyes ordinarias.

Dentro de las leyes orgánicas hay que destacar una categoría muy singular, que no es otra que la que forman los Estatutos de Autonomía de las distintas Comunidades Autónomas.

La propia CE, denomina a los Estatutos como Leyes Orgánicas en su artículo 81.1, pero se diferencian de las demás leyes orgánicas fundamentalmente en su procedimiento de elaboración y reforma y en su contenido material.

Así, en cuanto a su procedimiento de elaboración, destacar someramente que existe un procedimiento ordinario (art. 143 y 146 CE); un procedimiento especial (artículo 151 CE); y dos procedimientos extraordinarios (art. 144 b) y Disposición Transitoria 4ª).

Por otro lado, en cuanto a su contenido material, se afirma que los Estatutos de Autonomía constituyen la norma fundamental básica de cada Comunidad Autónoma (art. 147.1 CE), en un doble sentido: En primer lugar, por cuanto el Estatuto es la norma que instituye, que erige y hace nacer a la vida jurídica a un ente público antes inexistente; e institucional, también, porque el Estatuto concreta el marco constitucional, definiendo las instituciones políticas y administrativas de gobierno de cada Comunidad, y las funciones que específicamente asume.

B) Leyes ordinarias

Constituyen el tercer escalón de la jerarquía normativa. Son leyes ordinarias las leyes de Cortes, es decir, las que emanan del órgano legislativo ordinario que son las Cortes Generales, formadas por el Congreso de los Diputados y el Senado según preceptúa el artículo 66 de la Constitución.

Constitucionalmente, cabe distinguir con arreglo al artículo 75 de la Constitución Española entre leyes de Pleno y leyes de Comisión, ya que según dicho artículo: "Las Cámaras funcionarán en Pleno y por Comisiones.

Las Cámaras podrán delegar en las Comisiones Legislativas Permanentes la aprobación de proyectos o proposiciones de ley. El Pleno podrá, no obstante, recabar en cualquier momento el debate y votación de cualquier proyecto o proposición de ley que haya sido objeto de esta delegación.

Quedan exceptuadas de lo dispuesto en el apartado anterior la reforma constitucional, las cuestiones internacionales, las leyes orgánicas y de bases y los Presupuestos Generales del Estado".

Por lo demás, el procedimiento de elaboración de las leyes puede iniciarse bien por las propias Cámaras en cuyo caso recibe el nombre de "proposición de ley", cuya tramitación se regulará por los Reglamentos de las Cámaras (art. 89), o bien por el Consejo de Ministros, en cuyo caso, se denomina "proyecto de ley", que envía al Congreso para su estudio, elaboración y, en su caso, aprobación (art. 88). En desarrollo de los artículos 87 y 88 de la Constitución Española el artículo 22 de la Ley 50/1997, de 27 de noviembre, del Gobierno, regula la iniciativa legislativa del Gobierno.

En relación con el texto de los aludidos artículos, sólo cabe insistir en la "prioridad" que el artículo 89 concede a la iniciativa legislativa del Gobierno sobre la iniciativa de las Cámaras.

La actuación legislativa del Senado viene regulada por lo dispuesto en el artículo 90, al decir: "Aprobado un proyecto de ley ordinaria u orgánica por el Congreso de los Diputados, su Presidente dará inmediata cuenta del mismo al Presidente del Senado, el cual lo someterá a la deliberación de éste.

El Senado en el plazo de 2 meses, y a partir del día de la recepción del texto, puede, mediante mensaje motivado, oponer su veto o introducir enmiendas al mismo. El veto deberá ser aprobado por mayoría absoluta. El proyecto no podrá ser sometido al Rey para sanción sin que el Congreso ratifique por mayoría absoluta, en caso de veto, el texto inicial, o por mayoría simple, una vez transcurridos 2 meses desde la interposición del mismo, o se pronuncie sobre las enmiendas, aceptándolas o no por mayoría simple.

El plazo de 2 meses de que el Senado dispone para vetar o enmendar el proyecto se reducirá al de 20 días naturales en los proyectos declarados urgentes por el Gobierno o por el Congreso de los Diputados".

Parece, pues, a la vista de lo trascrito, que este artículo reduce a una mera labor de revisión la función legislativa del Senado.

Y, finalmente, tras esta actuación legislativa del Senado, el último estadio en el proceso de elaboración de las leyes corresponde a la sanción y promulgación de las mismas. Dispone a este respecto el artículo 91 que: "El Rey sancionará en el plazo de 15 días las leyes aprobadas por las Cortes Generales, y las promulgará y ordenará su inmediata publicación".

4.1.2. Las leyes de las Comunidades Autónomas

En nuestro ordenamiento jurídico, las Comunidades Autónomas son también, junto con el Estado, titulares de potestades legislativas (esto es, del poder de dictar normas con rango y fuerza de ley). Aunque de manera indirecta, la Constitución Española reconoce dicha potestad legislativa a las Comunidades Autónomas en el apartado 1º del artículo 152, cuando habla de la "Asamblea Legislativa" de la Comunidad Autónoma, y más explícitamente en el artículo 153 a) cuando remite al Tribunal Constitucional el control de la "constitucionalidad de sus disposiciones normativas con fuerza de ley".

4.2. Procedimiento de elaboración de las leyes

Las leyes son las normas aprobadas por las Cortes Generales, sancionadas y promulgadas por el Rey y publicadas en el B.O.E.

La iniciativa legislativa puede ser ejercida por:

- El Gobierno.
- El Congreso.
- El Senado.

Las Asambleas de las CC.AA. también pueden tomar la iniciativa al respecto:

- Solicitando del Gobierno la adopción de un proyecto de Ley.
- Remitiendo a la Mesa del Congreso una proposición de Ley.

También por iniciativa popular, necesitándose quinientas mil firmas y quedando excluidas todas las materias que sean propias de leyes orgánicas, tributarias, de orden internacional o referente a la prerrogativa de gracia.

4.2.1. Procedimiento de presentación

1. Proyectos de Ley: Serán aprobados en Consejo de Ministros que los someterá al Congreso, acompañados de una exposición de motivos y de los antecedentes necesarios.

2. Proposiciones de Ley: Su tramitación se regulará por los reglamentos de las Cámaras sin que la prioridad de los proyectos impida el ejercicio de la iniciativa legislativa en los términos previstos anteriormente. Parten de las Cortes Generales.

Artículo 84

Cuando una proposición de ley o una enmienda fuere contraria a una delegación legislativa en vigor, el Gobierno está facultado para oponerse a su tramitación. En tal supuesto, podrá presentarse una proposición de ley para la derogación total o parcial de la ley de delegación.

4.2.2. Actuación legislativa del Senado

1. Aprobado un proyecto de Ley ordinaria u orgánica por el Congreso de los Diputados, su Presidente dará inmediata cuenta del mismo al Presidente del Senado, el cual lo someterá a la deliberación de éste.

2. El Senado, en el plazo de dos meses a partir del día de la recepción del texto, puede, mediante mensaje motivado, oponer su veto o introducir enmiendas al mismo. El veto deberá ser aprobado por mayoría absoluta. El proyecto no podrá ser sometido al Rey para sanción sin que el Congreso ratifique por mayoría absoluta, en caso de veto, el texto inicial, o por mayoría simple, una vez transcurridos dos meses desde la interposición del mismo, o se pronuncie sobre las enmiendas, aceptándolas o no por mayoría simple.

3. El plazo de dos meses de que el Senado dispone para vetar o enmendar el proyecto se reducirá al de veinte días naturales en los proyectos declarados urgentes por el Gobierno o por el Congreso de los Diputados.

4.2.3. Sanción y promulgación de las leyes

El Rey sanciona en el plazo de 15 días las leyes aprobadas por las Cortes Generales y promulgará y ordenará su inmediata publicación.

4.3. Disposiciones del Ejecutivo con fuerza de ley

Se trata –dicen García de Enterría y Tomás Ramón Fernández— de una variedad legislativa ambigua por cuanto participan simultáneamente de la naturaleza de los reglamentos (al proceder del Gobierno y no de las Cortes Generales) y de las leyes (al tener fuerza de tal y, por tanto, poder derogar o modificar otras leyes y no poder ser afectadas por simples reglamentos).

4.3.1. La legislación delegada: Los Decretos Legislativos

La llamada genéricamente legislación delegada o delegación legislativa consiste, sencillamente, en una transferencia de la potestad legislativa que a favor del Gobierno hace el Poder Legislativo, de manera que aquella pueda participar en la ordenación jurídica de la sociedad. Ahora bien, teniendo en cuenta que se trata de una "transferencia de ejercicio" pero no de "titularidad".

En el Derecho español la legislación delegada cuenta con expresa cobertura constitucional. En efecto, dispone el artículo 82.1 de la Constitución Española, que: "Las Cortes Generales, podrán delegar en el Gobierno la potestad de dictar normas con rango de ley sobre materias determinadas no incluidas en el artículo anterior". Es decir, que se prohíbe la delegación respecto de aquellas materias que hayan de ser objeto de regulación y desarrollo mediante ley orgánica.

En nuestra Constitución el concepto de legislación delegada se reduce a los supuestos de delegación recepticia (aquellos en que la norma resultante tiene rango de ley), con exclusión, por tanto, de la remisión normativa y la deslegalización.

Conforme al artículo 82.2 dos variedades de leyes delegadas conoce nuestra Constitución: los textos refundidos y los textos articulados, que se conocen con la denominación genérica de Decretos Legislativos. Así, dispone el artículo 85 que: "Las disposiciones del Gobierno que contengan legislación delegada recibirán el título de Decretos Legislativos".

A) Textos Refundidos

Cuando una pluralidad de textos legales regula una misma materia, es normal y conveniente que el último de ellos delegue en el Gobierno la facultad de unificar o refundir todos, de modo que se simplifique y sistematice así la legislación vigente sobre dicha materia.

La delegación legislativa deberá otorgarse mediante una ley ordinaria cuando se trate de refundir varios textos legales en uno sólo (art. 82.2). Lo que se confiere al Gobierno no es la facultad de dictar nuevas normas jurídicas sino la de sistematizar las ya existentes.

En relación con estas refundiciones el artículo 82.5 dispone que: "La autorización habrá de otorgarse al Gobierno (sin que quepa la subdelegación a otros órganos distintos del propio Gobierno), ha de otorgarse de forma expresa, para materia concreta (sin que pueda entenderse concedida de modo implícito), y ha de fijar plazo para su ejercicio (no puede entenderse concedida por tiempo indeterminado)".

B) Textos Articulados

Proceden de una delegación que confieren las Cortes Generales al Gobierno para que redacte una ley conforme a unas bases que el propio legislador ha enunciado (Ley de Bases). Como dice García de Enterría se trata de una delegación más amplia que la del caso anterior, ya que se realiza aquí una auténtica función creativa de normas, si bien tal creación no es libre, sino que ha de ajustarse a las bases dadas.

Según el mencionado artículo 82.2; "La delegación legislativa deberá otorgarse mediante una ley de bases cuando su objeto sea la formación de textos articulados..." añadiendo el párrafo 4 que: "Las leyes de bases delimitarán con precisión el objeto y alcance de la delegación legislativa y los principios y criterios que han de seguirse en su ejercicio".

Este precepto se completa con dos límites o cautelas restrictivas de las leyes de bases contenidas en el artículo 83 al decir que: "Las leyes de bases no podrán en ningún caso:

a) Autorizar la modificación de la propia ley de bases.

b) Facultar para dictar normas con carácter retroactivo.

c) Modalidades de control de la legislación delegada."

Cabe, finalmente, referirse al control de los excesos de delegación. El artículo 82.6 dispone a este respecto que: "Sin perjuicio de la competencia propia de los Tribunales, las leyes de delegación podrán establecer en cada caso fórmulas adicionales de control". Artículo que hace referencia, por un lado, al control jurisdiccional y, por otro, al control parlamentario de la legislación delegada.

Al último hace referencia también el artículo 84, al decir: "Cuando una proposición de ley o una enmienda fueran contrarias a una delegación legislativa en vigor, el Gobierno estará capacitado para oponerse a su tramitación. En tal supuesto podrá presentarse una proposición de ley para la derogación total o parcial de la ley de delegación". Así pues, una primera forma de control de la legislación delegada, es la fiscalización que puede ejercer el propio órgano delegante, es decir, las Cortes Generales.

Por otra parte, no cabe duda alguna en cuanto al control que puede ser ejercitado por el Tribunal Constitucional, al que corresponde conocer del recurso de inconstitucionalidad contra leyes y disposiciones normativas con fuerza de ley (art. 161).

4.3.2. Los Decretos leyes: Normas de urgencia y necesidad

A) Concepto y ámbito

Tras los Decretos Legislativos, la Constitución regula los Decretos-Leyes como normas excepcionales de urgencia. Los define García de Enterría como "toda norma con rango de ley que emana, por vía de excepción, de un órgano que no tiene atribuido el Poder Legislativo, concretamente del Gobierno o Consejo de Ministros".

A los Decretos-Leyes se refiere el artículo 86 de la Constitución al decir: "*En caso de extraordinaria y urgente necesidad, el Gobierno podrá dictar disposiciones legislativas provisionales que tomarán la forma de Decretos-Leyes y que no podrán afectar al ordenamiento de las instituciones básicas del Estado, a los derechos, deberes y libertades de los ciudadanos regulados en el Título Primero, al régimen de las Comunidades Autónomas ni al Derecho electoral general.*

Los Decretos-leyes deberán ser inmediatamente sometidos a debate y votación de totalidad al Congreso de los Diputados, convocado al efecto si no estuviere reunido, en el plazo de los treinta días siguientes a su promulgación. El Congreso habrá de pronunciarse expresamente dentro de dicho plazo sobre su convalidación o derogación, para lo cual el reglamento establecerá un procedimiento especial y sumario.

Durante el plazo establecido en el apartado anterior, las Cortes podrán tramitarlos como proyectos de ley por el procedimiento de urgencia".

Presupuesto de hecho determinante de la legitimidad del ejercicio de la referida facultad normativa es, pues, la existencia de una situación de necesidad, cuya excepcionalidad quiere subrayarse mediante su adjetivación de extraordinaria, esto es, inusual e imprevisible, y urgente, es decir, no susceptible de ser afrontada a través del procedimiento legislativo, ni siquiera por el procedimiento de urgencia que prevén los Reglamentos de las Cámaras.

La facultad de producir este tipo de normas en los casos excepcionales ya indicados corresponde, única y exclusivamente al Gobierno como tal y no a ningún otro órgano distinto, ya sea su propio Presidente o sus miembros.

El Decreto-Ley, tal y como está configurado por el texto constitucional en vigor, tiene expresamente vedado el acceso a determinados ámbitos materiales, que el artículo 86 del mismo señala expresamente: *"Que no podrán afectar –dice– al ordenamiento de las instituciones básicas del Estado, a los derechos, deberes y libertades de los ciudadanos regulados en el Título Primero, al régimen de las Comunidades Autónomas ni al Derecho electoral general".*

B) La revisión parlamentaria del Decreto-Ley

El artículo 86 del texto constitucional establece al efecto dos procedimientos diferentes: el debate y votación de totalidad mediante los cuales el Congreso (en Pleno o, en su caso, la Diputación Permanente del mismo, a quien corresponde, según el art. 78.2 velar por los poderes de la Cámara cuando ésta no esté reunida y ejercer sus facultades en estos supuestos si hubiese sido disuelta o hubiere expirado su mandato) habrá de pronunciarse expresamente sobre su convalidación o derogación en bloque en el plazo de los treinta días siguientes a su promulgación, o bien, la tramitación del mismo, durante dicho plazo, como proyecto de ley por el procedimiento de urgencia. Hacemos observar que es al Congreso de los Diputados sólo y no a las dos Cámaras al que corresponde esta revisión.

La decisión favorable a la ratificación del Decreto-Ley no convierte a éste en ningún caso en una verdadera ley. La práctica parlamentaria antes aludida negó, desde el primer momento, este efecto al acto de ratificación, que se publica en el Boletín Oficial del Estado como acuerdo de la Presidencia de la Cámara. En este sentido se ha orientado también la jurisprudencia constitucional, según la cual "no puede considerarse que el Decreto-Ley se haya convertido en ley formal del Parlamento tras el acuerdo de convalidación, sino únicamente que se ha cumplido con el requisito constitucional del que dependía la pervivencia en el tiempo, con fuerza y valor de ley, de la disposición producto del ejercicio de la potestad normativa extraordinaria que al Gobierno le reconoce la Constitución".

Esta interpretación parte, sin duda, de la observación de que la ratificación del Decreto-Ley se realiza por una sola de las Cámaras, con total exclusión de la otra del procedimiento correspondiente, lo que impide, evidentemente, su equiparación total a la ley propiamente dicha.

Si el pronunciamiento es negativo, el Decreto-Ley queda derogado, término este que supone que los efectos de la decisión de la Cámara se producen *ex nunc* y que, en consecuencia, no quedan afectados por ella los actos aplicativos producidos durante la vigencia de la norma.

Finalmente, cabe indicar que los Decretos-Leyes vienen caracterizados por una serie de notas fundamentales:

1. El órgano del que emanan es el Gobierno.
2. Equiparación absoluta a la ley en sentido formal, mientas no sea derogado por el Congreso.
3. El Gobierno ejerce (al menos provisionalmente) una auténtica potestad legislativa.
4. Es una disposición legislativa provisional (aunque más técnico desde el punto de vista jurídico hubiera sido emplear el término "temporal").
5. Hay una serie de materias reservadas a la ley expresamente prohibidas al Decreto-Ley.

De todo lo expuesto cabe señalar diversas analogías y diferencias entre el Decreto-Ley y los Decretos Legislativos. Así, las primeras se concretan en que ambos emanan del Gobierno y tienen el valor de ley; y las diferencias se manifiestan en los motivos de unos y otros, en cuanto que el Decreto-Ley exige la urgencia (concepto jurídico indeterminado) y el Decreto Legislativo no; así como en el diferente momento de la intervención de las Cortes Generales, ya que en el Decreto Legislativo dicha intervención es previa, mientras que en el Decreto-Ley es posterior y con el carácter convalidante o derogatorio que hemos visto (art. 86).

4.4. El Referéndum

1. Supuestos: Las decisiones políticas de especial trascendencia podrán ser sometidas a Referéndum consultivo de todos los ciudadanos.
2. El Referéndum será convocado por el Rey, mediante propuesta del Presidente del Gobierno, previamente autorizada por el Congreso de los Diputados.
3. Condiciones y procedimiento: Se determinan en la Ley Orgánica de 18 de enero de 1980 que regula las diferentes modalidades de referéndum previstas en la Constitución.

5. LOS TRATADOS INTERNACIONALES

El análisis de los distintos preceptos que regulan los Tratados Internacionales, los vamos a acometer de mayor a menor trascendencia desde el punto de vista, de la norma a acometer para trasladar el tratado internacional al ordenamiento jurídico español.

A) Tratados que implican la modificación previa de la Constitución

Artículo 95

1. La celebración de un tratado internacional que contenga estipulaciones contrarias a la Constitución exigirá la previa revisión constitucional.

2. El Gobierno o cualquiera de las Cámaras puede requerir al Tribunal Constitucional para que declare si existe o no esa contradicción.

B) Tratados que implican una Ley Orgánica previa a su firma

Artículo 93

Mediante la ley orgánica se podrá autorizar la celebración de tratados por los que se atribuya a una organización o institución internacional el ejercicio de competencias derivadas de la Constitución. Corresponde a las Cortes Generales o al Gobierno, según los casos, la garantía del cumplimiento de estos tratados y de las resoluciones emanadas de los organismos internacionales o supranacionales titulares de la cesión.

C) Tratados que necesitan simple autorización previa por las Cortes

Artículo 94

1. La prestación del consentimiento del Estado para obligarse por medio de tratados o convenios requerirá la previa autorización de las Cortes Generales, en los siguientes casos:

a) Tratados de carácter político.

b) Tratados o convenios de carácter militar.

c) Tratados o convenios que afecten a la integridad territorial del Estado o a los derechos y deberes fundamentales establecidos en el Título I.

d) Tratados o convenios que impliquen obligaciones financieras para la Hacienda Pública.

e) Tratados o convenios que supongan modificaciones o derogación de alguna ley o exijan medidas legislativas para su ejecución.

D) Tratados en los que simplemente se le comunica a las Cortes a posteriori

Artículo 94.2.

El Congreso y el Senado serán inmediatamente informados de la conclusión de los restantes tratados o convenios.

E) Entrada en vigor de los tratados internacionales

Artículo 96

1. Los tratados internacionales válidamente celebrados, una vez publicados oficialmente en España, formarán parte del ordenamiento interno. Sus disposiciones sólo podrán ser derogadas, modificadas o suspendidas en la forma prevista en los propios tratados o de acuerdo con las normas generales del Derecho internacional.

2. Para la denuncia de los tratados y convenios internacionales se utilizará el mismo procedimiento previsto para su aprobación en el artículo 94.

FUENTES DEL DERECHO

A) LEY EN SENTIDO FORMAL (PODER LEGISLATIVO)

1. ley Orgánica (art. 81.1 C.E)
- a) Desarrollo derechos fundamentales y libertades públicas.
- b) Aprobación Estatutos Autonomía.
- c) Régimen electoral general.
- d) Demás previstas en C.E.

2. Ley Ordinaria
- Pleno.
- Comisión Legislativa.

B) LEY EN SENTIDO MATERIAL (PODER EJECUTIVO)

1) REAL DECRETO LEY
(86 C.E.)
Extraordinaria y urgente necesidad
⟶ GOBIERNO ⟶ CONGRESO
30 días
- Ratificarlo
- Rechazarlo
- Elevarlo a rango de ley

2) REAL DECRETO LEGISLATIVO
(82 C.E)
Delegación Legislativa
⟶ CORTES
Ley Ordinaria
Ley de Bases
⟶ GOBIERNO
Texto Refundido
Texto Articulado

C) NORMAS LEGISLATIVAS DE LAS COMUNIDADES AUTÓNOMAS

1) LEYES AUTONÓMICAS O REGIONALES
Coordinación con el Estado: art. 150 C.E.
- Leyes Marco
- Leyes Transferencia o Delegación
- Leyes de Armonización.

FUNCIONES DEL REY

Función Simbólica
La Corona representa la unidad el Estado frente a la división orgánica de poderes. Además es el símbolo de la integración nacional. El Rey es el Jefe del Estado, símbolo de su unidad y permanencia Art. 56.1

Función representativa en las relaciones internacionales
Asume la más alta representación del Estado Español Art. 56.1

Función arbitral y moderadora
Debe procurar que las relaciones de colaboración y las de control de las instituciones funcionen de forma adecuada a las previsiones constitucionales Art. 56.1

Funciones determinadas por las leyes.	
Ejerce las funciones que le atribuyen expresamente la Constitución y las leyes Art. 56.1 Estas funciones genéricas las ejerce el Monarca por medio de las atribuciones que le otorga la Constitución, y que pueden agruparse en torno a las siguientes competencias:	
Relativas a la función legislativa:	- Sancionar y promulgar las leyes (Art. 62.1 y 91) - Convocar y disolver las Cortes Generales y convocar elecciones en los términos previstos en la CE Art. 62.b - Convocar a referéndum en los casos previos en la CE
Relativas a la función ejecutiva:	- Proponer al candidato a Presidente del Gobierno y, en su caso, nombrarlo, así como poner fin a sus funciones en los términos previstos en la CE Art. 62 d y 99 - Nombrar y separar a los miembros del Gobierno a propuesta de su Presidente. Art. 62.e y 100 - Expedir los decretos acordados en el Consejo de Ministros, conferir los empleos civiles y militares y conceder honores y distinciones con arreglo a las leyes. - Ser informado de los asuntos de Estado y presidir, a estos efectos, las sesiones del Consejo de Ministros cuando lo estime oportuno, a petición del Presidente del Gobierno Art. 62.g - El mando supremo de las Fuerzas Armadas. Art. 62.h - Al Alto Patronazgo de las Reales Academias Art. 62.j. Función que se justifica por ser de creación real todas las Academias, a lo largo de la historia, y que implica la vinculación de la Monarquía con la cultura.
Relativas a la Justicia	- En su nombre, se administra la Justicia Art. 117.1 - Ejercer el derecho de gracia, que nunca podrá implicar la concesión de indultos generales. - Nombrar los altos cargos, como son el Presidente del Tribunal Supremo, los vocales del Consejo General del Poder Judicial, el Fiscal General del Estado, el Presidente y los miembros del Tribunal Constitucional, etc.
En materia de relaciones internacionales	Art. 63 de la CE - Acreditar a los embajadores y otros representantes diplomáticos - Manifestar el consentimiento del Estado para obligarse internacionalmente por medio de tratados, de conformidad con la CE y las leyes. - Previa autorización de las Cortes Generales, declarar la guerra y hacer la paz.
Relativas a las CCAA	- Le corresponde el nombramiento del Presidente de los respectivos Consejos de Gobierno Art. 152.1

Auxiliares de Administración Local

Tema **4**

El Gobierno y la Administración

El Gobierno y la Administración del Estado. Relaciones entre el Gobierno y las Cortes Generales.

?Rodio
ediciones

Índice esquemático

1. EL GOBIERNO

1.1. El Gobierno en la teoría de la división de poderes

Como hemos visto en la primera pregunta del tema anterior al hablar de la teoría de la división de poderes, a partir de la Revolución francesa, se implanta un modelo de organización del poder, fragmentado en tres poderes, cada uno de los cuales desempeña una función del estado, y se atribuye a un órgano, así:

- El poder Legislativo, realiza la función de hacer las leyes, y se atribuye al Parlamento.

- El Poder Ejecutivo, realiza la función de ejecutar las leyes, es decir obligar a los ciudadanos a cumplirlas, y se atribuye al gobierno.

- El Poder Judicial, resuelve los conflictos en la aplicación de las leyes, entre los ciudadanos, o entre los ciudadanos y el estado, y se atribuye a los Jueces y magistrados.

Dicho esto, el gobierno se entiende como el Poder Ejecutivo, cuya función es la aplicación de las Leyes. Sin embargo, la autonomía del Gobierno dentro del poder Ejecutivo, de la figura del rey, es relativamente reciente.

La primera interpretación de la división de poderes, asignaba el poder ejecutivo al Monarca, y el Legislativo a los representantes del pueblo. Sólo la evolución posterior de una Monarquía Constitucional a una Parlamentaria, ha hecho posible que el peso del Poder Ejecutivo descanse en el Gobierno, reservándose el rey la figura de Jefe del Estado con funciones básicamente representativas.

Ese es el modelo actual de la CE de 1978, que instaura en su art. 1.3 que la Forma política del Estado Español es una Monarquía Parlamentaria, por lo que el Título II, atribuye al Rey la Jefatura del Estado, con funciones representativas del Estado Español, y el Título IV, atribuye la función ejecutiva del Estado al Gobierno, formado por el Presidente del Gobierno, los Vicepresidentes y los Ministros, artículo 97 y 98 CE, que veremos en las próximas preguntas.

1.2. Antecedentes históricos del Gobierno en España

Son relativamente recientes los orígenes del gobierno en el sistema constitucional, como órgano especializado y distinto de la figura del monarca.

Los orígenes más remotos son el Consejo de Gabinete que instituyó Felipe V, con sus Secretarías de Despacho, por Real Decreto de 1.714; y la denominada Suprema Junta de Estado que creó Carlos III por Real Decreto de 8 de Julio de 1.787. Los orígenes próximos se encuentran en el R.D. de 19 de noviembre de 1.823, dictado por Fernando VII, quién decía al primer Secretario de Estado: "..... he resuelto que vos, con los demás Secretarios de Estado y del Despacho, formes un Consejo que se denominará Consejo de Ministros. En el se tratarían todos los asuntos de utilidad general".

Cada Ministro dará cuenta de los negocios correspondientes a la Secretaría de su cargo, recibirá mis resoluciones y cuidará de hacerlo ejecutar".

Desde 1.834 existía un Gobierno que se apoyaba en prácticas que se inspiraban en las costumbres parlamentarias francesas y británicas, pero sin ninguna regulación constitucional de su organización y competencias.

Solo en la Constitución de 1.931, desaparecido el Rey, los constituyentes se creyeron obligados, siguiendo a la Constitución del Weimar, a distinguir los poderes del Presidente de la República y del Gobierno. Así es como el Gobierno hace acto de presencia por primera vez en nuestro Derecho Constitucional, pero todavía vinculado al Jefe del Estado que nombra y separa libremente al Presidente del Gobierno.

En el régimen franquista, existía una diferencia formal entre las figuras de Jefe de Estado y Presidente de Gobierno; la misma persona desempeñaba ambos cargos, existiendo en consecuencia una unión personal de dichas figuras, pero no una unión jurídica; unión que incluso desapareció en los últimos años al desdoblar y aparecer la figura de hecho de un Presidente de Gobierno distinto del Jefe del Estado.

El Gobierno que hoy aparece recogido en la Constitución, no es solo el órgano superior del poder ejecutivo y de la Administración, sino que además ejerce otra función política, que el mismo lenguaje común, designa como gobernar, función esta distinta de la puramente ejecutiva, integrada por la facultad de dirigir la política, la Administración.....

Así el artículo 97 de la Constitución Española establece:

"El Gobierno dirige la política interior y exterior, la Administración civil y militar y la defensa del Estado. Ejerce la función ejecutiva y la potestad reglamentaria de acuerdo con la Constitución y las leyes."

1.3. Composición

El Gobierno es un órgano colegiado y complejo en el que participan diversas categorías de miembros.

El art. 98.1 C.E. preceptúa que "**1. El Gobierno se compone del Presidente, de los Vicepresidentes, en su caso, de los Ministros y de los demás miembros que establezca la ley.**

2. El Presidente dirige la acción del Gobierno y coordina las funciones de los demás miembros del mismo, sin perjuicio de la competencia y responsabilidad directa de éstos en su gestión.

3. Los miembros del Gobierno no podrán ejercer otras funciones representativas que las propias del mandato parlamentario, ni cualquier otra función pública que no derive de su cargo, ni actividad profesional o mercantil alguna.

4. La ley regulará el estatuto e incompatibilidades de los miembros del Gobierno."

De este modo puede distinguirse dos componentes fijos el Presidente y los Ministros; y otros dos posibles; vicepresidentes y otros miembros. Dicho precepto constitucional ha sido desarrollado a nivel legal a través de dos Leyes:

- Ley del Gobierno, Ley 50/1997 de 27 de Noviembre.

- Ley de Organización y Funcionamiento de la Administración General del Estado (LOFAGE), Ley 6/1997 de 14 de abril.

Por último, el art.1.3. de la Ley del Gobierno establece que: Los miembros del Gobierno se reúnen en Consejo de Ministros y en Comisiones Delegadas del Gobierno.

Vamos a analizarlos a continuación.

1.3.1. La presidencia del Gobierno

Nuestra Constitución convierte al Presidente del Gobierno en la clave del arco del mismo. Esta posición deriva sustancialmente de los siguientes:

- El procedimiento seguido para su nombramiento (Art. 99).
- La naturaleza de las atribuciones que le otorga:
  ▷ Nombramiento y separación de los demás miembros del Gobierno (Art.100).
  ▷ Dirige la política del Gobierno (Art. 98.2).
  ▷ Compromete la responsabilidad del Gobierno a través de la cuestión de confianza (Art. 112).
  ▷ Propone la disolución del Parlamento bajo su responsabilidad.

Las funciones primordiales del Presidente son dos: dirigir la política del Gobierno y coordinar los distintos Ministerios en relación a la puesta en práctica del programa de gobierno. Así lo concreta el art. 2 de la Ley del Gobierno cuando establece que: "**El Presidente dirige la acción del Gobierno y coordina las funciones de los demás miembros del mismo,** sin perjuicio de la competencia y responsabilidad directa de los Ministros en su gestión".

Respecto a la primera función se trata básicamente de mantener en todo momento la unidad y homogeneidad del gabinete respecto al programa comprometido en la votación de investidura, aplicándolo a las decisiones concretas a tomar ante los problemas que se planteen y adecuándolo así a supuestos no previstos inicialmente en él.

1.3.2. Los Vicepresidentes

La existencia de la Vicepresidencia estaba implícita en el Real Decreto de 1.823, que crea el Consejo de Ministros, pero expresamente no existió hasta 1.925; también lo estableció la Ley de 30 de Enero de 1.938, suprimiéndolo la Ley de 8 de Agosto de 1.939.

En 1.962 se crea el cargo de Vicepresidente del Gobierno con la doble misión de coordinar los Departamentos Ministeriales afectos a la Defensa Nacional y ejercer las funciones expresamente delegadas por el Presidente del Gobierno, sustituyéndole en los casos de vacantes, ausencia o enfermedad.

La Constitución establece la posibilidad de que existan uno o más Vicepresidentes, sin regular sus funciones.

El artículo 3 de la Ley del Gobierno establece: "1. Al Vicepresidente o Vicepresidentes, cuando existan, les corresponderá el ejercicio de las funciones que les encomiende el Presidente.

2. El Vicepresidente que asuma la titularidad de un Departamento Ministerial, ostentará, además, la condición de Ministro".

1.3.3. Los Ministros

La Constitución únicamente se refiere a la disposición por su parte de competencia propia, de cuyo ejercicio son responsables. Los Ministros son simultáneamente órganos políticos en cuanto participan en las reuniones del Consejo de Ministros, y en la determinación de la dirección política del gabinete; y órganos administrativos, dirigiendo bajo su responsabilidad un departamento de la Administración. Esta doble cualidad puede no darse por la existencia de Ministros sin cartera, a los cuales no corresponde la dirección de un determinado aspecto administrativo. A este respecto, la Constitución nada indica, y dado que el artículo 98.2 al referirse a la competencia que a los Ministros corresponde no habla de su naturaleza, se deduce que nada impide la existencia de dichos Ministros.

Cuestión distinta es la determinación del número de Ministerios. Son dos las soluciones posibles: o bien ha de ser determinado por el Parlamento a través de Ley, o bien se deja al criterio del propio Gobierno mediante el ejercicio de su poder reglamentario.

Añade el artículo 4º de la Ley del Gobierno que "Los Ministros, como titulares de sus Departamentos, tienen competencia y responsabilidad en la esfera específica de su actuación..... Además de los Ministros titulares de un Departamento, podrán existir Ministros sin cartera, a los que se les atribuirá la responsabilidad de determinadas funciones gubernamentales."

1.3.4. Otros Miembros

El artículo 98.2 prevé además la posibilidad de crear miembros del gobierno distintos del Presidente y los Ministros, exigiendo que sea por Ley Ordinaria. Dicho precepto se refiere a los Secretarios de Estado, y a la posibilidad de que si la Ley ordinaria, así lo quisiera, éstos fueran también miembros del Gobierno, sin embargo cuando se publicó la Ley del Gobierno, nos se incluyó en la misma a los Secretarios de Estado, así el artículo 1.2. de La Ley 50/1997 de 27 de Noviembre se establecía que "El Gobierno se compone del Presidente, del Vicepresidente o Vicepresidentes, en su caso, y de los Ministros."

1.4. La designación y remoción del gobierno

Según lo preceptuado en la Constitución es necesario distinguir entre el nombramiento del Presidente del Gobierno y el de los demás miembros del mismo.

1.4.1. Nombramiento ordinario del Presidente

Se encuentra regulado en el artículo 99 de la Constitución:

"1. Después de cada renovación del Congreso de los Diputados y en los demás supuestos Constitucionales en que así proceda, el Rey, previa consulta con los representantes designados por los grupos políticos con representación parlamentaria, y a través del Presidente del Congreso, propondrá un candidato a la Presidencia del Gobierno.

2. El candidato propuesto conforme a lo previsto en el apartado anterior, expondrá ante el Congreso de los Diputados el programa político del Gobierno que pretenda formar y solicitará la confianza de la Cámara.

3. Si el Congreso de los Diputados, por el voto de la mayoría absoluta de sus miembros, otorgare su confianza a dicho candidato, el Rey le nombrará Presidente. De no alcanzarse dicha mayoría, se someterá la misma propuesta a nueva votación cuarenta y ocho horas después de la anterior, y la confianza se entenderá otorgada si obtuviere la mayoría simple.

4. Si efectuadas las citadas votaciones no se otorgase la confianza para la investidura, se tramitarán sucesivas propuestas en la forma prevista en los apartados anteriores.

5. Si transcurrido el plazo de 2 meses, a partir de la primera votación de investidura, ningún candidato hubiere obtenido la confianza del Congreso, el Rey disolverá ambas cámaras y convocará nuevas elecciones con el refrendo del Presidente del Congreso".

1.4.2. Nombramiento automático por el Rey

Este segundo tipo de nombramiento del Presidente del Gobierno viene señalado en los artículos 113 y 114, preceptos que regulan la moción de censura.

La regulación limitativa de este procedimiento en relación de la responsabilidad del Gobierno, determina la necesidad de que toda moción de censura sea acompañada del nombre de un sustituto para la presidencia del gobierno. En el caso de que la moción prospere, es decir, que sea aprobada por la mayoría absoluta de los miembros del Congreso, implica, según el artículo 114.2 el nombramiento automático del propuesto, por parte del Rey. En este segundo caso la iniciativa es del Congreso, limitándose el acto regio al nombramiento del candidato señalado, sin intervenir en su determinación.

Así los artículos 113 y 114 de la CE establecen sobre la moción de censura:

Artículo 113

1. El Congreso de los Diputados puede exigir la responsabilidad política del Gobierno mediante la adopción por mayoría absoluta de la moción de censura.

2. La moción de censura deberá ser propuesta al menos por la décima parte de los Diputados, y habrá de incluir un candidato a la Presidencia del Gobierno.

3. La moción de censura no podrá ser votada hasta que transcurran cinco días desde su presentación. En los dos primeros días de dicho plazo podrán presentarse mociones alternativas.

4. Si la moción de censura no fuere aprobada por el Congreso, sus signatarios no podrán presentar otra durante el mismo período de sesiones.

Artículo 114

1. Si el Congreso niega su confianza al Gobierno, éste presentará su dimisión al Rey, procediéndose a continuación a la designación de Presidente del Gobierno, según lo dispuesto en el artículo 99.

2. Si el Congreso adopta una moción de censura, el Gobierno presentará su dimisión al Rey y el candidato incluido en aquélla se entenderá investido a los efectos previstos en el artículo 99. El Rey le nombrará Presidente del Gobierno.

Por último y en cuanto a los demás miembros del Gobierno son nombrados y separados por el Rey a propuesta de su Presidente, tal y como establece el art. Artículo 100 CE.

1.4.3. Cese del Gobierno

En el régimen parlamentario, el Gobierno existe y subsiste en tanto en cuanto dispone de la confianza del parlamento. La desaparición de dicha confianza supone el cese del Gobierno. Ahora bien, el cese del Gobierno en sus funciones puede tener según la Constitución, otros motivos. Podríamos clasificar los distintos tipos de cese del Gobierno en dos grandes apartados: cese automático o cese voluntario.

En el primer caso se podrían distinguir:

– Cese automático por finalización del mandato parlamentario. Finalizado el mandato del Congreso (4 años) que le elige implica automáticamente el cese del Gobierno.

– Cese automático por fallecimiento del Presidente. Ya que este es la figura clave del gobierno su desaparición implica el cese automático de todos los componentes del mismo.

– Cese automático por exigencia de responsabilidad. La exigencia de responsabilidad por parte del Congreso tiene como consecuencia la dimisión automática del Gobierno. Esta realización de la responsabilidad puede actuar a través de dos procedimientos: voto de censura y cuestión de confianza.

En el segundo caso se encuadraría el cese por dimisión voluntaria del Presidente.

Según el artículo 100 de la Constitución Española, los Ministros son nombrados y separados por el Rey, a propuesta de su Presidente. La continuidad de un miembro del gobierno en el cargo se encuentra ligada, a parte de la continuidad del gobierno en su conjunto, al Presidente del mismo, pues aunque formalmente corresponde al Rey su destitución, los miembros dependen objetivamente del Presidente.

1.5. Funciones y potestades

1.5.1. Funciones del Presidente

Además de dirigir la acción de Gobierno y coordinar las funciones de los demás órganos miembros del mismo, tiene como funciones específicas:

1. En relación con el Jefe del Estado.

   ▷ Pedir al Rey que presida las sesiones del Consejo de Ministros.

   ▷ Refrendar los actos del Rey.

2. En relación con el Poder Legislativo.

   ▷ Proponer al Rey que las decisiones políticas de especial trascendencia sean sometidas a referéndum.

   ▷ Previa deliberación del Consejo de Ministros, plantear ante el Congreso la cuestión de confianza sobre su programa o sobre una declaración de carácter general.

   ▷ Proponer al Rey la disolución del Congreso, del Senado o de las Cortes Generales.

3. Respecto al Poder Ejecutivo.

   ▷ Presidir las deliberaciones del Consejo de Ministros.

   ▷ Ejercer la potestad reglamentaria, en las materias correspondientes.

   ▷ Proponer al Rey el nombramiento y separación de los demás miembros del Gobierno.

Las funciones del presidente vienen establecidas en el artículo 2.2. de la Ley del Gobierno que establece: En todo caso, corresponde al Presidente del Gobierno:

a) Representar al Gobierno.

b) Establecer el programa político del Gobierno y determinar las directrices de la política interior y exterior y velar por su cumplimiento.

c) Proponer al Rey, previa deliberación del Consejo de Ministros, la disolución del Congreso, del Senado o de las Cortes Generales.

d) Plantear ante el Congreso de los Diputados, previa deliberación del Consejo de Ministros, la cuestión de confianza.

e) Proponer al Rey la convocatoria de un referéndum consultivo, previa autorización del Congreso de los Diputados.

f) Dirigir la política de defensa y ejercer respecto de las Fuerzas Armadas las funciones previstas en la legislación reguladora de la defensa nacional y de la organización militar.

g) Convocar, presidir y fijar el orden del día de las reuniones del Consejo de Ministros, sin perjuicio de lo previsto en el artículo 62.g) de la Constitución.

h) Refrendar, en su caso, los actos del Rey y someterle, para su sanción, las leyes y demás normas con rango de ley, de acuerdo con lo establecido en los artículos 64 y 91 de la Constitución.

i) Interponer el recurso de inconstitucionalidad.

j) Crear, modificar y suprimir, por Real Decreto, los Departamentos Ministeriales, así como las Secretarías de Estado. Asimismo, le corresponde la aprobación de la estructura orgánica de la Presidencia del Gobierno.

k) Proponer al Rey el nombramiento y separación de los Vicepresidentes y de los Ministros.

l) Resolver los conflictos de atribuciones que puedan surgir entre los diferentes Ministerios.

m) Impartir instrucciones a los demás miembros del Gobierno.

n) Ejercer cuantas otras atribuciones le confieran la Constitución y las leyes.

1.5.2. Funciones del Consejo de Ministros

A parte de dirigir la política interior y exterior, la Administración Civil y Militar y la defensa del Estado, así como ejercer la función ejecutiva y la potestad reglamentaria, tiene las siguientes funciones:

1. En relación con el Poder Legislativo.

  ▷ La iniciativa legislativa por sí o adoptar un proyecto de ley.

  ▷ Aprobar los proyectos de ley y someterlos al Congreso, con exposición de motivos y antecedentes.

  ▷ Ejercer la potestad de dictar normas con rango de ley que le delegue el Congreso.

  ▷ En caso de extraordinaria y urgente necesidad el Gobierno podrá dictar disposiciones legislativas provisionales que tomarán la forma de Decretos Leyes.

  ▷ El Gobierno según los casos, garantizará el cumplimiento de los Tratados Internacionales y de las resoluciones emanadas de los órganos internacionales y supranacionales.

  ▷ Declarar el Estado de Alarma durante un plazo de 15 días, dando cuenta al Congreso, sin cuya autorización no puede prorrogarlo.

2. En relación con la Economía y Hacienda.

  ▷ Elaborar los proyectos de planificación.

  ▷ Elaborar los Presupuestos Generales del Estado.

  ▷ Emitir deuda pública o contraer crédito.

3. En relación con las Comunidades Autónomas.

  ▷ Controlar la actividad de sus órganos.

  ▷ Nombrar un delegado para dirigir la Administración del Estado en cada una de ellas.

  ▷ Cuando una Comunidad Autónoma no cumpla las obligaciones que le imponga la Constitución y las Leyes, o actúe contra el interés general de España, podrá adoptar las medidas necesarias para su cumplimiento forzoso.

  ▷ Dar instrucciones a todas sus autoridades para la ejecución de las medidas en los supuestos previstos en el punto anterior.

4. En relación con el Tribunal Constitucional.

   ▷ Proponer al Rey el nombramiento de dos de sus miembros.

   ▷ Impugnar ante él las disposiciones y resoluciones adoptadas por los órganos de las Comunidades Autónomas.

Estas funciones vienen establecidas en el art. 5 de la Ley del Gobierno que establece que al Consejo de Ministros, como órgano colegiado del Gobierno, le corresponde:

a) Aprobar los proyectos de ley y su remisión al Congreso de los Diputados o, en su caso, al Senado.

b) Aprobar el Proyecto de Ley de Presupuestos Generales del Estado.

c) Aprobar los Reales Decretos-Leyes y los Reales Decretos Legislativos.

d) Acordar la negociación y firma de Tratados internacionales, así como su aplicación provisional.

e) Remitir los Tratados internacionales a las Cortes Generales en los términos previstos en los artículos 94 y 96.2 de la Constitución.

f) Declarar los estados de alarma y de excepción y proponer al Congreso de los Diputados la declaración del estado de sitio.

g) Disponer la emisión de Deuda Pública o contraer crédito, cuando haya sido autorizado por una Ley.

h) Aprobar los reglamentos para el desarrollo y la ejecución de las leyes, previo dictamen del Consejo de Estado, así como las demás disposiciones reglamentarias que procedan.

i) Crear, modificar y suprimir los órganos directivos de los Departamentos Ministeriales.

j) Adoptar programas, planes y directrices vinculantes para todos los órganos de la Administración General del Estado.

k) Ejercer cuantas otras atribuciones le confieran la Constitución, las leyes y cualquier otra disposición.

1.5.3. Funciones de los Ministros

– Ejercer la iniciativa, dirección e inspección de todos los servicios del Departamento.

– Preparar y presentar al Gobierno los proyectos de Leyes, Decretos Leyes y Decretos.

– Ejercer la potestad reglamentaria, mediante órdenes ministeriales.

– Proponer, nombrar o separar a las personas afectas al Departamento.

Por su parte el artículo 4 de la Ley del Gobierno establece:

a) Desarrollar la acción del Gobierno en el ámbito de su Departamento, de conformidad con los acuerdos adoptados en Consejo de Ministros o con las directrices del Presidente del Gobierno.

b) Ejercer la potestad reglamentaria en las materias propias de su Departamento.

c) Ejercer cuantas otras competencias les atribuyan las leyes, las normas de organización y funcionamiento del Gobierno y cualesquiera otras disposiciones.

d) Refrendar, en su caso, los actos del Rey en materia de su competencia.

1.5.4. Funciones de las Comisiones Delegadas del Gobierno

Vienen establecidas en el artículo 6.4. Corresponde a las Comisiones Delegadas, como órganos colegiados del Gobierno:

a) Examinar las cuestiones de carácter general que tengan relación con varios de los Departamentos Ministeriales que integren la Comisión.

b) Estudiar aquellos asuntos que, afectando a varios Ministerios, requieran la elaboración de una propuesta conjunta previa a su resolución por el Consejo de Ministros.

c) Resolver los asuntos que afectando a más de un ministerio, no requieran ser elevados al Consejo de ministros.

Ejercer cualquier otra atribución que les confiera el ordenamiento jurídico o que les delegue el Consejo de Ministros.

2. LA ADMINISTRACIÓN DEL ESTADO

2.1. Concepto

La Administración en sentido objetivo es una vertiente o zona de la actividad que ha de desplegar la función ejecutiva.

Subjetivamente, la Administración sería el sujeto de aquella actividad, es decir, el complejo orgánico integrado en la función ejecutiva.

2.2. Regulación constitucional

2.2.1. Principios de actuación de la Administración Pública

Artículo 103

"1. La Administración Pública sirve con objetividad los intereses generales y actúa de acuerdo con los principios de eficacia, jerarquía, descentralización, desconcentración y coordinación con sometimiento pleno a la Ley y al Derecho.

2. Los órganos de la Administración del Estado son creados, regidos y coordinados de acuerdo con la Ley.

3. La Ley regulará el Estatuto de los funcionarios públicos, el acceso a la función pública de acuerdo con los principios de mérito y capacidad, las peculiaridades del ejercicio de su derecho a sindicación, el sistema de incompatibilidades y las garantías para la imparcialidad en el ejercicio de sus funciones".

La Administración Pública sirve con objetividad los intereses generales. Esta afirmación, contenida en el artículo 103.1 de la Constitución, es el eje sobre el que debe gravitar la actuación de la Administración. El interés general se configura de esta manera como un principio constitucionalizado, que debe estar presente y guiar cualquier actuación de la Administración. La consecuencia inmediata no es otra sino la de que la Administración no goza de un grado de autonomía de la voluntad similar al que es propio de los sujetos de derecho privado. La actuación de la Administración deberá estar guiada por la búsqueda y prosecución del interés público que le corresponda, lo que le impedirá –por imperativo del artículo 103.1 de la Constitución– apartarse del fin que le es propio, el interés público o interés general. El ordenamiento jurídico establece figuras y mecanismos tendentes a evitar desviaciones de la Administración respecto de lo que, en cada momento, y en función de las circunstancias, deba considerarse como interés público a alcanzar. El artículo 103.1 garantiza de esta manera que las potestades administrativas reconocidas por el ordenamiento jurídico no se utilicen con fines distintos de aquellos que justificaron su creación y reconocimiento en favor de la Administración.

El artículo 103.1 de la Constitución impone explícitamente a la Administración que sirva al interés público, pero que lo haga con "objetividad" y con "sometimiento pleno a la ley y al Derecho". Estos dos límites, junto con otros no explícitamente citados en el precepto constitucional aunque intrínsecamente unidos a ellos, garantizan la prohibición de la búsqueda del fin sin atender a los medios. La objetividad en el actuar de la Administración exigida en el artículo 103 excluye la utilización de medios discriminatorios o justificados en razones meramente subjetivas. De igual manera, aunque con una formulación más amplia, esa prosecución del interés público sólo podrá materializarse dentro de la legalidad, es decir, con sometimiento pleno a la ley y al Derecho.

El artículo 103.1 de la Constitución alude también a los principios de eficacia, jerarquía, descentralización, desconcentración y coordinación, disponiendo que la Administración Pública debe actuar de acuerdo con dichos principios. En realidad, es fácil observar que los aludidos principios no están situados en el mismo plano: los principios de jerarquía, descentralización, desconcentración y coordinación no son nada en sí mismos si no se conectan con la finalidad que con ellos se persigue, como es alcanzar una actuación administrativa eficaz. Podría decirse que el principio de eficacia es el objetivo a alcanzar, siendo los principios de jerarquía, descentralización, desconcentración y coordinación medios a través de los cuales podrá conseguirse dicho objetivo.

La LRJPAC recoge literalmente en su artículo 3.1 el contenido del artículo 103.1 de la Constitución, modificando exclusivamente la referencia a las Administraciones públicas en plural. A los citados principios, añade el precepto legal que las Administraciones deberán respetar en su actuación los principios de buena fe y confianza legítima; en sus relaciones con otras Administraciones Públicas se regirán por el principio de cooperación y colaboración; en sus relaciones con los ciudadanos bajo los principios de transparencia y participación; y siempre actuando con criterios de eficiencia y servicio a los ciudadanos.

2.2.2. Fuerzas y cuerpos de seguridad

Artículo 104

"1. Las Fuerzas y Cuerpos de seguridad bajo la dependencia del Gobierno, tendrán como misión proteger el libre ejercicio de los derechos y libertades y garantizar la seguridad ciudadana.

2. Una Ley orgánica determinará las funciones, principios básicos de actuación y estatutos de la fuerzas y cuerpos de seguridad".

Dicha Ley Orgánica ha sido la Ley Orgánica 2/1986, de 13 de marzo, de Fuerzas y Cuerpos de Seguridad del Estado.

2.2.3. Procedimiento administrativo

Artículo 105

"La Ley regulará:

a) La audiencia de los ciudadanos, directamente o través de las organizaciones y asociaciones reconocidas por la Ley, en el procedimiento de elaboración de las disposiciones administrativas que les afecten.

b) El acceso de los ciudadanos a los archivos y registros administrativos, salvo en lo que afecte a la seguridad y defensa del Estado, la averiguación de los delitos y la intimidad de las personas.

c) El procedimiento a través del cuál deben producirse los actos administrativos, garantizando cuando proceda, la audiencia del interesado."

El artículo 105 de la Constitución establece una reserva de ley en tres ámbitos diferenciados: la audiencia de los ciudadanos en el procedimiento de elaboración de las disposiciones administrativas que les afecten; el acceso a los archivos y registros administrativos; y, finalmente, la audiencia del interesado en el procedimiento a través del cual deben producirse los actos administrativos.

El primero de estos aspectos se ha regulado fundamentalmente en la Ley del Gobierno, Ley 57/1997, en donde se recoge en su artículo 24 el procedimiento de elaboración de reglamentos, es decir disposiciones de carácter general, en la que se recoge la debida audiencia a los ciudadanos, directamente o a través de organizaciones o asociaciones reconocidas en la Ley. En el ámbito de la Administración Local, las normas reglamentarias de Ayuntamientos y Diputaciones, vienen reguladas en la Ley 7/1985 de 2 de abril Reguladora de las Bases de Régimen Local, en la que se recoge un periodo de exposición al publico entre la aprobación y definitiva, para hacer efectiva la audiencia de los ciudadanos, en la tramitación de la ordenanza o reglamento. En el ámbito de las Comunidades Autónomas, son las Leyes de Organización de cada Comunidad Autónoma, las que garantizan la aplicación a dichas administraciones de este precepto.

Los dos siguientes preceptos, el acceso de los ciudadanos a los archivos y registros, y la audiencia a los interesados en el procedimiento administrativo, se recogen ampliamente en la Ley 30/1992, Ley de Régimen Jurídico y Procedimiento Administrativo Común de las Administraciones Públicas (LRJPAC), que en temas sucesivos de este libro vamos a estudiar ampliamente, en la preparación de la oposición.

2.2.4. Control de la potestad reglamentaria y actuación administrativa

Artículo 106

"1. Los Tribunales controlan la potestad reglamentaria y la legalidad de la actuación administrativa, así como el sometimiento de esta a los fines que la justifican.

2. Los particulares, en los términos establecidos por la Ley, tendrán derecho a ser indemnizados por toda lesión que sufran en sus bienes y derechos, salvo en los casos de fuerza mayor, siempre que la lesión sea consecuencia del funcionamiento de los Servicios Públicos".

El artículo 106.1 supone la constitucionalización de la inexistencia de comportamientos de las Administraciones Públicas inmunes al control judicial. Dispone el precepto constitucional que los Tribunales controlan la potestad reglamentaria y la legalidad de la actuación administrativa, así como el sometimiento de ésta a los fines que la justifican. Esta previsión constitucional llama con naturalidad al control encomendado al orden jurisdiccional contencioso-administrativo, y no sólo porque el control del ejercicio de la potestad reglamentaria está encomendada en exclusiva al citado orden jurisdiccional, sino también porque el precepto constitucional se refiere específicamente a la "actuación administrativa".

Ahora bien, aun cuando pudiera circunscribirse el alcance del artículo 106.1 de la Constitución al control de la actuación de las Administraciones Públicas sometida al derecho administrativo, ello no significa que puedan existir zonas inmunes al control judicial en la actuación "privada" de tales Administraciones Públicas. Con independencia de que podría interpretarse en sentido amplio la referida expresión "actuación administrativa" como equivalente a "actuación de la Administración", lo cierto es que el artículo 117 de la Constitución encomienda a los Juzgados y Tribunales la potestad jurisdiccional en todo tipo de procesos, juzgando y haciendo ejecutar lo juzgado. La circunstancia de que las Administraciones Públicas, aun actuando sometidas al derecho privado, puedan gozar de determinados privilegios, en modo alguno excluye su sometimiento pleno a la ley y al Derecho y, por ende, también al control judicial que corresponda en virtud de lo dispuesto en el artículo 117 de la Constitución y en sus normas de desarrollo.

El artículo 106.1 garantiza además, que los Tribunales controlan la potestad reglamentaria. Es evidente que cuando el precepto constitucional se refiere a "los Tribunales" lo está haciendo por referencia genérica a los órganos jurisdiccionales competentes, sin que quepa considerar que haya querido excluirse constitucionalmente la competencia de los Juzgados para poder controlar la potestad reglamentaria ejercida por las Administraciones Públicas. Así la Ley 29/1998, de 13 de julio, Reguladora de la Jurisdicción Contencioso-administrativa, configura en sus artículos 1 y siguientes el ámbito de dicho orden jurisdiccional, al que encomienda el control en el ejercicio de la potestad reglamentaria. Señala en este sentido el artículo 1.1. que corresponde a los Juzgados y Tribunales del orden contencioso-administrativo conocer de las pretensiones que se deduzcan en relación con "las disposiciones generales de rango inferior a la Ley".

2.2.5. Órgano consultivo (Consejo de Estado)

Artículo 107

"El Consejo de Estado, es el supremo órgano consultivo del Gobierno. Una ley orgánica regulará su composición y competencia".

Dicha Ley Orgánica es la Ley 3/1980, de 22 de abril, modificada por la LO 3/2004 de 28 de diciembre, que configura este organismo como el supremo órgano consultivo del Gobierno, siendo la función del Consejo de Estado exclusivamente consultiva, se limita a dar su opinión fundada sobre el objeto de la consulta o a proponer otra solución más adecuada.

El Consejo de Estado se compone del Pleno, la Comisión Permanente, la Comisión de Estudios y las Secciones. Integran el Pleno el Presidente, los Consejeros permanentes, los Consejeros natos –es decir, aquellos que lo son por razón del cargo que desempeñan– los Consejeros electivos y el Secretario general.

3. RELACIONES ENTRE EL GOBIERNO Y LAS CORTES GENERALES

Una de las características que definen a un régimen parlamentario es que, junto a la existencia de una división de poderes, se establezca en el texto constitucional los mecanismos para que esta división no sea rígida y se garantice una comunicación entre el Poder ejecutivo y el Poder legislativo.

Veamos cuales son los mecanismos que la Constitución Española de 1.978 establece para delimitar la relación entre el Gobierno y el Poder legislativo, en el intento de procurar un equilibrio entre ambos poderes. (En el tema anterior, hemos trascrito literalmente los artículos 108 a 116 de la CE, que se incluyen en el Título V denominado de las Relaciones entre el Gobierno y las Cortes, de manera que a dicha pregunta nos remitimos, en cuanto al estudio de la CE, ya que ahora vamos a dar una explicación más doctrinal y esquematizada de dichas relaciones).

3.1. Relaciones en la función legislativa

a) Autorización previa de las Cortes al Gobierno.

El artículo 66.2 recoge que: " Las Cortes Generales ejercen la potestad legislativa del Estado". Esto no impide que Las Cortes puedan delegar en el Gobierno la potestad de legislar en casos concretos y sobre materias determinadas.

Esta potestad del Gobierno se recoge en dos niveles: potestad reglamentaria y delegación legislativa a través de los Reales Decretos Legislativos.

b) Decretos Leyes.

Además el Gobierno puede dictar normas con rango de ley sin contar con autorización previa de Las Cortes. Se requiere una situación de extraordinaria urgencia o necesidad, que requiera la inmediata intervención del Gobierno para darle solución.

Deberán sometidas inmediatamente a debate y votación de la totalidad al Congreso de los Diputados. Esto asegura el control posterior que efectuará el Congreso de los Diputados.

3.2. Función de control

3.2.1. De las Cortes al Gobierno

1. Nombramiento del Presidente del Gobierno. El Gobierno debe contar con la confianza del Parlamento, lo que se manifiesta en la votación a que queda sometido el candidato a Presidente del Gobierno (voto de investidura). Por medio de este voto, el Congreso manifiesta su acuerdo con la persona que el Rey propone como candidato a Presidente y con confianza de las Cortes. El primer paso para hacer efectiva esa el programa político que este presenta. Se recoge en el artículo 99 CE y afecta al candidato a Presidente.

   Se considera otorgada la confianza, cuando el candidato obtenga la mayoría absoluta de los votos de la mitad más uno de los componentes de la Cámara en primera votación.

2. Sobre la gestión del Gobierno. Mecanismos previstos:

   ▷ Información parlamentaria. En la Constitución se reconoce el derecho de las Cámaras a recabar la información y ayuda que precisen del Gobierno y de sus departamentos y de cualesquiera autoridad del Estado y las Comunidades Autónomas.

   ▷ Pero la Constitución no establece la obligatoriedad de suministrar la información y además se establece que serán las Cámaras y sus Comisiones a través de los Presidentes de las mismas, lo que constituye una restricción importante.

   ▷ Interpelaciones. Implica una crítica a la conducta del Gobierno y puede dar lugar a una moción en caso de que el interpelante así lo estime.

   ▷ Mociones. Están reguladas en el Reglamento del Congreso. Consiste en una propuesta de uno o varios grupos parlamentarios para que las Cámaras, tras el oportuno debate proceda a votar dichas mociones.

▷ La moción de censura constructiva. El artículo 113 determina quién está capacitado para presentar una moción de censura. Está reconocida a la décima parte del Congreso, aunque su aprobación necesite la mayoría absoluta.

El apartado 2 del artículo 113 fija una condición para que sea válida la presentación de la moción de censura. Sólo será viable si incluye el nombre de un candidato a Presidente del Gobierno, que en caso de prosperar la moción, pasa automáticamente a ser el nuevo Presidente del Gobierno.

3. Aprobación de los Presupuestos Generales del Estado.

3.2.2. Del Presidente del Gobierno a Las Cortes

1. La cuestión de confianza. Es una atribución del ejecutivo que ejercitará a través del Presidente del Gobierno, para presentar a la votación del Congreso el acuerdo con su programa político. En el caso de no ser otorgada la confianza, el Gobierno presentará su dimisión al Rey.

La mayoría que se precisa es simple o relativa. El artículo 112 de la Constitución dice: " la mayoría simple de los diputados", sin referencia al colectivo. Esto supone que el Gobierno pueda ganar una cuestión de confianza con el único voto afirmativo del partido en el poder, pese a ser minoritario, si el resto de los grupos se abstienen o no asisten al pleno.

2. La propuesta de disolución de las Cortes. Puede llevarse a cabo por el Presidente del Gobierno, pese a esto, el artículo 115 prevé la necesidad de que antes de que se lleve a cabo la propuesta exista una deliberación en el Consejo de Ministros.

Esta capacidad del ejecutivo tiene unas limitaciones: no podrá plantearse si está en trámite una moción de censura o si el país atraviesa una situación de urgencia, que haya requerido la reclamación de los estados de alarma, excepción o sitio.

La propuesta de disolución es la posibilidad del Gobierno de solicitar la confianza adelantada del país, mediante la celebración de nuevas elecciones, y que no cuenta con la confianza del Parlamento. Con la propuesta el ejecutivo puede evitar la presentación por el Congreso de una moción de censura.

3.3. De las relaciones entre el Gobierno y las Cortes Generales

3.3.1. El control del parlamento al gobierno: interpelaciones y preguntas

Artículo 108

El Gobierno responde solidariamente en su gestión política ante el Congreso de los Diputados.

Artículo 109

Las Cámaras y sus Comisiones podrán recabar, a través de los Presidentes de aquéllas, la información y ayuda que precisen del Gobierno y de sus Departamentos y de cualesquiera autoridades del Estado y de las Comunidades Autónomas.

Artículo 110

1. Las Cámaras y sus Comisiones pueden reclamar la presencia de los miembros del Gobierno.

2. Los miembros del Gobierno tienen acceso a las sesiones de las Cámaras y a sus Comisiones y la facultad de hacerse oír en ellas, y podrán solicitar que informen ante las mismas funcionarios de sus Departamentos.

Artículo 111

1. El Gobierno y cada uno de los miembros están sometidos a las interpelaciones y preguntas que se le formulen en las Cámaras. Para esta clase de debate los Reglamentos establecerán un tiempo mínimo semanal.

2. Toda interpelación podrá dar lugar a una moción en la que la Cámara manifieste su posición.

3.3.2. La cuestión de confianza

Artículo 112

El Presidente del Gobierno, previa deliberación del Consejo de Ministros, puede plantear ante el Congreso de los Diputados la cuestión de confianza sobre su programa o sobre una declaración de política general. La confianza se entenderá otorgada cuando vote a favor de la misma la mayoría simple de los Diputados.

3.3.3. La moción de censura

Artículo 113

1. El Congreso de los Diputados puede exigir la responsabilidad política del Gobierno mediante la adopción por mayoría absoluta de la moción de censura.

2. La moción de censura deberá ser propuesta al menos por la décima parte de los Diputados, y habrá de incluir un candidato a la Presidencia del Gobierno.

3. La moción de censura no podrá ser votada hasta que transcurran cinco días desde su presentación. En los dos primeros días de dicho plazo podrán presentarse mociones alternativas.

4. Si la moción de censura no fuere aprobada por el Congreso, sus signatarios no podrán presentar otra durante el mismo período de sesiones.

Artículo 114

1. Si el Congreso niega su confianza al Gobierno, éste presentará su dimisión al Rey, procediéndose a continuación a la designación de Presidente del Gobierno, según lo dispuesto en el artículo 99.

2. Si el Congreso adopta una moción de censura, el Gobierno presentará su dimisión al Rey y el candidato incluido en aquélla se entenderá investido a los efectos previstos en el artículo 99. El Rey le nombrará Presidente del Gobierno.

3.3.4. Disolución de las cámaras

Artículo 115

1. El Presidente del Gobierno, previa deliberación del Consejo de Ministros, y bajo su exclusiva responsabilidad, podrá proponer la disolución del Congreso, del Senado o de las Cortes Generales, que será decretada por el Rey. El decreto de disolución fijará la fecha de las elecciones.

2. La propuesta de disolución no podrá presentarse cuando esté en trámite una moción de censura.

3. No procederá nueva disolución antes de que transcurra un año desde la anterior, salvo lo dispuesto en el artículo 99, apartado 5.

3.3.5. Estados de alarma excepción y sitio

Sin perjuicio de la definición y explicación de los estados de alarma, excepción y sitio que hemos visto en el tema segundo relativo a los derechos y deberes en su última pregunta, a la cual me remito baste ahora en consecuencia transcribir el contenido del artículo 116 según C.E.

Artículo 116

1. Una ley orgánica regulará los estados de alarma, de excepción y de sitio, y las competencias y limitaciones correspondientes.

2. El estado de alarma será declarado por el Gobierno mediante decreto acordado en Consejo de Ministros por un plazo máximo de quince días, dando cuenta al Congreso de los Diputados, reunido inmediatamente al efecto y sin cuya autorización no podrá ser prorrogado dicho plazo. El decreto determinará el ámbito territorial a que se extienden los efectos de la declaración.

3. El estado de excepción será declarado por el Gobierno mediante decreto acordado en Consejo de Ministros, previa autorización del Congreso de los Diputados. La autorización y proclamación del estado de excepción deberá determinar expresamente los efectos del mismo, el ámbito territorial a que se extiende y su duración, que no podrá exceder de treinta días, prorrogables por otro plazo igual, con los mismos requisitos.

4. El estado de sitio será declarado por la mayoría absoluta del Congreso de los Diputados, a propuesta exclusiva del Gobierno. El Congreso determinará su ámbito territorial, duración y condiciones.

5. No podrá procederse a la disolución del Congreso mientras estén declarados algunos de los estados comprendidos en el presente artículo, quedando automáticamente convocadas las Cámaras si no estuvieren en período de sesiones. Su funcionamiento, así como el de los demás poderes constitucionales del Estado, no podrán interrumpirse durante la vigencia de estos estados. Disuelto el Congreso o expirado su mandato si se produjere alguna de las situaciones que dan lugar a cualquiera de dichos estados, las competencias del Congreso serán asumidas por su Diputación Permanente.

6. La declaración de los estados de alarma, de excepción y de sitio no modificarán el principio de responsabilidad del Gobierno y de sus agentes reconocidos en la Constitución y en las leyes.

Volumen I
Parte Común

Auxiliares de Administración Local

Tema 5

El Poder Judicial

El Poder Judicial: principios informadores y organización.
El Consejo General del Poder Judicial.
El Tribunal Constitucional.

Rodio
ediciones

Índice esquemático

1. IDEAS GENERALES

El principio de separación de poderes, uno de los pilares básicos del Estado Liberal, que distingue entre poder ejecutivo, poder legislativo y poder judicial, se encuentra en la actualidad en declive, por lo que podemos decir con TOMAS RAMÓN FERNÁNDEZ, que el viejo esquema se halla doctrinalmente superado y en las democracias parlamentarias modernas, se entiende vigente en una nueva formulación como "principio de distinción y colaboración de poderes".

La interdependencia entre Parlamento y Gobierno, no sólo ha puesto en entredicho la posición de tercer poder, sino que muy al contrario se ha llegado a afirmar que "la independencia del poder judicial frente a presiones, tanto del legislativo como del ejecutivo, constituye una pieza insustituible del Estado de Derecho", insistiendo LOEWENSTEIN que la libertad del juez "frente a todo tipo de interferencias de cualquier otro detentador del poder, constituye la piedra final en el edificio del Estado Democrático constitucional de Derecho", añadiendo que "la razón de la independencia judicial no necesita ninguna explicación: si el juez no está libre de cualquier influencia o presión exterior, no podrá administrar justicia imparcialmente según la Ley".

Ello lleva a la consecuencia fundamental de que el principio de separación de poderes se traduce en la actualidad en garantizar la independencia judicial, puesto que los jueces son los encargados de hacer efectiva la idea del Derecho como regulador de la vida social y son la garantía última con que el ciudadano cuenta en sus relaciones con los poderes públicos y con terceros.

2. REGULACIÓN CONSTITUCIONAL DE LA JUSTICIA. PRINCIPIOS INFORMADORES

La regulación del poder judicial en la Constitución Española se encuentra recogida en el Título VI, artículo 117 a 127. La CE le da al mismo un tratamiento más extenso del que recibiera con algunas constituciones anteriores. Ello se debe, fundamentalmente, a que se han recogido en la nueva ordenación las últimas líneas marcadas por las Constituciones italiana de 1.947, y francesas de 1.946 y 1.958, sistemas que cuentan con una organización judicial muy similar a la española.

Estudiando sistemáticamente los preceptos que la Constitución Española dedica al Poder Judicial podemos establecer diversos principios constitucionales básicos.

2.1. Principio de independencia e inamovilidad judiciales

"1. La justicia emana del pueblo y se administra en nombre del Rey por Jueces y Magistrados integrantes del poder judicial independientes, inamovibles, responsables y sometidos únicamente al imperio de la Ley".

2. Los jueces y magistrados no podrán ser separados, suspendidos, trasladados ni jubilados, sino por alguna de las causas y con las garantías previstas en la Ley".

En la concepción más común, la función jurisdiccional consiste en la aplicación del Derecho por órganos imparciales e independientes. Los imparciales porque en ningún caso pueden ostentar la doble condición de ser órgano decisor y órgano interesado en el proceso de que conoce. Es independiente en un doble sentido: estructuralmente porque no pueden ser removidos libremente por los demás poderes del Estado; y funcionalmente por la ausencia de otras vinculaciones jerárquicas que la puramente procesal, esto es, por la vía del recurso jurisdiccional contra sus decisiones.

La propia Constitución Española se preocupa de garantizar la idea de independencia del Poder Judicial mediante una serie de principios recogidos en diversos preceptos constitucionales:

a) En el carácter exclusivo y excluyente del Poder Judicial en relación con la función de juzgar.

b) En el autogobierno del mismo, a través del CGPJ.

c) En los principios de inamovilidad y sometimiento a la Ley del artículo 117.1 y 2 CE.

d) En la obligatoriedad del cumplimiento de sus resoluciones por parte de poderes públicos y ciudadanos a que se refiere el artículo 118, al disponer:

"Es obligado cumplir las sentencias y demás resoluciones firmes de los Jueces y Tribunales, así como prestar la colaboración requerida por estos en el curso del proceso y en la ejecución de lo resuelto".

e) En la disponibilidad de la policía judicial, de forma que no deba acudir el ejecutivo en el desarrollo de sus actuaciones de prevención de los delitos, lo que a su vez supone una garantía del ciudadano, principios plasmados en el artículo 126 CE.:

"La policía judicial depende de los jueces, de los Tribunales y del Ministerio Fiscal en sus funciones de averiguación del delito y descubrimiento y aseguramiento del delincuente, en los términos que la ley establezca".

2.2. Principio de responsabilidad

Complemento y contrapartida de la independencia e inamovilidad de los Jueces es la responsabilidad de los mismos en el ejercicio de su función que consagra el artículo 117.1 CE de manera expresa y que constituye una norma de garantía para la comunidad".

La propia Constitución, además de recoger el principio de responsabilidad, instrumenta una serie de medidas, que no constituyen sino normas respecto de la actuación judicial y que se pueden clasificar como principios procedimentales en el ámbito del Derecho Constitucional, y son los siguientes:

– Publicidad de las actuaciones judiciales

– Oralidad del procedimiento

– Motivación de las sentencias

– Gratuidad de la justicia.

2.3. Principio del origen popular de la Justicia

El artículo 117.1 CE dispone que "la justicia emana del pueblo y se administra en nombre del Rey...", precepto que engarza directamente con el artículo 1.2 CE, incluido en el Título Preliminar y dotado de la denominada "supraconstitucionalidad" que dispone que "la soberanía nacional reside en el pueblo español, del que emanan los poderes del Estado".

Al decir que la justicia se administra en nombre del Rey, no ha hecho sino recoger una fórmula tradicional en nuestras Constituciones. Tiene el valor de referir la Administración de Justicia al Rey, símbolo de unidad y permanencia del Estado, árbitro y moderador del funcionamiento regular de las instituciones, recalcando la imparcialidad y neutralidad que constituye la base del poder judicial.

2.4. Principio de monopolio jurisdiccional

Tiene su consagración en el artículo 117.3 CE al disponer: " El ejercicio de la potestad jurisdiccional en todo tipo de procesos, juzgando y haciendo ejecutar lo juzgado, corresponde exclusivamente a los Juzgados y Tribunales determinados por las leyes según las normas de competencia y procedimiento que las mismas establezcan".

El monopolio jurisdiccional así entendido tiene una doble significación: de un lado, la exclusión de cualquier función de este carácter en manos del Ejecutivo o del Parlamento; y de otra parte, la inconstitucionalidad de todos aquellos tribunales especiales o excepcionales no previstos en la Norma Fundamental (art. 117.6: "se prohíben los tribunales de excepción".).

Por razones diversas, la propia CE prevé distintas excepciones a este principio que son las siguientes: Tribunal Constitucional, Tribunal de Cuentas, Jurisdicción Militar, y reconocimiento de Tribunales tradicionales.

2.5. Principio de unidad jurisdiccional

Se encuentra consagrado en el artículo 117.5 CE:

"El principio de unidad jurisdiccional es la base de la organización y funcionamiento de los tribunales".

La unidad jurisdiccional se manifiesta, además, como unidad territorial y como unidad funcional:

- Unidad territorial: El Poder Judicial se encuentra recogido en el artículo 149 CE como competencia exclusiva del Estado sobre la administración de justicia. Ello no quiere decir que no se organice territorialmente, sino que, por el contrario, toda la distribución de los órganos jurisdiccionales viene determinada por criterios territoriales; lo que significa esta unidad territorial es que el poder judicial se estructura de forma singular, esto es, que solo existe un poder judicial estatal sin que quepan poderes judiciales autonómicos.

La referencia a un Tribunal Superior de Justicia que hace el artículo 152.1 CE Hay que entenderlo como el sucesor de la Audiencia Territorial cuya jurisdicción se extiende al ámbito de la CCAA y en el que, sin perjuicio de la jurisdicción del Tribunal Supremo, habrán de agotarse las sucesivas instancias procesales.

– Unidad funcionarial: El artículo 122.1 CE establece la existencia de un solo cuerpo de Jueces y Magistrados de carrera.

2.6. Principio de participación ciudadana en la Administración de justicia

Se encuentra en íntima conexión con el origen popular de la justicia. El artículo 125 CE abre dos vías de participación ciudadana: la acción popular y el Jurado; respecto de este ultimo señala que: " participar en la administración de justicia mediante la institución del Jurado, en la forma y con respecto a aquellos procesos penales que la Ley determine".

3. LA ORGANIZACIÓN DE LA ADMINISTRACIÓN DE JUSTICIA EN ESPAÑA

3.1. Planteamiento

La Ley Orgánica del Poder Judicial constituye el pilar normativo sobre el que se apoya el cumplimiento de los fines constitucionales atribuidos al Poder Judicial en el Estado Social y Democrático de Derecho. Sin embargo, la mencionada Ley contiene un conjunto de pronunciamientos normativos cuyo denominador común radica en la necesidad de un desarrollo normativo, organizativo y financiero complejo, por suponer la creación de Tribunales y juzgados de nueva planta, el crecimiento de los ya existentes y en ocasiones el cambio de su naturaleza, de su competencia, o de la circunscripción a la que se extiende su jurisdicción.

La Ley de Planta Judicial y Demarcación, señala en su exposición de Motivos que la misma da cumplimiento al mandato contenido en la Disposición Adicional 1ª de la Ley Orgánica del Poder Judicial en lo que se refiere a la regulación legislativa del proceso en los diversos órdenes jurisdiccionales, paralelamente emprendida, que constituye el complemento indispensable de aquella.

3.2. Manifestaciones de la jurisdicción

La organización de la Administración de Justicia es compleja por la diversidad de las cuestiones planteadas ante los Tribunales, lo que exige la aplicación del principio de especialidad. Siendo una sola la jurisdicción ejercida por el Estado mediante Jueces y Tribunales, sin embargo, por razones de especialidad, se presenta en distintas manifestaciones, también llamadas Clases de Jurisdicciones que aparecen ordenadas en dos grandes grupos:

- Social
  - ▷ Jurisdicción Ordinaria: Civil, Penal, Contenciso Administrativa y Social.
  - ▷ Jurisdicción Especial: Militar

- Civil: Es la encargada de resolver los pleitos referentes a cuestiones entre particulares sobre derechos privados, tanto de carácter civil como mercantil.

- Penal: Actúa para investigar y juzgar, haciendo ejecutar lo juzgado, en materia de faltas penales y delitos.

- Contencioso administrativo: Es la encarga de revisar los actos de la Administración Pública para lograr que se ajusten a Derecho.

- Social: Encargada de las cuestiones relativas a los contratos de trabajo y a la materia de Seguridad Social.

3.3. Órganos jurisdiccionales

La función y potestad jurisdiccional se ejercita, en los distintos ordenes, jurisdiccionales, a través de ciertos órganos, llamados por eso órganos jurisdiccionales, y denominados genéricamente Tribunales.

Su reglamentación jurídica se encuentra en:

- Ley Orgánica del Poder Judicial de 1 de Julio de 1.985
- Ley de Demarcación y Planta Judicial de 28 de Diciembre de 1.988
- La Ley Orgánica, de 28 de Diciembre de 1.988, de los Juzgados de lo Penal, y por qué se modifican diversos preceptos de la Ley Orgánica del Poder Judicial y de la Ley de Enjuiciamiento Criminal
- Real Decreto por el que se acuerdan medidas para la efectividad de la Planta Judicial, de 3 de febrero de 1.989.

Cada uno de los órganos jurisdiccionales, ejerce su potestad en un ámbito territorial determinado, dividiéndose territorialmente el Estado a efectos judiciales en municipios, partidos judiciales, provincia y comunidades autónomas.

3.4. Enumeración y composición de los órganos jurisdicclonales

El artículo 26 de la Ley Orgánica del Poder Judicial, con las modificaciones efectuadas por la Ley Orgánica de 1.988, de 28 de diciembre, señala que el ejercicio de la potestad jurisdiccional se atribuye a los siguientes juzgados y tribunales:

3.4.1. Tribunal Supremo

Tiene su sede en Madrid y jurisdicción en toda España. Es el órgano superior en todos los órdenes, salvo lo dispuesto en materias de garantías constitucionales.

Se integra por las siguientes salas: Primera de lo Civil; Segunda de lo Penal; Tercera de lo Contencioso Administrativo; Cuarto de lo Social; Quinta de lo Militar.

La Sala de Civil conocerá:

- De los recursos de casación, revisión y otros extraordinarios en materia civil que establezca la Ley.
- De las demandas por responsabilidad civil por hechos realizados en el ejercicio de su cargo por determinados cargos públicos (Presidente del Gobierno, Presidente del Congreso y del Senado, Presidente del Tribunal Supremo, Defensor del Pueblo ....
- De las peticiones de ejecución de sentencias dictadas por Tribunales extranjeros salvo que corresponda su conocimiento a otro Tribunal.

La Sala de lo Penal conocerá:

- De los recursos de casación, revisión y otros extraordinarios en materia penal que establezca la Ley.
- De la instrucción y enjuiciamiento de las causas contra determinados cargos públicos.
- De la instrucción y enjuiciamiento de las causas contra Magistrados de la Audiencia Nacional o de un Tribunal Superior de Justicia.

La Sala de lo Contencioso Administrativo conocerá:

- En única instancia de los recursos contencioso-administrativos que se promuevan contra actos y disposiciones emanadas de los altos Organismos de la Nación.
- De los recursos de casación contra las sentencias dictadas por la Sala de lo Contencioso-administrativo de la Audiencia Nacional.
- De los recursos de casación contra las sentencias dictadas por las Salas de lo Contencioso-administrativo de los Tribunales Superiores de Justicia.
- De los recursos de revisión que establezca la Ley.
- De los recursos que establezca la ley contra las resoluciones del Tribunal de Cuentas.

La Sala de lo Social conocerá:

- De los recursos de casación y revisión y otros extraordinarios que establezca la ley en materias propias de este orden jurisdiccional.

La Sala de lo Militar conocerá:

- De las competencias que venía desempeñando en el Orden Jurisdiccional el Consejo Supremo de Justicia Militar, excluidos los propiamente administrativos que desarrollaba el citado órgano.

3.4.2. Audiencia nacional

Tiene su sede en Madrid y jurisdicción en toda España, y esta integrada por las siguientes salas:

La Sala de lo Penal conocerá:

– En única instancia, del enjuiciamiento de las causas por los siguientes delitos:

▷ Delitos contra el titular de la Corona, su consorte, su sucesor, altos organismos de la Nación y forma de Gobierno.

▷ Falsificación de moneda, delitos monetarios y relativos al control de cambio.

▷ Defraudaciones y maquinaciones para alterar el precio de las cosas.

▷ Tráfico de drogas o estupefacientes, fraudes alimentarios y de sustancias farmacéuticas o medicinales.

▷ Delitos cometidos fuera del territorio nacional.

– De los procedimientos penales iniciados en el extranjero y ejecución de sentencias dictadas por tribunales extranjeros.

– De los procedimientos judiciales de extradición pasiva.

– De los recursos contra las sentencias y demás resoluciones de los Juzgados Centrales de Instrucción.

La Sala de lo Contencioso-administrativo conocerá:

En única instancia de los recursos contra las Disposiciones y actos emanados de los Ministros y de los Secretarios de Estado.

La Sala de lo Social conocerá:

En única instancia:

– De los procesos de impugnación de convenios colectivos cuyo ámbito territorial de aplicación sea superior al territorio de una Comunidad Autónoma.

– De los procesos sobre conflictos colectivos, cuya resolución haya de surtir efectos en un ámbito territorial superior al de una Comunidad Autónoma.

3.4.3. Juzgado Central de lo Penal

La Ley Orgánica de 28 de diciembre de 1.988 introduce un nuevo articulado, el artículo 89 bis, en el que se contiene su regulación. El mencionado artículo señala que en la Villa de Madrid con jurisdicción en toda España, habrá uno o varios juzgados Centrales de lo Penal, que conocerán, en los casos en que así lo establezca la Ley, de las causas por los delitos a que se refiere el artículo 65, y los demás asuntos que señalen las leyes.

3.4.4. Juzgado Central de Instrucción

El artículo 88 de la Ley Orgánica del Poder Judicial, modificado por Ley Orgánica de 1.988, señala que en la Villa de Madrid podrá haber uno o más juzgados Centrales de Instrucción con jurisdicción en toda España, que instruirán las causas cuyo enjuiciamiento corresponda a la Sala de lo Penal de la Audiencia Nacional o, en su caso, a los Juzgados Centrales de lo Penal y se tramitarán los expedientes de extradición pasiva, en los términos previstos en la Ley.

3.4.5. Juzgado Central de lo Contencioso-Administrativo

En Madrid con jurisdicción en toda España existirán Juzgados Centrales de lo Contencioso-Administrativo, que conocerán en primera o única instancia de los recursos contencioso-administrativos contra disposiciones o actos de autoridades, organismos y entidades públicas con competencia en territorio nacional.

3.4.6. Juzgado Central de Menores

Creados en la LO 5/2000 de 12 de enero, reguladora de la responsabilidad Penal de los menores y con sede en Madrid, y jurisdicción en toda España.

3.4.7. Tribunales Superiores de Justicia

El Tribunal Superior de Justicia de la CCAA, tomará el nombre de cada una de ellas y extenderá su jurisdicción al ámbito territorial de aquellas.

Está integrado por las siguientes Salas:

Sala de lo Civil y Penal

Conocerá como Sala de lo Civil:

- Del recurso de casación contra resoluciones de órganos jurisdiccionales del orden civil con sede en la CCAA.
- En única instancia, de las demandas de responsabilidad Civil por hechos cometidos en el ejercicio de sus cargos, por altos cargos de la CCAA.
- De las cuestiones de competencia.

Conocerá como Sala de lo Penal:

- Del conocimiento de las causas penales de Altos Cargos que los Estatutos de Autonomía reservan al conocimiento de los Tribunales Superiores de Justicia.
- La decisión de las cuestiones de competencia entre órganos jurisdiccionales.

Sala de lo Contencioso-administrativo

Conocerá en única instancia:

- De los recursos contencioso-administrativos contra actos y disposiciones de los órganos de la Administración del Estado no atribuidos a otros órganos.
- De los recursos contencioso-administrativos contra actos y disposiciones del Consejo de Gobierno de las Comunidades Autónomas.

- De los recursos contra las disposiciones y actos de los órganos de Gobierno de las Comunidades Autónomas.
- Del recurso contencioso-electoral.

Conocerá en segunda instancia:

- De los recursos contra resoluciones de los Juzgados de lo Contencioso-Administrativo.

La Sala de lo Social conocerá:

- En única instancia de los procesos que la ley establezca sobre controversias que afecten a intereses de los trabajadores y empresarios.
- De los recursos contra resoluciones dictadas por los Juzgados de lo Social de las Comunidades Autónomas.
- De las cuestiones de competencia que se susciten entre los Juzgados de lo Social de las Comunidades Autónomas.

3.4.8. Audiencias Provinciales

Tendrán su sede en la capital de la provincia, de la que tomarán su nombre y extenderán su jurisdicción a toda ella.

Podrán crearse secciones de la Audiencia Provincial fuera de la capital de la Provincia, a la que quedarán adscritos uno o varios partidos judiciales.

Conocerán:

- De las causas por delito previstas en la ley.
- De los recursos contra resoluciones dictadas por los Juzgados de Instrucción.
- De los recursos contra resoluciones dictadas por los Juzgados de 1ª Instancia.
- De las cuestiones de competencia.
- De los recursos que establezca la ley contra las resoluciones de los Juzgados de Vigilancia Penitenciaria.
- De los recursos contra resoluciones de los Juzgados de Menores.

3.4.9. Juzgados de Primera Instancia e Instrucción

En cada partido habrá uno o más juzgados de 1ª Instancia e Instrucción, con sede en la capital de aquel y jurisdicción en todo su ámbito territorial. Tomarán la denominación del municipio de su sede.

Los Juzgados de 1ª Instancia conocerán en el orden Civil:

- En primera instancia de los juicios.
- De los actos de jurisdicción voluntaria.
- De los recursos contra resoluciones de los juzgados de Paz.
- De las cuestiones de competencia.

Los Juzgados de instrucción conocerán en el orden Penal:

- De la instrucción de las causas cuyo enjuiciamiento corresponde a las Audiencias.
- De la instrucción y fallo de las causas por delito o falta que se establezcan.
- De los recursos contra las resoluciones dictadas en juicio de faltas por los Juzgados de Paz.
- De los procedimientos de Habeas Corpus.
- De las cuestiones de competencias.

3.4.10. Juzgados de lo Penal

De nueva creación por la Ley Orgánica de 28 de Diciembre de 1.988, que introduce un nuevo artículo en la Ley Orgánica del Poder Judicial, el artículo 89 bis, con la regulación de los mencionados juzgados.

En cada provincia y con sede en su capital, habrá uno o varios juzgados de lo penal, cuya jurisdicción se extienda a uno o varios partidos de la provincia. Los juzgados de lo Penal tomarán su denominación de la población donde tenga su sede. Los juzgados de lo penal enjuiciarán las causas por delito que la ley determine.

3.4.11. Juzgados de lo Contencioso-Administrativo

En cada provincia, con jurisdicción en toda ella y sede en su capital habrá uno o más juzgados de lo contencioso-administrativo. Cuando el volumen de los asuntos lo requieran se podrán establecer uno o más juzgados de lo contencioso-administrativo, en las poblaciones que por ley se determine. Tomarán la denominación del municipio de su sede y extenderán su jurisdicción al partido correspondiente.

También podrán crearse excepcionalmente estos juzgados que extiendan su jurisdicción a más de una provincia dentro de la misma Comunidad Autónoma.

Conocerán en 1ª o única instancia de los recursos contencioso-administrativos no atribuidos a otros órganos.

3.4.12. Juzgados de lo Social

En cada provincia, con jurisdicción en toda ella y sede en su capital, habrá uno o más juzgados de lo social. También podrán establecerse en poblaciones distintas de la capital de la provincia cuando las necesidades del servicio o la proximidad a determinados núcleos de trabajo lo aconsejen, delimitándose el ámbito de su jurisdicción.

Podrán estos juzgados excepcionalmente extender su jurisdicción a dos o más provincias de la misma Comunidad Autónoma. Conocerán de los procesos sobre materias propias de este orden jurisdiccional laboral que no estén atribuidos a otros órganos del mismo.

3.4.13. Juzgados de Vigilancia Penitenciaria

En cada provincia y dentro del orden jurisdiccional penal, habrá uno o varios juzgados de Vigilancia Penitenciaria. Podrán establecerse estos juzgados que extiendan su jurisdicción a dos o más provincias de la misma Comunidad Autónoma. También podrán crearse estos órganos con jurisdicción inferior al territorio de una provincia.

Tendrán las funciones jurisdiccionales previstas en la Ley General Penitenciaria, en materia de ejecución de penas privativas de libertad y medidas de seguridad, control jurisdiccional de la potestad disciplinaria de las autoridades penitenciarias, etc...

3.4.14. Juzgados de Menores

En cada provincia con jurisdicción en toda ella y sede en su capital habrá uno o más juzgados de menores. Podrán establecerse estos juzgados, cuando el volumen de trabajo lo aconseje, cuya jurisdicción se extienda bien a un partido judicial determinado o agrupación de partidos, o bien a dos o más provincias de la Comunidad Autónoma.

Le corresponde el ejercicio de las funciones que establezcan las leyes para con los menores que hubieran incurrido en conductas tipificadas por la ley como delito o falta, y aquellas otras que en relación con los menores de edad les atribuyan las leyes.

3.4.15. Juzgados de Violencia sobre la Mujer

Creados por la LO 1/2004 de 28 de diciembre de medidas de protección integral contra la violencia de género, establece que en cada partido judicial habrá uno o más, con sede en la capital del partido judicial, y jurisdicción en todo su territorio.

3.4.16. Juzgados de Paz

En cada municipio donde no exista Juzgado de 1ª Instancia e instrucción, y con jurisdicción en el término correspondiente, habrá un juzgado de paz. Tomarán el nombre del Municipio en el que radiquen.

Conocerán:

- En el orden civil, de la sustanciación en 1ª instancia, fallo y ejecución de los procesos que la ley determine. Cumplirá también funciones de Registro Civil y las demás que la ley determine.
- En el orden penal, conocerán en 1ª instancia de los procesos por faltas que les atribuya la ley. Podrán intervenir en actuaciones penales de prevención, o por delegación y en aquellas otras que señalen las leyes.

ORGANIZACIÓN JUDICIAL

Ámbito	Órgano	Salas
España	Tribunal Supremo	– Civil – Penal – Contencioso-Administrativo – Social – Militar
	Audiencia Nacional	– Penal – Contencioso-Administrativo – Social
	Juzgado Central de lo Penal Juzgado Central de Instrucción Juzgado Central de lo Contencioso-Administrativo Juzgado Central de Menores	
CC.AA.	Tribunal Superior de Justicia	– Civil-Penal – Contencioso-Administrativo – Social
Provincia	Audiencia Provincial (no tiene salas sino secciones) Juzgado de lo Contencioso-Administrativo Juzgado de lo Social Juzgado de Menores Juzgado de lo Penal Juzgado de Vigilancia Penitenciaria	
Partido Judicial	Juzgado de Primer Instancia e Instrucción Juzgado de Violencia sobre la Mujer	
Municipio	Juez de Paz	

4. EL CONSEJO GENERAL DEL PODER JUDICIAL

4.1. Planteamiento

La Constitución Española es muy parca en cuanto a la regulación orgánica del Poder Judicial y de la Administración de Justicia en general. Se refiere únicamente al Consejo General del Poder Judicial, al Tribunal Supremo y a los Tribunales Superiores de Justicia de las CCAA. En lo demás, "La Ley Orgánica del Poder Judicial determinará la constitución, funcionamiento y gobierno de los Juzgados y Tribunales....."(Art.122.1 CE). Precisamente, para dotar de contenido a este precepto constitucional se ha dictado **la Ley Orgánica 6/1985, de 1 de Julio, del Poder Judicial.**

El Consejo General del Poder Judicial, en adelante CGPJ es el **órgano de gobierno autónomo del Poder Judicial**, con competencia en todo el territorio nacional. Es, por tanto, el órgano de gobierno de todos los Juzgados y Tribunales que integran el Poder Judicial y, con subordinación a él, ejercen sus funciones las Salas de Gobierno del Tribunal Supremo, de la Audiencia Nacional y de los Tribunales Superiores de Justicia, así como los demás órganos jurisdiccionales con atribuciones gubernativas en sus respectivos ámbitos orgánicos (Presidentes de los Tribunales y Audiencias, Jueces Decanos, Juntas de Jueces y Jueces). Como tal, es cometido principal del CGPJ **velar por la garantía de la independencia de los Jueces y Magistrados en el ejercicio de las funciones jurisdiccionales que les son propias frente a todos**, incluso frente a los órganos judiciales y los de gobierno del Poder Judicial.

Por ello, si un Juez o Magistrado se considera inquietado o perturbado en su independencia puede ponerlo en conocimiento del CGPJ, aunque ni éste ni ningún otro órgano subordinado de gobierno del Poder Judicial pueden dictar instrucciones de carácter general o particular sobre la interpretación o aplicación del ordenamiento jurídico que los Jueces y Magistrados lleven a cabo en el desempeño de sus competencias judiciales.

EL CGPJ es un **Órgano Constitucional** que se sitúa en una posición institucional de paridad con los demás órganos constitucionales Gobierno, Congreso de los Diputados, Senado, Tribunal Constitucional y que se encuentra investido de las garantías de superioridad e independencia características de éstos en su orden respectivo y, por ello, está legitimado para plantear conflictos de atribuciones ante el Tribunal Constitucional frente a los demás órganos constitucionales en defensa de sus competencias.

Ahora bien, el CGPJ, pese a ser el órgano de gobierno del Poder Judicial, **no es un órgano jurisdiccional** ni forma parte de éste. El CGPJ no participa de la función judicial, constitucionalmente reservada a los Juzgados y Tribunales integrantes del Poder Judicial, siendo el Tribunal Supremo el órgano jurisdiccional superior en todos los órdenes con jurisdicción en toda España, y los correspondientes Tribunales Superiores de Justicia los órganos jurisdiccionales que culminan la organización judicial en el ámbito territorial de la respectiva Comunidad Autónoma.

4.2. Composición

El artículo 122.3 de la Constitución Española establece la composición del Consejo General del Poder Judicial, desarrollada por los artículos 111 y siguientes de la Ley Orgánica del Poder Judicial.

Está integrado por el Presidente del Tribunal, que lo presidirá, y por 20 miembros nombrados por el Rey por un período de 5 años. De estos, doce entre jueces y magistrados de todas las categorías judiciales en los términos que establezca la Ley Orgánica (elegidos por el Congreso de los Diputados y el Senado); y cuatro a propuesta del Congreso de los Diputados y cuatro a propuesta del Senado, elegidos en ambos casos por una mayoría de 3/5 de sus miembros, entre abogados y otros juristas, todos ellos de reconocida competencia y con más de 15 años de ejercicio de su profesión.

Por lo demás, el status de sus miembros es similar al de los Jueces y Magistrados, con sus mismas incompatibilidades.

El Consejo General del Poder Judicial está integrado por el Presidente del Tribunal Supremo, que lo preside, y por veinte miembros (denominados Vocales) propuestos por el Congreso de los Diputados y por el Senado según la distribución que se expone a continuación:

Cada una de las Cámaras del Parlamento español elige, por mayoría de tres quintos, a seis miembros (Vocales) **entre Jueces y Magistrados de todas las categorías judiciales** que serán propuestos para su nombramiento por el Rey de acuerdo con el siguiente procedimiento:

a) Podrán ser propuestos los Jueces y Magistrados de todas las categorías judiciales que se hallen en servicio activo y no sean miembros del Consejo saliente o presten servicios en los órganos técnicos del mismo.

b) La propuesta será formulada al Rey por el Congreso de los Diputados y el Senado, correspondiendo a cada Cámara proponer seis Vocales, por mayoría de tres quintos de sus respectivos miembros, entre los presentados a las Cámaras por los Jueces y Magistrados conforme a lo previsto en el apartado siguiente señalado con la letra c).

c) Los candidatos serán presentados, hasta un máximo del triple de los doce puestos a proponer, por las asociaciones profesionales de Jueces y Magistrados o por un número de Jueces y Magistrados que represente, al menos, el 2 % de todos los que se encuentren en servicio activo. La determinación del número máximo de candidatos que corresponde presentar a cada asociación y del número máximo de candidatos que pueden presentarse con las firmas de Jueces y Magistrados se ajustará a criterios estrictos de proporcionalidad, de acuerdo con las siguientes reglas:

1. Los 36 candidatos se distribuirán en proporción al número de afiliados de cada asociación y al número de no afiliados a asociación alguna, determinando este último el número máximo de candidatos que pueden ser presentados mediante firmas de otros Jueces y Magistrados no asociados; todo ello, de acuerdo con los datos obrantes en el Registro constituido en el Consejo General del Poder Judicial conforme a lo previsto en el artículo 401 de la presente Ley Orgánica y sin que ningún Juez o Magistrado pueda avalar con su firma más de un candidato.

2. Cada Cámara del Parlamento elige además, por mayoría de tres quintos, cuatro miembros (Vocales) **entre abogados y otros juristas de reconocida competencia** con más de 15 años de ejercicio en su profesión, que no sean miembros del Consejo saliente ni presten servicios en los órganos técnicos del mismo.

COMPOSICIÓN CONSEJO GENERAL DEL PODER JUDICIAL

10 Congreso	6 Jueces 4 Abogados	12 Jueces
10 Senado	6 Jueces 4 Abogados	8 Abogados
20 Total 1 + Presidente T. Supremo	20 1	20 1
21 Miembros	21 Miembros	21 Miembros

El **Presidente** del Tribunal Supremo y del Consejo General del Poder Judicial. Será nombrado por el Rey a propuesta del Consejo General del Poder Judicial entre miembros de la carrera judicial o juristas de reconocida competencia, con más de quince años de antigüedad en su carrera o en el ejercicio de su profesión. Podrá ser reelegido y nombrado, por una sola vez, para un nuevo mandato. La propuesta del Consejo General del Poder Judicial se adoptará por mayoría de tres quintos de sus miembros en la propia sesión constitutiva del mismo.

El **Vicepresidente** del Consejo General del Poder Judicial será propuesto por el pleno de este entre sus vocales, por mayoría de tres quintos de sus componentes, y nombrado por el Rey. El Vicepresidente sustituye al Presidente en los supuestos previstos en los supuestos de los supuestos de vacante, ausencia, enfermedad del Presidente, o por otro motivo legitimo.

4.3. Competencias

Sus competencias vienen fijadas en los artículos 107 y siguientes de la Ley Orgánica del Poder Judicial, que podemos estructurar en los siguientes grupos:

a) Competencias en materia de nombramientos de altos cargos, son:

1. Propuesta de nombramiento del Presidente del Tribunal Supremo y del Consejo General del Poder Judicial.

2. Propuesta de nombramiento de dos miembros del Tribunal Constitucional.

3. Será oído, con carácter previo, al nombramiento del Fiscal General del Estado.

b) Competencias decisorias en materias propias del poder judicial.

Se refieren, fundamentalmente:

1. A la formación y perfeccionamiento, provisión de destino, ascensos, situaciones administrativas y régimen disciplinario de Jueces y Magistrados.

2. Nombramiento mediante Orden de los Jueces y presentación a Real Decreto, refrendado por el Ministerio de Justicia de los nombramientos de Magistrados del Tribunal Supremo, Presidentes y Magistrados.

3. Inspección de Juzgados y Tribunales.

4. Las relativas al Centro de Estudios Judiciales que la ley le atribuye.

c) Competencias no decisorias en materias relacionadas con el Poder Judicial. Deberá informar los anteproyectos de leyes y Disposiciones Generales en relación con materias que afectan al Poder Judicial y a la Administración de Justicia.

d) Competencias en el orden interno del Consejo. Le corresponden:

▷ El ejercicio de la potestad reglamentaria.

▷ La elaboración y aprobación del Anteproyecto de su presupuesto.

▷ El nombramiento de su Secretario General y personal dependiente del mismo.

Organización del CGPJ

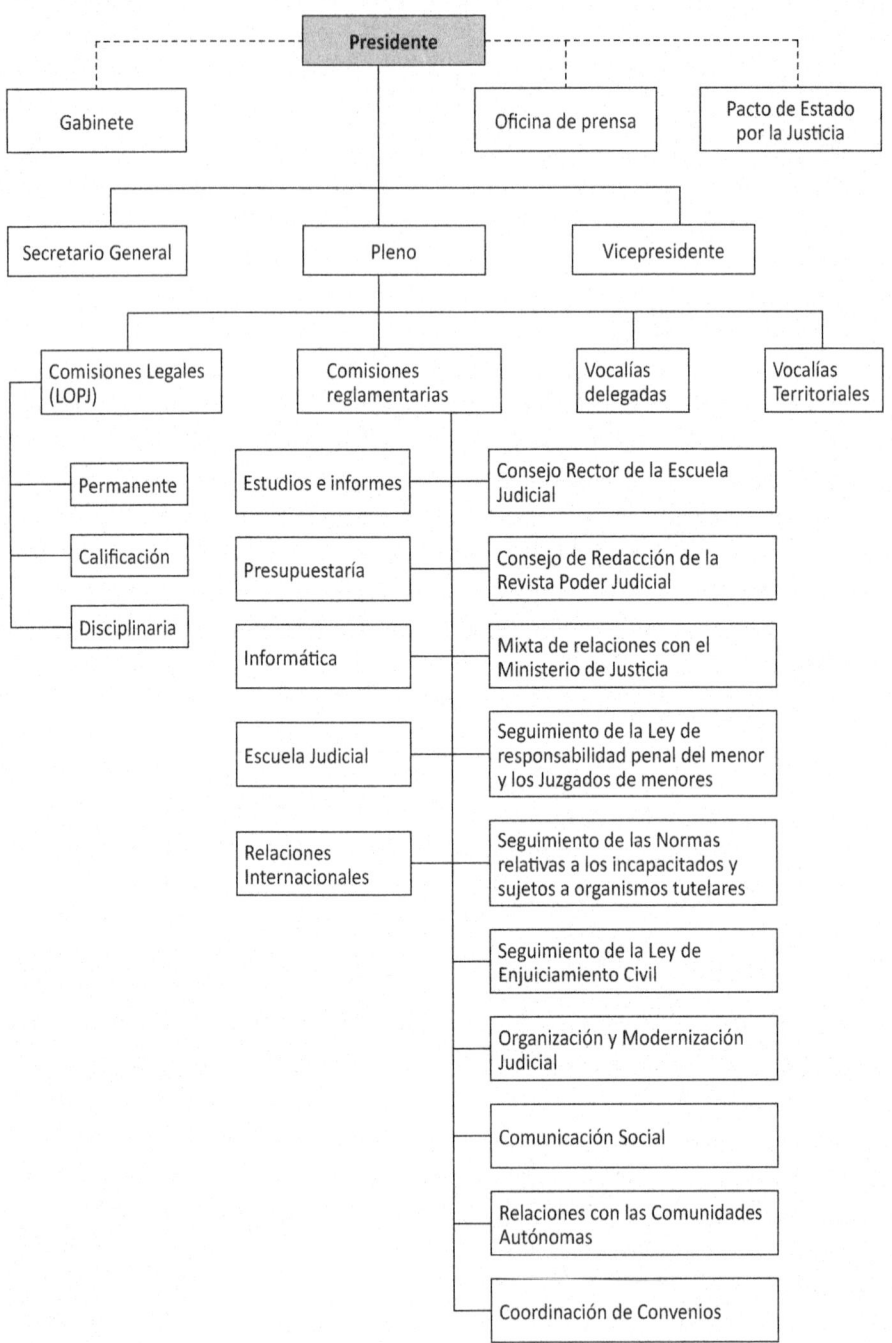

5. EL TRIBUNAL CONSTITUCIONAL. COMPOSICIÓN, DESIGNACIÓN, ORGANIZACIÓN Y FUNCIONES

5.1. Introducción

El Tribunal Constitucional, como intérprete supremo de la Constitución, es independiente de los demás órganos constitucionales y está sometido sólo a la Constitución y a la presente Ley Orgánica.

El Tribunal Constitucional es único en su orden y extiende su jurisdicción a todo el territorio nacional.

Viene regulado en el Título Noveno CE (arts. 159 a 165, inclusive y se denomina "Del Tribunal Constitucional") y por su **Ley Orgánica 2/1979, de 3 de Octubre** (LOTC, en adelante), sustancialmente modificada por la Ley Orgánica 7/1999, de 21 de abril y por la Ley Orgánica 1/2000, de 7 de enero. La LOTC se divide en los siguientes títulos:

TÍTULO I: Del Tribunal Constitucional.

TÍTULO II: De los procedimientos de declaración de inconstitucionalidad.

TÍTULO III: Del recurso de amparo constitucional.

TÍTULO IV: De los conflictos constitucionales.

TÍTULO V: De la impugnación de disposiciones sin fuerza de Ley y resoluciones de las CC.AA. prevista en el art. 161.2 de la Constitución.

TÍTULO VI: De la declaración sobre la constitucionalidad de los Tratados Internacionales.

TÍTULO VII: De las disposiciones comunes sobre procedimiento.

TÍTULO VIII: Del personal al servicio del Tribunal Constitucional.

5 Disposiciones Transitorias.

4 Disposiciones Adicionales.

5.2. Composición y designación

A tenor del art. 159 CE el Tribunal Constitucional se compone de 12 miembros nombrados por el Rey; de ellos, cuatro a propuesta del Congreso por mayoría de tres quintos de sus miembros; cuatro a propuesta del Senado, con idéntica mayoría; dos a propuesta del Gobierno, y dos a propuesta del Consejo General del Poder Judicial.

Los miembros del Tribunal Constitucional deberán ser nombrados entres Magistrados y Fiscales, Profesores de Universidad, funcionarios públicos y Abogados, todos ellos juristas de reconocida competencia con más de quince años de ejercicio profesional.

Los miembros del Tribunal Constitucional serán designados por un período de nueve años y se renovarán por terceras partes cada tres.

La condición de miembro del Tribunal Constitucional es incompatible: con todo mandato representativo; con los cargos políticos o administrativos; con el desempeño de funciones directivas en un partido político o en un sindicato y con el empleo al servicio de los mismos; con el ejercicio de las carreras judicial y fiscal, y con cualquier actividad profesional o mercantil. En lo demás, los miembros del Tribunal Constitucional tendrán las incompatibilidades propias de los miembros del poder judicial.

Los miembros del Tribunal Constitucional serán independientes e inamovibles en el ejercicio de su mandato.

Miembros Tribunal Constitucional	
Congreso	4
Senado	4
Gobierno	2
CGPJ	2
TOTAL	**12**

En el Tribunal Constitucional la duración del cargo es 9 años, y se renovará por terceras partes cada 3 años. Ejemplo

2000	-------	1	Veterano	⟶ Se renovará en 2009
2000	-------	2	Veterano	⟶ Se renovará en 2009
2000	-------	3	Veterano	⟶ Se renovará en 2009
2000	-------	4	Veterano	⟶ Se renovará en 2009
2003	-------	5	Intermedio	⟶ Se renovará en 2012
2003	-------	6	Intermedio	⟶ Se renovará en 2012
2003	-------	7	Intermedio	⟶ Se renovará en 2012
2003	-------	8	Intermedio	⟶ Se renovará en 2012
2006	-------	9	Novato	⟶ Se renovará en 2015
2006	-------	10	Novato	⟶ Se renovará en 2015
2006	-------	11	Novato	⟶ Se renovará en 2015
2006	-------	12	Novato	⟶ Se renovará en 2015

5.2.1. Incompatibilidades

En cuanto a las incompatibilidades, ya expresadas anteriormente en el art. 159 de la Constitución, el artículo 19 de la Ley Orgánica 2/79, desarrolla dichos supuestos estableciendo: "El cargo de Magistrado del Tribunal Constitucional es incompatible:

primero con el de Defensor del Pueblo; segundo con el de Diputado y Senador; terce-ro con cualquier cargo político o administrativo del Estado, las Comunidades Autó-nomas, las provincias u otras Entidades Locales; cuarto, con el ejercicio de cualquier jurisdicción o actividad propia de la carrera judicial o fiscal; quinto con empleos de todas clases en los Tribunales y Juzgados de cualquier orden jurisdiccional; sexto con el desempeño de funciones directivas en los partidos políticos, sindicatos, asociacio-nes, fundaciones y colegios profesionales y con toda clase de empleo al servicio de los mismos; séptimo con el desempeño de actividades profesionales o mercantiles. En lo demás, los miembros del Tribunal Constitucional tendrán las incompatibilidades propias de los miembros del Poder Judicial."

Cuando concurriere causa de incompatibilidad en quien fuere propuesto como Magistrado del Tribunal, deberá, antes de tomar posesión, cesar en el cargo o en la ac-tividad incompatible. Si no lo hiciere en el plazo de diez días siguientes a la propuesta, se entenderá que no acepta el cargo de magistrado del Tribunal Constitucional. La misma regla se aplicará en el caso de incompatibilidad sobrevenida.

5.2.2. Cese

Según el artículo 23 de la LOTC, los Magistrados del Tribunal Constitucional ce-san por alguna de las causas siguientes: Primero, por renuncia aceptada por el Presi-dente del Tribunal; segundo, por expiración del plazo de su nombramiento; tercero, por incurrir en alguna causa de incapacidad de las previstas para los miembros del Poder Judicial; cuarto, por incompatibilidad sobrevenida; quinto, por dejar de atender con diligencia los deberes de su cargo; sexto, por violar la reserva propia de su fun-ción; séptimo, por haber sido declarado civilmente por dolo o condenado por delito doloso o por culpa grave.

El cese o la vacante en el cargo de Magistrado del Tribunal Constitucional, en los casos primero y segundo, así como el de fallecimiento, se decretará por el Presidente. En los restantes supuestos decidirá el Tribunal en Pleno, por mayoría simple en los casos tercero y cuarto y por mayoría de las tres cuartas partes de sus miembros en los demás casos.

5.3. Organización

El Tribunal Constitucional actúa en Pleno o en Sala. El Pleno está integrado por to-dos los Magistrados del Tribunal. Lo preside el Presidente del Tribunal y, en su defecto, el Vicepresidente y, a falta de ambos, el Magistrado más antiguo en el cargo y, en caso de igual antigüedad, el de mayor edad. El Tribunal Constitucional consta de dos Salas. Cada Sala está compuesta por seis Magistrados nombrados por el Tribunal en Pleno.

El Presidente del Tribunal lo es también de la Sala Primera, que presidirá en su de-fecto, el Magistrado más antiguo y, en caso de igual antigüedad, el de mayor edad. El Vicepresidente del Tribunal presidirá la Sala Segunda y, en su defecto, el Magistrado más antiguo y, en caso de igual antigüedad, el de mayor edad.

Para el despacho ordinario y la decisión sobre la admisibilidad o inadmisibilidad de los recursos, el Pleno y las Salas constituirán Secciones, compuestas por el respectivo Presidente o quien le sustituya y dos Magistrados.

El Tribunal en Pleno elige de entre sus miembros por votación secreta a su Presidente y propone al Rey su nombramiento. En primera votación se requerirá la mayoría absoluta. Si ésta no se alcanzase se procederá a una segunda votación, en la que resultará elegido quien obtuviese mayor número de votos. En caso de empate se efectuará una última votación y si éste se repitiese, será propuesto el de mayor antigüedad en el cargo y en caso de igualdad el de mayor edad.

El nombre del elegido se elevará al Rey para su nombramiento por un período de tres años, expirado el cual podrá ser reelegido por una sola vez. El Tribunal en Pleno elegirá de entre sus miembros, por el procedimiento anterior y por el mismo período de tres años, un Vicepresidente, al que incumbe sustituir al Presidente en caso de vacante, ausencia u otro motivo legal y presidir la Sala Segunda.

Organización

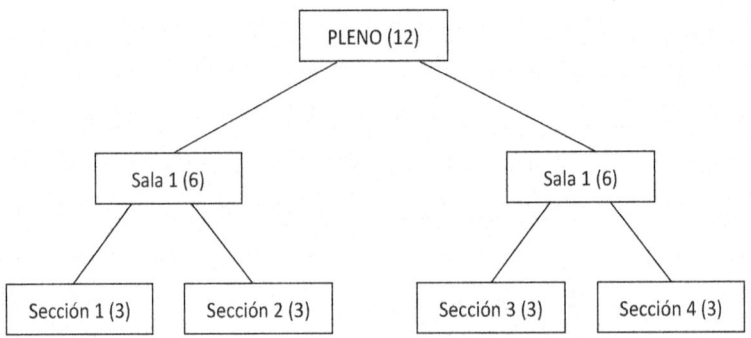

5.4. Funciones

En base al artículo 161 CE, podemos señalar que el Tribunal Constitucional tiene jurisdicción en todo el territorio español y es competente para conocer:

a) Del recurso de inconstitucionalidad contra leyes y disposiciones normativas con fuerza de ley. La declaración de inconstitucionalidad de una norma jurídica con rango de ley, interpretada por la jurisprudencia, afectará a esta, si bien la sentencia o sentencias recaídas no perderán el valor de cosa juzgada.

b) Del recurso de amparo por violación de los derechos y libertades referidos en el artículo 53.2, de esta Constitución, en los casos y formas que la ley establezca.

c) De los conflictos de competencia entre el Estado y las Comunidades Autónomas o de los de éstas entre sí.

d) De las demás materias que le atribuyan la Constitución o las leyes orgánicas.

El Gobierno podrá impugnar ante el Tribunal Constitucional las disposiciones y resoluciones adoptadas por los órganos de las Comunidades Autónomas. La impugnación producirá la suspensión de la disposición o resolución recurrida, pero el Tribunal, en su caso, deberá ratificarla o levantarla en un plazo no superior a cinco meses. (art. 161.2 de la Constitución).

Dicho artículo está desarrollado en los artículos 2 y 3 de la LOTC. Así el artículo 2 establece:

"1. El Tribunal Constitucional conocerá en los casos y en la forma que esta Ley determina:

a) Del recurso de inconstitucionalidad contra Leyes, disposiciones normativas o actos con fuerza de Ley. (RD Ley y RD Legislativo).

b) Del recurso de amparo por violación de los derechos y libertades públicos relacionados en el artículo 53.2 de la Constitución.

c) De los conflictos constitucionales de competencia entre el Estado y las Comunidades Autónomas o de los de éstas entre sí.

d) De los conflictos entre los órganos constitucionales del Estado.

e) De los conflictos en defensa de la autonomía local.

f) De la declaración sobre la constitucionalidad de los Tratados Internacionales.

g) De las impugnaciones previstas en el número 2 del artículo 161 de la Constitución. (Visto más arriba).

h) De la verificación de los nombramientos de los Magistrados del Tribunal Constitucional, para juzgar si los mismos reúnen los requisitos requeridos por la Constitución y la presente Ley.

i) De las demás materias que le atribuyen la Constitución y las Leyes Orgánicas.

2. El Tribunal Constitucional podrá dictar reglamentos sobre su propio funcionamiento y organización, así como sobre el régimen de su personal y servicios, dentro del ámbito de la presente Ley. Estos reglamentos, que deberán ser aprobados por el Tribunal en Pleno, se publicarán en el "Boletín Oficial del Estado", autorizados por su Presidente."

Por su parte el artículo 3 establece que la competencia del Tribunal Constitucional se extiende al conocimiento y decisión de las cuestiones prejudiciales e incidentales no pertenecientes al orden constitucional, directamente relacionadas con la materia de que conoce, a los solos efectos del enjuiciamiento constitucional de ésta.

6. EL CONTROL DE LA CONSTITUCIONALIDAD DE LAS LEYES

Se trata de identificar la función que ejercen los órganos o poderes de los países para cumplir la trascendental misión de control de la constitucionalidad de la ley y la de velar por la protección de los derechos fundamentales y libertades públicas.

En el artículo 160 de la Constitución de 1812 se otorgaba a la Diputación Permanente de las Cortes, la misión de velar por la observancia de la Constitución y las leyes.

La Constitución española de 1978 reconoce a la propia Constitución un valor normativo y vinculante directo, que si bien reconoce el monopolio de la declaración de inconstitucionalidad de las leyes al Tribunal Constitucional, afecta a todos los poderes públicos y a todos los poderes públicos y a todos los ciudadanos (artículo 9.1) y que por tanto es aplicable por todos los jueces y tribunales.

Según se dice "El Tribunal Supremo, es supremo pero no es en todo". En materia de derechos humanos y fundamentales, la última palabra la tiene el Tribunal Constitucional. Así el artículo 123.1 de la Constitución dice que: "El Tribunal Supremo con jurisdicción en toda España, es el órgano jurisdiccional superior en todos los órdenes salvo en lo dispuesto en materia de garantías constitucionales".

El artículo 53.2 de la Constitución, dispone que: "Cualquier ciudadano puede recabar la tutela de las libertades y derechos reconocidos en el artículo 14 y la Sección Primera del Capítulo Segundo ante los Tribunales Ordinarios por un procedimiento basado en los principios de preferencia y sumariedad y en su caso a través del recurso de amparo ante el Tribunal Constitucional.

Por tanto, podemos decir que en la actualidad en España, la defensa de los derechos fundamentales y libertades públicas, no le corresponde sólo al Tribunal Constitucional, si, es el que tiene la última palabra, pero comparte el control con el resto de jueces y tribunales.

6.1. Legitimación

Conforme al art. 162 CE, están legitimados:

a) Para interponer el recurso de inconstitucionalidad, el Presidente del gobierno, el Defensor del Pueblo, cincuenta Diputados, cincuenta Senadores, los órganos colegiados ejecutivos de las Comunidades Autónomas y, en su caso, las Asambleas de las mismas.

   En relación con la interposición de este recurso por el Presidente del gobierno y los órganos colegiados ejecutivos en las Comunidades Autónomas, hay que destacar la posibilidad recogida en el artículo 33 LOTC, modificado por la citada Ley Orgánica 1/2000, en orden a que lleguen a un acuerdo, en el seno de una Comisión Bilateral de Cooperación, por el que se resuelvan las discrepancias suscitadas entre ellos respecto de la norma a impugnar, ampliándose a nueve meses el plazo de tres meses previsto para interponer el recurso.

b) Para interponer el recurso de amparo, toda persona natural o jurídica que invoque un interés legítimo, así como el Defensor del Pueblo y el Ministerio Fiscal.

En los demás casos, conforme a la LOTC:

a) En los conflictos constitucionales de competencia entre el Estado y las Comunidades Autónomas, o de los de éstas entre si:

   ▷ Si se trata de conflictos positivos: el Gobierno a los órganos colegiados ejecutivos de las Comunidades Autónomas (arts. 60 y siguientes LOTC).

▷ Si se trata de conflictos negativos: además de los anteriores, las personas físicas o jurídicas interesadas (arts. 68 y siguientes LOTC).

b) En los conflictos entre órganos constitucionales del Estado: el Gobierno, el Congreso de los Diputados y el Consejo General del Poder Judicial (arts. 59.3 y 73 y siguientes LOTC).

c) En los conflictos en defensa de la autonomía local:

▷ El Municipio o Provincia que sea destinatario único de la Ley.

▷ Un número de Municipios que supongan al menos un séptimo de los existentes en el ámbito territorial de aplicación de la disposición con rango de Ley, y representen como mínimo un sexto de la población oficial del ámbito territorial correspondiente.

▷ Un número de Provincias que supongan al menos la mitad de las existentes en el ámbito territorial de aplicación de la disposición con rango de Ley, y representen como mínimo la mitad de la población oficial.

Por último, en lo que a cuestión de inconstitucionalidad se refiere, en base a los arts. 163 CE y 35 LOTC, hay que señalar que cuando un Juez o Tribunal, de oficio o a instancia de parte, considere que una norma con rango de Ley aplicable al caso y de cuya validez dependa el fallo pueda ser contraria a la Constitución, planteará la cuestión al Tribunal Constitucional. Esta sólo podrá plantearse una vez concluso el procedimiento y dentro del plazo para dictar sentencia, debiendo concretar la Ley o norma con fuerza de Ley cuya constitucionalidad se cuestiona, el precepto constitucional que se supone infringido, y especificar y justificar en qué medida la decisión del proceso depende de la validez de la norma en cuestión.

6.2. Sentencias

El artículo 164 CE establece que "las sentencias del Tribunal Constitucional se publicarán en el Boletín Oficial del Estado con los votos particulares, si los hubiere. Tienen el valor de cosa juzgada a partir del día siguiente de su publicación y no cabe recurso alguno contra ellas. Las que declaren la inconstitucionalidad de una Ley o de una norma con fuerza de Ley y todas las que no se limiten a la estimación subjetiva de un derecho, tienen plenos efectos frente a todos. Salvo que en el fallo se disponga otra cosa, subsistirá la vigencia de la Ley en la parte no afectada por la inconstitucionalidad".

Volumen I
Parte Común

Auxiliares de Administración Local

Tema **6**

Organización Territorial del Estado

Organización Territorial del Estado.
Los Estatutos de Autonomía: su significado.
El reparto constitucional de competencias.

Rodio
ediciones

Índice esquemático

1. ORGANIZACIÓN TERRITORIAL DEL ESTADO

1.1. Esquema general: concepto de ente territorial, y diferenciación de los institucionales

Los **Entes Públicos Territoriales**, son entes no físicos, constituidos para la realización de fines colectivos y permanentes a los que la ley les reconoce la titularidad de derechos y obligaciones, y les dota de facultades para el cumplimiento de sus fines.

Sus notas características son dos: perseguir fines públicos de interés general o social y estar investidos de potestades administrativas que llevan inherentes una serie de privilegios. Uno de sus elementos integrantes es el territorio, elemento esencial del que reciben el nombre y las diferencia de los Entes Institucionales.

En consecuencia a la definición dada podemos diferenciar a los entes territoriales de los institucionales por los siguientes aspectos:

- Por la importancia del elemento territorial. Este es uno de sus elementos integrantes mientras que en las Institucionales es mero ámbito de actuación.

- Por su posición en el ordenamiento. Las territoriales tienen el carácter de básicas, a las que la Ley se limita a reconocer; las Institucionales son creaciones de la Ley.

- Por su pluralidad de fines. Las territoriales cumplen fines generales; las Institucionales tienen fines concretos y específicos.

- Por el origen. Las territoriales se forman en virtud de un proceso sociológico e histórico y la ley ha de limitarse a reconocerlas, generalmente son anteriores a ella; las institucionales lo tienen en un acto formal y voluntario posterior a la Ley.

- Por su número. Las territoriales son de número cerrado y las institucionales son de número abierto.

El Estado Español se organiza en tres niveles de administraciones públicas territoriales, que son: a) La Administración General del Estado; b) La Administración de las Comunidades Autónomas; y c) La Administración Local.

1.2. Principios constitucionales

El artículo 2º de la C.E. establece: "La Constitución se fundamenta en la indisoluble unidad de la Nación española, patria común e indivisible de todos los españoles, y reconoce y garantiza el derecho a la autonomía de las nacionalidades y regiones que la integran y la solidaridad entre todas ellas" este artículo se ha desarrollado en el Título VIII de la C.E., consagrando el **principio de autonomía** en el artículo 137 que establece:

"El Estado se organiza territorialmente en municipios, en provincias y en las Comunidades Autónomas que se constituyan. Todas estas entidades gozan de autonomía para la gestión de sus respectivos intereses".

Tras el principio de autonomía los artículos 138 y 139 garantizan los **principios de solidaridad e igualdad** como principios fundamentales en la organización territorial del Estado, y a tal efecto establecen:

"El Estado garantiza la realización efectiva del principio de solidaridad consagrado en la Constitución, velando por el establecimiento de un equilibrio económico adecuado y justo entre las diversas partes del territorio español, y atendiendo en particular a las circunstancias del hecho insular. Las diferencias entre los estatutos de las distintas Comunidades Autónomas no podrán implicar, en ningún caso, privilegios económicos y sociales."

"Todos los españoles tienen los mismos derechos y obligaciones en cualquier parte del territorio del Estado. Ninguna autoridad podrá adoptar medidas que directa o indirectamente obstaculicen la libertad de circulación y establecimiento de las personas y la libre circulación de bienes en todo el territorio español."

1.3. La Administración Local

Tras analizar los principios generales pasa nuestra Constitución Española al Capítulo 2º del Título VIII que se denomina "De la Administración Local", que contiene tan solo tres artículos: el 140, en el que regula a los municipios, el 141, en el que regula a las provincias, y el 142, en el que regula el principio de suficiencia financiera.

Artículo 140. Autonomía de los Municipios

La Constitución garantiza la autonomía de los Municipios. Estos gozarán de personalidad jurídica plena. Su gobierno y administración corresponde a sus respectivos Ayuntamientos, integrados por los Alcaldes y Concejales.

Los Concejales serán elegidos por los vecinos del Municipio mediante sufragio universal, igual, libre, directo y secreto, en la forma establecida por la ley.

Los Alcaldes serán elegidos por los Concejales o por los vecinos. La ley regulará las condiciones en las que proceda el régimen de concejo abierto.

Artículo 141. Autonomía y carácter de ente local de las Provincias

La Provincia es una Entidad Local con personalidad jurídica propia, determinada por la agrupación de Municipios y división territorial para el cumplimiento de las actividades del Estado.

Cualquier alteración de los límites provinciales habrá de ser aprobada por las Cortes Generales mediante ley orgánica.

El Gobierno y la administración autónoma de las provincias estarán encomendados a Diputaciones u otras Corporaciones de carácter representativo.

Se podrán crear agrupaciones de Municipios diferentes de la Provincia.

En los archipiélagos, las islas tendrán además su administración propia en forma de Cabildos o Consejos.

Artículo 142. Suficiencia Financiera de los entes Locales

Las Haciendas Locales deberán disponer de los medios suficientes para el desempeño de las funciones que la Ley atribuye a las Corporaciones respectivas, y se nutrirán fundamentalmente de tributos propios y de participación en los del Estado y de las Comunidades Autónomas.

1.4. Las Comunidades Autónomas

Por último, el capítulo 3º del Título VIII se denomina "De las Comunidades Autónomas", cuya regulación realiza desde el artículo 143 hasta el 158, pudiendo destacarse los siguientes aspectos:

1.4.1. Territorios que las constituyen y Proceso Autonómico

En el ejercicio del derecho a la autonomía, reconocido en los artículos 2 y 137 de la C.E., pueden constituir Comunidades Autónomas y acceder a su autogobierno conforme a lo previsto en el Título VIII y en sus Estatutos:

a) Las provincias limítrofes con características históricas, culturales y económicas comunes. (Varias provincias limítrofes, por ejemplo Castilla la Mancha).

b) Los territorios insulares (Baleares y Canarias)

c) Las provincias con entidad regional histórica. (Una sola provincia que por sí misma es entidad regional histórica, son las uniprovinciales, como Cantabria, Asturias, La Rioja, et...)

d) Con aprobación de las Cortes Generales, mediante Ley Orgánica y por motivos de interés general; a ámbitos territoriales que no superen al de una provincia e incluso autorizar un Estatuto de autonomía para territorios que no estén integrados en la Organización Provincial. (Se utilizó éste mecanismo para las Ciudades Autónomas de Ceuta y Melilla)

En cuanto a La iniciativa del proceso autonómico corresponde, conforme el 143.2 CE:

– A todas las Diputaciones interesadas o al órgano interinsular, y:

– A las dos terceras partes de los Municipios cuya población represente, al menos, la mayoría del censo electoral de cada provincia o isla.

– A las Cortes Generales por ley orgánica y motivos de interés nacional.

Estos requisitos deberán ser cumplidos en el plazo de 6 meses desde el primer acuerdo adoptado al respecto por alguna de las CC.LL. interesadas. La iniciativa en caso de no prosperar, solamente podrá reiterarse pasados 5 años.

Artículo 145

1. En ningún caso se admitirá la federación de Comunidades Autónomas.

2. Los Estatutos podrán prever los supuestos, requisitos y términos en que las Comunidades Autónomas podrán celebrar convenios entre sí para la gestión y prestación de servicios propios de las mismas, así como el carácter y efectos de la correspondiente comunicación a las Cortes Generales. En los demás supuestos, los acuerdos de cooperación entre las Comunidades Autónomas necesitarán la autorización de las Cortes Generales.

1.4.2. Órganos de las Comunidades Autónomas

1º De gobierno y administración

La organización institucional autónoma se basa en:

- Una Asamblea Legislativa unicameral, elegida por sufragio universal con arreglo a un sistema representativo proporcional, que asegura la representación de las diversas zonas del territorio.
- Un Consejo de Gobierno con funciones ejecutivas y administrativas.
- Un Presidente, elegido por la Asamblea de entre sus miembros y nombrado por el Rey al que corresponde la dirección del Consejo de Gobierno, la suprema representación de la Comunidad.

2º Judiciales

Un Tribunal Superior de Justicia culmina la organización Judicial en el ámbito territorial de la Comunidad. En los Estatutos se establecen los supuestos y las formas de participación de aquellas en la Organización de las demarcaciones judiciales del territorio. Todo ello según la Ley Orgánica del Poder Judicial y dentro de la unidad e independencia de este.

1.4.3. Control de los órganos de las Comunidades Autónomas

Los artículos 153 a 155 de la CE establecen sobre el Control de los Órganos de Gobierno de las Comunidades Autónomas, que:

Artículo 153

El control de la actividad de los órganos de las Comunidades Autónomas se ejercerá:

a) Por el Tribunal Constitucional, el relativo a la constitucionalidad de sus disposiciones normativas con fuerza de ley.

b) Por el Gobierno, previo dictamen del Consejo de Estado, el del ejercicio de funciones delegadas a que se refiere el apartado 2 del artículo 150.

c) Por la jurisdicción contencioso-administrativa, el de la administración autónoma y sus normas reglamentarias.

d) Por el Tribunal de Cuentas, el económico y presupuestario.

Artículo 154

Un Delegado nombrado por el Gobierno dirigirá la Administración del Estado en el territorio de la Comunidad Autónoma y la coordinará, cuando proceda, con la administración propia de la Comunidad.

Artículo 155

1. Si una Comunidad Autónoma no cumpliere las obligaciones que la Constitución u otras leyes le impongan, o actuare de forma que atente gravemente al interés general de España, el Gobierno, previo requerimiento al Presidente de la Comunidad

Autónoma y, en el caso de no ser atendido, con la aprobación por mayoría absoluta del Senado, podrá adoptar las medidas necesarias para obligar a aquélla al cumplimiento forzoso de dichas obligaciones o para la protección del mencionado interés general.

2. Para la ejecución de las medidas previstas en el apartado anterior, el Gobierno podrá dar instrucciones a todas las autoridades de las Comunidades Autónomas.

Estos artículos los podemos sintetizar en los siguientes modos de control:

1. **Control de Actividad:**

   Se ejercerá:

   ▷ Por el Tribunal Constitucional, el relativo a la constitucionalidad de sus disposiciones normativas con fuerza de ley.

   ▷ Por el Gobierno, previo dictamen del Consejo de Estado, el del Ejercicio de las funciones delegadas por transferencia o delegación sobre materias de titularidad estatal.

   ▷ Por la jurisdicción contencioso-administrativa, el de la administración autonómica y sus normas reglamentarias.

   ▷ Por el Tribunal de cuentas el económico y presupuestario.

2. **Control de oportunidad:**

   Si una Comunidad no cumpliere las obligaciones que la Constitución y otras leyes le impongan, o actuara de forma que atente gravemente al interés general de España, el Gobierno, previo requerimiento al Presidente y, en caso de no ser atendido, con la aprobación por mayoría absoluta del Senado, podrá adoptar las medidas necesarias para obligar a aquella al cumplimiento forzoso de dichas obligaciones o para la protección del mencionado interés general. Para la ejecución de dichas medidas el Gobierno podrá dar instrucciones a todas las autoridades de las Comunidades Autónomas.

1.4.4. Hacienda, recursos y fondo de compensación

1º Autonomía financiera de las Comunidades. Artículo 156

1. Las Comunidades Autónomas gozarán de autonomía financiera para el desarrollo y ejecución de sus competencias con arreglo a los principios de coordinación con la Hacienda estatal y de solidaridad entre todos los españoles.

2. Las Comunidades Autónomas podrán actuar como delegados o colaboradores del Estado para la recaudación, la gestión y la liquidación de los recursos tributarios de aquél, de acuerdo con las leyes y los Estatutos.

2º Recursos de las Comunidades Autónomas. Articulo 157

1. Los recursos de las Comunidades Autónomas estarán constituidos por:

a) Impuestos cedidos total o parcialmente por el Estado; recargos sobre impuestos estatales y otras participaciones en los ingresos del Estado.

b) Sus propios impuestos, tasas y contribuciones especiales.

c) Transferencias de un Fondo de Compensación interterritorial y otras asignaciones con cargo a los Presupuestos Generales del Estado.

d) Rendimientos procedentes de su patrimonio e ingresos de derecho privado.

e) El producto de las operaciones de crédito.

2. Las Comunidades Autónomas no podrán en ningún caso adoptar medidas tributarias sobre bienes situados fuera de su territorio o que supongan obstáculo para la libre circulación de mercancías o servicios.

3. Mediante ley orgánica podrá regularse el ejercicio de las competencias financieras enumeradas en el apartado 1, las normas para resolver los conflictos que pudieran surgir y las posibles formas de colaboración financiera entre las Comunidades Autónomas y el Estado.

3º Fondo de compensación interterritorial. Artículo 158

1. En los Presupuestos Generales del Estado podrá establecerse una asignación a las Comunidades Autónomas en función del volumen de los servicios y actividades estatales que hayan asumido y de la garantía de un nivel mínimo en la prestación de los servicios públicos fundamentales en todo el territorio español.

2. Con el fin de corregir desequilibrios económicos interterritoriales y hacer efectivo el principio de solidaridad, se constituirá un Fondo de Compensación con destino a gastos de inversión, cuyos recursos serán distribuidos por las Cortes Generales entre las Comunidades Autónomas y provincias, en su caso.

2. LOS ESTATUTOS DE AUTONOMÍA

2.1. Concepto de Estatutos de Autonomía

La Constitución en su artículo 147 dispone lo siguiente:

"Dentro de los términos de la presente Constitución, los Estatutos serán la norma institucional básica de cada Comunidad Autónoma y el Estado reconocerá y amparará como parte integrante de su ordenamiento jurídico."

Concebida la autonomía como derecho reconocido y garantizado por la Constitución a nacionalidades y regiones (art. 2), no puede producirse dicha autonomía sin un Estatuto, que representa la norma institucional básica de cada Comunidad Autónoma, es decir, la fuente.

Por ello, respecto a la naturaleza de los Estatutos es necesario tener en cuenta los siguientes aspectos:

– Los Estatutos como leyes estatales integrantes del llamado **bloque de la constitucionalidad**. Los Estatutos son leyes orgánicas integradas en el ordenamiento jurídico general del Estado. Delimitan y precisan, en los aspectos competenciales, el derecho a la autonomía que la Constitución reconoce a las nacionalidades y regiones. Por esta razón se puede decir que forman parte del bloque de la constitucionalidad.

- Los Estatutos como **norma institucional básica de cada Comunidad**. La Constitución indica que los estatutos son la norma institucional básica de cada comunidad. Por tanto todas las demás normas autonómicas están sometidas jerárquicamente al respectivo estatuto. Pero al mismo tiempo es un ordenamiento jurídico dependiente del Estado. Por tanto, su origen está en el pueblo español y en su conjunto, porque la Soberanía reside en todo el pueblo del que emanan todos los poderes del Estado (art. 1.2 C.E.).

- Los Estatutos **son leyes orgánicas** en cuanto que son aprobados por una ley de esta clase. Como ley orgánica presentan algunas características frente a las demás del mismo rango, ya que para su reforma se ha de seguir el procedimiento previsto en el artículo 81 de la Constitución Española, pero solo cuando se cumplan los requisitos previstos en el Estatuto para su reforma será esta posible.

Los **Estatutos de Autonomía deberán contener:**

a) La denominación de la Comunidad que mejor corresponda a su identidad histórica.

b) La delimitación de su territorio.

c) La denominación, organización y sede de las instituciones autónomas propias.

d) Las competencias asumidas dentro del marco establecido en la Constitución y las bases para el traspaso de los servicios correspondientes a las mismas.

La reforma de los Estatutos se ajustará al procedimiento establecido en los mismos y requerirá, en todo caso, la aprobación por las Cortes Generales, mediante Ley Orgánica.

En base a lo expuesto podemos dar el siguiente concepto de Estatuto: "Ley fundamental, que en el marco de la Constitución contiene la regulación de las instituciones básicas y las competencias de las respectivas Comunidades Autónomas".

2.2. Clases de Estatutos de Autonomía

La Constitución reconoce varias clases de Estatutos de autonomía como veremos a continuación, estableciendo un procedimiento también diferente para ellos.

La falta de unidad en materia estatutaria ha sido criticada por algún sector de la doctrina por considerar poco recomendable el reconocer diferencias en materia tan importante para la organización autonómica, como son los Estatutos, por lo expuesto anteriormente. No obstante, estimamos, que la falta de unidad no significa una intención del legislador constituyente de establecer diferencias, sino el de tener en cuenta las especiales circunstancias histórico-culturales que concurren en cada Comunidad.

Los Estatutos podemos clasificarlos en atención a la intervención que en los mismos tiene la Comunidad Autónoma o las Cortes Generales.

1° Estatutos excepcionales

Son Estatutos excepcionales aquellos que las Cortes Generales, mediante Ley orgánica y por motivos de interés nacional, autorizan o acuerdan para territorios que no están integrados en la organización provincial.

La característica fundamental de estos Estatutos, es que son impuestos por las Cortes Generales sin intervención alguna de los Entes interesados.

La justificación de los mismos, tal como dice el art. 144 de la C.E. es por "motivos de interés nacional", lo que equivale a un concepto jurídico indeterminado, que sólo las Cortes Generales, como titulares de esta excepcional potestad estatutaria, podrán determinar.

La regulación de los Estatutos excepcionales se encuentra en el Art. 144 b) de la C.E.

2° Estatutos de régimen normal

Según el art. 146 en relación con el art. 143-2°, los Estatutos de régimen normal, se caracterizan, porque el proyecto de Estatuto será elaborado por una asamblea compuesta por los miembros de la Diputación u órgano interinsular de las provincias afectadas y por los Diputados y Senadores elegidos en ellas y será elevado a las Cortes Generales para su tramitación como ley (art. 146).

Estos Estatutos están plenamente sometidos a la potestad legislativa y de tramitación de las Cortes Generales.

El Estatuto presentado por la asamblea territorial puede ser objeto de modificaciones en las discusiones parlamentarias. Estas modificaciones y la Ley orgánica aprobada no necesitan, en ningún caso, de la intervención popular a través del referéndum.

Estos Estatutos se consideran otorgados por las Cortes Generales.

3° Estatutos de régimen especial

De conformidad con lo dispuesto en la Disposición Transitoria segunda, en relación con el art. 151-2°, los Estatutos en régimen especial sólo aparecen reconocidos para los territorios que en el pasado hubiesen plebiscitado afirmativamente proyectos de Estatuto de autonomía y cuenten al tiempo de promulgarse la Constitución, con regímenes provisionales de autonomía.

Estos territorios a que se refiere la Constitución, son Cataluña, País Vasco y Galicia. Se recogen en el **Artículo 151** y siguiente que establecen:

1. No será preciso dejar transcurrir el plazo de cinco años, a que se refiere el apartado 2 del artículo 148, cuando la iniciativa del proceso autonómico sea acordada dentro del plazo del artículo 143, 2, además de por las Diputaciones o los órganos interinsulares correspondientes, por las tres cuartas partes de los municipios de cada una de las provincias afectadas que representen, al menos, la mayoría del censo electoral de cada una de ellas y dicha iniciativa sea ratificada mediante referéndum por el voto afirmativo de la mayoría absoluta de los electores de cada provincia en los términos que establezca una ley orgánica.

2. En el supuesto previsto en el apartado anterior, el procedimiento para la elaboración del Estatuto será el siguiente:

1. El Gobierno convocará a todos los Diputados y Senadores elegidos en las circunscripciones comprendidas en el ámbito territorial que pretenda acceder al autogobierno, para que se constituyan en Asamblea, a los solos efectos de elaborar el correspondiente proyecto de Estatuto de autonomía, mediante el acuerdo de la mayoría absoluta de sus miembros.

2. Aprobado el proyecto de Estatuto por la Asamblea de Parlamentarios, se remitirá a la Comisión Constitucional del Congreso, la cual, dentro del plazo de dos meses, lo examinará con el concurso y asistencia de una delegación de la Asamblea proponente para determinar de común acuerdo su formulación definitiva.

3. Si se alcanzare dicho acuerdo, el texto resultante será sometido a referéndum del cuerpo electoral de las provincias comprendidas en el ámbito territorial del proyectado Estatuto.

4. Si el proyecto de Estatuto es aprobado en cada provincia por la mayoría de los votos válidamente emitidos, será elevado a las Cortes Generales. Los plenos de ambas Cámaras decidirán sobre el texto mediante un voto de ratificación. Aprobado el Estatuto, el Rey lo sancionará y lo promulgará como ley.

5. De no alcanzarse el acuerdo a que se refiere el apartado 2 de este número, el proyecto de Estatuto será tramitado como proyecto de ley ante las Cortes Generales. El texto aprobado por éstas será sometido a referéndum del cuerpo electoral de las provincias comprendidas en el ámbito territorial del proyectado Estatuto. En caso de ser aprobado por la mayoría de los votos válidamente emitidos en cada provincia, procederá su promulgación en los términos del párrafo anterior.

3. En los casos de los párrafos 4 y 5 del apartado anterior, la no aprobación del proyecto de Estatuto por una o varias provincias no impedirá la constitución entre las restantes de la Comunidad Autónoma proyectada, en la forma que establezca la ley orgánica prevista en el apartado 1 de este artículo.

Artículo 152

1. En los Estatutos aprobados por el procedimiento a que se refiere el artículo anterior, la organización institucional autonómica se basará en una Asamblea Legislativa, elegida por sufragio universal, con arreglo a un sistema de representación proporcional que asegure, además, la representación de las diversas zonas del territorio; un Consejo de Gobierno con funciones ejecutivas y administrativas y un Presidente, elegido por la Asamblea, de entre sus miembros, y nombrado por el Rey, al que corresponde la dirección del Consejo de Gobierno, la suprema representación de la respectiva Comunidad y la ordinaria del Estado en aquella. El Presidente y los miembros del Consejo de Gobierno serán políticamente responsables ante la Asamblea. Un Tribunal Superior de Justicia, sin perjuicio de la jurisdicción que corresponde al Tribunal Supremo, culminará la organización judicial en el ámbito territorial de la Comunidad Autónoma. En los Estatutos de las Comunidades Autónomas podrán establecerse los supuestos y las formas de participación de aquellas en la organización de las demarcaciones judiciales del territorio. Todo ello de conformidad con lo previsto en la ley orgánica del poder judicial y dentro de la unidad e independencia de éste. Sin perjuicio de lo dispuesto en el artículo 123, las sucesivas instancias procesales, en su caso, se agotarán ante órganos judiciales radicados en el mismo territorio de la Comunidad Autónoma en que este el órgano competente en primera instancia.

2. Una vez sancionados y promulgados los respectivos Estatutos, solamente podrán ser modificados mediante los procedimientos en ellos establecidos y con referéndum entre los electores inscritos en los censos correspondientes.

3. Mediante la agrupación de municipios limítrofes, los Estatutos podrán establecer circunscripciones territoriales propias, que gozarán de plena personalidad jurídica.

3. EL REPARTO CONSTITUCIONAL DE COMPETENCIAS

La Constitución Española de 1978 procede a distribuir el conjunto de competencias entre el Estado y las Comunidades Autónomas, a través del sistema de doble lista, es decir, especificando en el artículo 148 las competencias que pueden asumir las Comunidades Autónomas y en el 149 las competencias que de forma exclusiva se reserva el Estado para sí, dejando el art. 150 para regular las leyes que regulen la ejecución de ambas listas. Veamos cada una de ellas.

a) De las C.C.A.A (art. 148)
– Organización instituciones autogobierno.
– Alteración términos municipales en su territorio.
– Ordenación territorio, urbanismo y vivienda.
– Obras públicas en su territorio.
– Ferrocarriles y carreteras en su territorio.
– Puertos de refugio, puertos y aeropuertos deportivos.
– Agricultura y ganadería.
– Montes y aprovechamientos forestales.
– Gestión protección medio ambiente.
– Aprovechamientos hidráulicos, canales y regadíos.
– Aguas minerales y termales.
– Pesca aguas interiores, marisqueo y acuicultura, caza y pesca fluvial.
– Ferias interiores.
– Desarrollo económico CCAA
– Artesanía.
– Museos, bibliotecas y conservatorios música.
– Patrimonio monumental.
– Fomento cultura, investigación y lengua CCAA.
– Promoción y ordenación turismo.
– Promoción deporte, adecuada utilización del ocio.
– Asistencia social.
– Sanidad e higiene.
– Vigilancia edificios e instalaciones.

.../...

b) Exclusivas del Estado (art. 149)

- Regulación condiciones básicas que garanticen igualdad españoles.
- Nacionalidad, inmigración, emigración, extranjería, dcho. asilo
- Relaciones Internacionales.
- Defensa y Fuerzas Armadas.
- Administración de Justicia.
- Legislación mercantil, penal y penitenciaria; legislación procesal.
- Legislación laboral.
- Legislación civil.
- Legislación sobre propiedad intelectual e industrial.
- Régimen aduanero y arancelario; comercio exterior
- Sistema monetario, bases crédito, banca y seguros.
- Legislación pesas y medidas, determinación hora oficial.
- Bases planificación actividad económica.
- Hacienda General y Deuda del Estado.
- Fomento y coordinación investigación científica y técnica
- Sanidad exterior. Bases y coordinación sanidad. Legislación productos farmacéuticos.
- Legislación básica y régimen económico S.S
- Bases régimen jurídico de la Administraciones públicas y del régimen estatutario de sus funcionarios; procedimiento administrativo común, expropiación forzosa, contratos y concesiones administrativas; sistema responsabilidad A.A.P.P.
- Pesca marítima.
- Marina mercante y aeropuertos de interés gral.
- Ferrocarriles y transportes terrestres por más de una CCAA.
- Recursos y aprovechamiento hidráulicos por más de una CCAA.
- Legislación básica protección medio ambiente.
- Obras públicas interés general.
- Bases régimen minero y energético.
- Régimen de producción, comercio, tenencia y uso de armas y explosivos.
- Normas básicas prensa, radio y televisión, y medios de comunicación social.
- Defensa patrimonio cultural, artístico y monumental español.
- Seguridad pública.
- Condiciones obtención, expedición y homologación de títulos académicos y profesionales.
- Estadística para fines estatales.
- Autorización para convocatoria consultas populares (referéndum).

3.1. Competencias de las Comunidades Autónomas (Art. 148 C.E)

Las Comunidades Autónomas podrán asumir competencias en las siguientes materias:

1. Organización de sus instituciones de autogobierno.

2. Las alteraciones de los términos municipales comprendidos en su territorio y, en general, las funciones que correspondan a la Administración del Estado sobre las Corporaciones locales y cuya transferencia autorice la legislación sobre Régimen Local.

3. Ordenación del territorio, urbanismo y vivienda.

4. Las obras públicas de interés de la Comunidad Autónoma en su propio territorio.

5. Los ferrocarriles y carreteras cuyo itinerario se desarrolle íntegramente en el territorio de la Comunidad Autónoma y, en los mismos términos, el transporte desarrollado por estos medios o por cable.

6. Los puertos de refugio, los puertos y aeropuertos deportivos y, en general, los que no desarrollen actividades comerciales.

7. La agricultura y ganadería, de acuerdo con la ordenación general de la economía.

8. Los montes y aprovechamientos forestales.

9. La gestión en materia de protección del medio ambiente.

10. Los proyectos, construcción y explotación de los aprovechamientos hidráulicos, canales y regadíos de interés de la Comunidad Autónoma; las aguas minerales y termales.

11. La pesca en aguas interiores, el marisqueo y la acuicultura, la caza y la pesca fluvial.

12. Ferias interiores.

13. El fenómeno de desarrollo económico de la Comunidad Autónoma dentro de los objetivos marcados por la política económica nacional.

14. La artesanía.

15. Museos, bibliotecas y conservatorios de música de interés para la Comunidad Autónoma.

16. Patrimonio monumental de interés de la Comunidad Autónoma.

17. El fomento de la cultura, de la investigación y, en su caso, de la enseñanza de la lengua de la Comunidad Autónoma.

18. Promoción y ordenación del turismo en su ámbito territorial.

19. Promoción del deporte y de la adecuada utilización del ocio.

20. Asistencia social.

21. Sanidad e higiene.

22. La vigilancia y protección de sus edificios e instalaciones. La coordinación y demás facultades en relación con las policías locales en los términos que establezca una ley orgánica.

3.2. Competencias exclusivas del Estado (Art. 149 C.E.)

El Estado tiene competencia exclusiva sobre las siguientes materias:

1. La regulación de las condiciones básicas que garanticen la igualdad de todos los españoles en el ejercicio de los derechos y en el cumplimiento de los deberes constitucionales.

2. Nacionalidad, inmigración, emigración, extranjería y derecho de asilo.

3. Relaciones internacionales.

4. Defensa y Fuerzas Armadas.

5. Administración de Justicia.

6. Legislación mercantil, penal y penitenciaria; legislación procesal, sin perjuicio de las necesarias especialidades que en este orden se deriven de las particularidades del derecho sustantivo de las Comunidades Autónomas.

7. Legislación laboral; sin perjuicio de su ejecución por los órganos de las Comunidades Autónomas.

8. Legislación civil, sin perjuicio de la conservación, modificación y desarrollo por las Comunidades Autónomas de los derechos civiles, forales o especiales, allí donde existan. En todo caso, las reglas relativas a la aplicación y eficacia de las normas jurídicas, relaciones jurídico-civiles relativas a las formas de matrimonio, ordenación de los registros e instrumentos públicos, bases de las obligaciones contractuales, normas para resolver los conflictos de leyes y determinación de las fuentes del derecho, con respeto, en este último caso, a las normas de derecho foral o especial.

9. Legislación sobre propiedad intelectual e industrial.

10. Régimen aduanero y arancelario; comercio exterior.

11. Sistema monetario: divisas, cambio y convertibilidad; bases de la ordenación de crédito, banca y seguros.

12. Legislación sobre pesas y medidas, determinación de la hora oficial.

13. Bases y coordinación de la planificación general de la actividad económica.

14. Hacienda general y Deuda del Estado.

15. Fomento y coordinación general de la investigación científica y técnica.

16. Sanidad exterior. Bases y coordinación general de la sanidad. Legislación sobre productos farmacéuticos.

17. Legislación básica y régimen económico de la Seguridad Social, sin perjuicio de la ejecución de sus servicios por las Comunidades Autónomas.

18. Las bases de régimen jurídico de las Administraciones públicas y del régimen estatutario de sus funcionarios que, en todo caso, garantizarán a los administrados un tratamiento común ante ellas; el procedimiento administrativo común, sin perjuicio de las especialidades derivadas de la organización propia de las Comunidades Autónomas; legislación sobre expropiación forzosa; legislación básica sobre contratos y concesiones administrativas y el sistema de responsabilidad de todas las Administraciones públicas.

19. Pesca marítima, sin perjuicio de las competencias que en la ordenación del sector se atribuyan a las Comunidades Autónomas.

20. Marina mercante y abanderamiento de buques; iluminación de costas y señales marítimas; puertos de interés general; aeropuertos de interés general; control del espacio aéreo, tránsito y transporte aéreo, servicio meteorológico y matriculación de aeronaves.

21. Ferrocarriles y transportes terrestres que transcurran por el territorio de más de una Comunidad Autónoma; régimen general de comunicaciones; tráfico y circulación de vehículos de motor; correos y telecomunicaciones; cables aéreos, submarinos y radiocomunicación.

22. La legislación, ordenación y concesión de recursos y aprovechamientos hidráulicos cuando las aguas discurran por más de una Comunidad Autónoma, y la autorización de instalaciones eléctricas cuando su aprovechamiento afecte a otra Comunidad o el transporte de energía salga de su ámbito territorial.

23. Legislación básica sobre protección del medio ambiente, sin perjuicio de las facultades de las Comunidades Autónomas de establecer normas adicionales de protección. La legislación básica sobre montes, aprovechamientos forestales y vías pecuarias.

24. Obras públicas de interés general o cuya realización afecte a más de una Comunidad Autónoma.

25. Bases de régimen minero y energético.

26. Régimen de producción, comercio, tenencia y uso de armas y explosivos.

27. Normas básicas del régimen de prensa, radio y televisión y, en general, de todos los medios de comunicación social, sin perjuicio de las facultades que en su desarrollo y ejecución correspondan a las Comunidades Autónomas.

28. Defensa del patrimonio cultural, artístico y monumental español contra la exportación y la expoliación; museos, bibliotecas y archivos de titularidad estatal, sin perjuicio de su gestión por parte de las Comunidades Autónomas.

29. Seguridad pública, sin perjuicio de la posibilidad de creación de policías por las Comunidades Autónomas en la forma que se establezca en los respectivos Estatutos en el marco de lo que disponga una ley orgánica.

30. Regulación de las condiciones de obtención, expedición y homologación de títulos académicos y profesionales y normas básicas para el desarrollo del artículo 27 de la Constitución, a fin de garantizar el cumplimiento de las obligaciones de los poderes públicos en esta materia.

31. Estadística para fines estatales.

32. Autorización para la convocatoria de consultas populares por vía de referéndum.

3.3. Ampliación y coordinación de competencias

El artículo 148.2 de la Constitución establece al objeto de poder ampliar las competencias de las Comunidades Autónomas que transcurridos cinco años y mediante la reforma de sus estatutos, las Comunidades Autónomas pueden ampliar sus competencias dentro del marco establecido en el artículo 149 (es decir pueden ampliar en aquellas que no sean competencia exclusiva del Estado).

Las materias no atribuidas expresamente al Estado por la C.E. podrán corresponder a las Comunidades Autónomas en virtud de sus respectivos estatutos. La competencia sobre las materias que no se hayan asumido por los Estatutos de Autonomía corresponderán al Estado, cuyas normas prevalecerán, en caso de conflicto, sobre las de las Comunidades Autónomas en todo lo que no esté atribuido a la exclusiva competencia de estas. El Derecho Estatal será, en todos caso, supletorio del derecho de las Comunidades Autónomas. (Esto se denomina cláusulas de PREVALENCIA y SUPLETORIEDAD del Derecho Estatal sobre el de las Comunidades Autónomas).

Por su parte, el artículo 150 de la Constitución se reserva para intentar coordinar un correcto ejercicio legislativo de las competencias entre el Estado y las Comunidades Autónomas y a tal efecto establece tres sistemas de coordinación:

a) Delegación legislativa: Las Cortes Generales pueden atribuir a todas o alguna de las Comunidades, la facultad de dictar, para si mismas, normas legislativas en el marco de los principios, bases y directrices fijados por la Ley Estatal.

b) Transferencias y delegaciones: El Estado puede transferir o delegar en las Comunidades facultades en materias de titularidad estatal que por su propia naturaleza sean susceptibles de transferencia o delegación, previéndose las transferencias de medios financieros y las formas de control que se reserva el Estado.

c) Armonización de disposiciones: El Estado puede dictar leyes con los principios necesarios para armonizar las disposiciones normativas de las Comunidades aún en el caso de materias atribuidas a la competencia de estas, cuando así lo exija el interés general. Corresponde a las Cortes Generales la apreciación de esta necesidad.

El contenido de los tres apartados de este precepto constitucional no es homogéneo. Así, mientras los dos primeros prevén sendas posibilidades de atribución de competencias a las Comunidades Autónomas al margen de sus Estatutos de Autonomía (ya sea por medio de leyes marco, ya sea por medio de leyes orgánicas de transferencia o delegación), el tercero permite al Estado incidir en el ejercicio por las Comunidades Autónomas de sus competencias propias a través de leyes de armonización.

En general, existe una amplia coincidencia sobre la proximidad existente entre las dos clases de leyes que se prevén en los apartados 1 y 2 del artículo 150 CE (leyes marco y leyes orgánicas de transferencia o delegación). En este sentido, como afirma Villar Palasí "con ambas figuras puede llegarse a resultados similares y la gran diferencia estriba en que para operar una auténtica transferencia (supuesto más verosímil) por vía de ley marco, que a fin de cuentas es una ley ordinaria, hace falta sujetar la potestad legislativa de las Comunidades Autónomas a principios, bases y directrices, mientras que cuando se trata de hacer lo propio mediante una ley orgánica, la mayoría reforzada que es requisito imprescindible de ésta, obvia la necesidad de amarrar a criterios estrictos la potestad que se atribuye a las Comunidades Autónomas".

Por lo que se refiere al control jurisdiccional de las normas legislativas autonómicas dictadas en desarrollo de una ley marco estatal, cabe señalar que la alusión, contenida en el artículo 150.1 CE, a "la competencia de los Tribunales" (incluidos los ordinarios) parece que hay que entenderla referida a los supuestos de ultra vires en los casos de una delegación legislativa autonómica de la materia atribuida por ley marco o bien en que la ley marco habilite directamente al Consejo de Gobierno de la Comunidad Autónoma para dictar las "normas legislativas" de desarrollo de aquélla.

Mucha mayor relevancia que las leyes marco han tenido desde el primer momento como mecanismo de atribución extraestatutaria de competencias a las Comunidades Autónomas las leyes orgánicas de transferencia y delegación (art. 150.2 CE). Previsión ésta de la que se hizo uso de inmediato para Canarias y la Comunidad Valenciana, que vinieron así a igualarse desde el principio a las llamadas Comunidades de primer grado. El artículo 150.2 también fue utilizado diez años más tarde, en el marco del Pacto Autonómico de 1992, para instrumentar en una primera fase (seguida en 1994 de las correspondientes reformas de los Estatutos) la ampliación del ámbito competencial de las Comunidades de segundo grado. Por otro lado, también se han dictado leyes orgánicas de transferencia y delegación para atender a situaciones más concretas.

En relación con tales leyes, la doctrina ha señalado que la diferencia entre leyes de transferencia y leyes de delegación "se encuentra en el grado de independencia funcional que adquiere la Comunidad Autónoma. Habrá transferencia cuando se establezca una relación de descentralización entre Estado y Comunidad Autónoma. Habrá delegación cuando la relación creada sea de desconcentración"

Finalmente, el artículo 150.3 CE se refiere a las leyes de armonización, de las que existe un único precedente, y frustrado: el del Proyecto de Ley Orgánica de Armonización del Proceso Autonómico (LOAPA). La doctrina constitucional sobre las leyes de armonización que se sienta en los fundamentos jurídicos 1 a 4 de la STC 76/1983 se expresa, en lo esencial, en los siguientes puntos:

En primer lugar, la consecución de la igualdad entre las Comunidades Autónomas no puede sin más justificar la necesidad de armonizar, ya que sin la diversidad del status jurídico público de las entidades territoriales "no existiría verdadera pluralidad ni capacidad de autogobierno, notas que caracterizan al Estado de las Autonomías".

En segundo lugar, la mayoría necesaria para apreciar la necesidad de armonizar no tiene por qué requerirse para la aprobación final de la ley y, en todo caso, no convierte a las leyes de armonización en leyes orgánicas.

En tercer lugar, el legislador no puede dictar leyes de armonización en los supuestos en que disponga de otros títulos específicos previstos en la Constitución para dictar la regulación legal de que se trate, dado que "el artículo 150.3 constituye una norma de cierre del sistema, aplicable sólo a aquellos supuestos en que el legislador estatal no disponga de otros cauces constitucionales para el ejercicio de su potestad legislativa o éstos no sean suficientes para garantizar la armonía exigida por el interés general (...) Las leyes de armonización vienen a complementar, no a suplantar, las demás previsiones constitucionales".

Tema 7

La Administración Pública

La Administración Pública en el ordenamiento español.
Principios de actuación de la Administración Pública: eficacia, jerarquía, descentralización, desconcentración y coordinación. Otros principios de la organización administrativa, regulados en la LOFAGE y la LRJPAC.

Rodio
ediciones

Índice esquemático

1. LA ADMINISTRACIÓN PÚBLICA EN EL ORDENAMIENTO ESPAÑOL

1.1. Concepto y clasificación de las Administraciones Públicas

En nuestro idioma, administrar, en sentido vulgar, equivale a gobernar, regir o cuidar y el administrador se define como la persona que administra bienes ajenos. En la Administración Pública, el administrador gestiona siempre bienes e intereses ajenos; los de la comunidad política a la que sirve.

En un sentido más jurídico, la Administración Pública es para el Derecho Administrativo una persona jurídica, independientemente de las funciones que, con carácter variante, haya de desempeñar etapas históricas, y del complejo orgánico que, también con carácter más o menos ocasional, la integran.

Así las cosas, podemos encontrar dos definiciones de Administración Pública:

– La Administración como organización.
– La Administración como actividad.

La Administración Pública como organización podemos definirla diciendo que "está constituida por órganos jerárquicamente ordenados que asumen el cumplimiento de los fines del Estado en orden a la pronta y eficaz satisfacción del interés general". La Administración es una organización puesta al servicio de la comunidad; "sirve con objetividad los intereses generales" (art. 103.1 de la CE), "con sometimiento pleno a la Ley y al Derecho" (art. 103.1 CE), correspondiendo a los Tribunales el control de "la legalidad de la actuación administrativa, así como el sometimiento de ésta a los fines que la justifican".

La Administración Pública como actividad puede definirse diciendo que es la actividad realizada por órganos competentes con las formalidades legales, para utilizar los medios de que dispone una Entidad Pública al objeto de realizar sus fines.

La Constitución Española de 1978, en su artículo 103 señala que la Administración Pública sirve con objetividad los intereses generales y actúa de acuerdo con los principios de eficacia, jerarquía, descentralización, desconcentración y coordinación y con sometimiento a la Ley y al Derecho.

Algunos ordenamientos jurídicos desconocen la personalidad jurídica del Estado, y ciertas tendencias doctrinales han negado, igualmente, la necesidad de este concepto.

Se ha mantenido que la Administración tienen una doble personalidad: pública y privada según sea la actividad que desarrolle. Sin embargo lo que sucede es que la Administración puede actuar en un doble campo, público y privado, sin que esta facultad condicione su personalidad.

En nuestro Derecho positivo, la personalidad del Estado se identifica con la de la Administración. Así la LOFAGE en su artículo 2-2º dice: **"La Administración Ge-**

neral del Estado, constituida por órganos jerárquicamente ordenados, actúa con personalidad jurídica única".

Tradicionalmente se ha clasificado las distintas personas que conforman el término Administraciones Públicas en territoriales e institucionales.

Las Administraciones Públicas territoriales son aquellas que tienen como base un territorio para el ejercicio de sus competencias. De conformidad con el artículo 137 C.E. las Administraciones territoriales no son otras que:

- El Estado.
- Las Comunidades Autónomas.
- Los Entes que conforman la Administración Local (Ayuntamientos y Diputaciones).

Las Administraciones Públicas institucionales son aquellos entes instrumentales que crean cada una de las Administraciones Públicas para la mejor gestión de los distintos servicios públicos o ejecución de competencias que tienen encomendadas. La LOFAGE los denomina **organismos públicos** y el artículo 2.3. de dicha ley establece que: "Los Organismos públicos previstos en el Título III de esta Ley tienen por objeto la realización de actividades de ejecución o gestión tanto administrativas de fomento o prestación, como de contenido económico reservadas a la Administración General del Estado; dependen de ésta y se adscriben, directamente o a través de otro Organismo público, al Ministerio competente por razón de la materia, a través del órgano que en cada caso se determine." Dichos organismos públicos conforme la citada LOFAGE son los siguientes:

- Organismos Autónomos Administrativos.
- Entidades Públicas Empresariales.
- Sociedades Mercantiles.
- Agencias.

En cuanto a las diferencias entre las Administraciones territoriales y las institucionales podemos señalar las siguientes:

a) En las Territoriales, el territorio es el elemento integrante. En las Institucionales es mero ámbito de actuación.

b) Las Territoriales, dentro del ordenamiento jurídico, son entidades básicas, a las que la ley se limita a reconocer, mientras que las Institucionales son creaciones de la ley.

c) Las Territoriales tienen pluralidad de fines o sea fines generales, mientras que las institucionales tienen fines concretos.

d) Las Territoriales se forman por un proceso sociológico e histórico y la Ley ha de limitarse a reconocerlas. Las Institucionales tienen su origen en un acto formal y voluntario realizado con arreglo a lo dispuesto por la Ley. Las primeras ordinariamente son anteriores a la Ley y las segundas son posteriores a la Ley.

e) Las Territoriales son de numerus clausus (nº cerrado) mientras que las institucionales son de numerus apertus (nº abierto) existiendo todas las modalidades y denominaciones imaginables.

1.2. De los órganos de las Administraciones Públicas Territoriales

1.2.1. La Administración del Estado

Constituida la Administración del Estado por órganos jerárquicamente ordenados, para asumir el cumplimiento de los fines del Estado en orden a la pronta y eficaz satisfacción del interés general, al frente de la misma existen unos órganos, que teniendo competencia sobre todo el territorio nacional se encuentran situados en la cúspide de dicha organización (nos referimos a la Administración Central del Estado).

Tradicionalmente en la Administración del Estado se ha hablado de **órganos decisorios**, entre los que estarían: El Presidente del Gobierno, el Consejo de Ministros, Las Comisiones Delegadas del Gobierno y los Ministros; de los **órganos de asesoramiento**, entre los que estarían El Consejo de Estado , y el Consejo Económico y Social.

Pero con una mayor precisión los artículos 5º y 6º de la LOFAGE establecen que:

1. Los órganos de la Administración General del Estado y de sus Organismos públicos se crean, modifican y suprimen conforme a lo establecido en la presente Ley.

2. Tendrán la consideración de órganos las unidades administrativas a las que se les atribuyan funciones que tengan efectos jurídicos frente a terceros, o cuya actuación tenga carácter preceptivo.

Artículo 6. Órganos superiores y órganos directivos

1. La organización de la Administración General del Estado responde a los principios de división funcional en Departamentos ministeriales y de gestión territorial integrada en Delegaciones del Gobierno en las Comunidades Autónomas, salvo las excepciones previstas por esta Ley.

2. En la organización central son órganos superiores y órganos directivos:

a) Órganos superiores:

 ▷ Los Ministros.

 ▷ Los Secretarios de Estado.

b) Órganos directivos:

 ▷ Los Subsecretarios y Secretarios Generales.

 ▷ Los Secretarios Generales Técnicos y Directores Generales.

 ▷ Los Subdirectores Generales.

3. En la organización territorial de la Administración General del Estado son órganos directivos tanto los Delegados del Gobierno en las Comunidades Autónomas, que tendrán rango de Subsecretario, como los Subdelegados del Gobierno en las provincias, los cuales tendrán nivel de Subdirector general.

4. En la Administración General del Estado en el exterior son órganos directivos los embajadores y representantes permanentes ante Organizaciones internacionales.

5. Los órganos superiores y directivos tienen además la condición de alto cargo, excepto los Subdirectores generales y asimilados.

6. Todos los demás órganos de la Administración General del Estado se encuentran bajo la dependencia o dirección de un órgano superior o directivo.

7. Los estatutos de los Organismos públicos determinarán sus respectivos órganos directivos.

8. Corresponde a los órganos superiores establecer los planes de actuación de la organización situada bajo su responsabilidad y a los órganos directivos su desarrollo y ejecución.

9. Los Ministros y Secretarios de Estado son nombrados de acuerdo con lo establecido en la legislación correspondiente.

EL segundo escalón de la Administración territorial del Estado es la Administración territorial, antiguamente llamada administración periférica y que está formada por los Delegados del Gobierno en las Comunidades Autónomas, los Subdelegados del Gobierno en la Provincia y los Directores Insulares.

A tal efecto el artículo 22 de la LOFAGE establece que: Los Delegados del Gobierno en las Comunidades Autónomas representan al Gobierno en el territorio de aquéllas sin perjuicio de la representación ordinaria del Estado en las Comunidades Autónomas a través de sus respectivos Presidentes. Ejercen la dirección y la supervisión de todos los servicios de la Administración General del Estado y sus Organismos públicos situados en su territorio, en los términos de esta Ley.

Los Delegados del Gobierno dependen de la Presidencia del Gobierno, correspondiendo al Ministro de Administraciones Públicas dictar las instrucciones precisas para la correcta coordinación de la Administración General del Estado en el territorio, y al Ministro del Interior, en el ámbito de las competencias del Estado, impartir las necesarias en materia de libertades públicas y seguridad ciudadana. Todo ello se entiende sin perjuicio de la competencia de los demás Ministros para dictar las instrucciones relativas a sus respectivas áreas de responsabilidad.

El tercer y último escalón de la Administración General del Estado es la Administración en el exterior que está formada fundamentalmente por Misiones Diplomáticas, Oficinas Consulares, Embajadas, etc.

Así el artículo 36 de la LOFAGE establece que: Organización de la Administración General del Estado en el exterior.

1. Integran la Administración General del Estado en el exterior.

a) Las Misiones Diplomáticas Permanentes o Especiales.

b) Las Representaciones o Misiones Permanentes.

c) Las Delegaciones.

d) Las Oficinas Consulares.

e) Las Instituciones y Organismos públicos de la Administración General del Estado cuya actuación se desarrolle en el exterior.

2. Las Misiones Diplomáticas Permanentes representan con este carácter al Reino de España ante el o los Estados con los que tiene establecidas relaciones diplomáticas.

Las Misiones Diplomáticas Especiales representan temporalmente al Reino de España ante un Estado con el consentimiento de éste, para un cometido determinado.

3. Las Representaciones o Misiones Permanentes representan con este carácter al Reino de España ante una Organización internacional.

4. Las Delegaciones representan al Reino de España en un órgano de una Organización internacional o en una Conferencia de Estados convocada por una Organización internacional o bajo sus auspicios.

5. Las Oficinas Consulares son los órganos encargados del ejercicio de les funciones consulares, en los términos definidos por las disposiciones legales permanentes, y por los acuerdos internacionales suscritos por España.

6. Las Instituciones y Organismos públicos de la Administración General del Estado en el exterior son los establecidos con autorización expresa del Consejo de Ministros, previo informe favorable del Ministro de Asuntos Exteriores, para el desempeño, sin carácter representativo, de las actividades que tengan encomendadas en el exterior.

7. En cumplimiento de las funciones que tiene encomendadas y teniendo en cuenta los objetivos e intereses de la política exterior de España, la Administración General del Estado en el exterior colaborará con todas Instituciones y organismos españoles que actúen en exterior y en especial con las oficinas de las Comunidades Autónomas.

En consecuencia la organización de la Administración General del Estado obedecería al siguiente esquema:

1. **Administración Central del Estado.**
   Órganos Superiores:
   - Ministros.
   - Secretarios de Estado.
   Órganos Directivos:
   - Subsecretarios y Secretarios Generales.
   - Directores Generales y Secretarios Generales Técnicos.
   - Subdirectores Generales.
2. **Administración Territorial o periférica del Estado**
   Órganos Directivos:
   - Delegados del Gobierno en las Comunidades Autónomas.
   - Subdelegados del Gobierno en las Provincias.
   Otros Órganos:
   - Directores Insulares.
3. **Administración del Estado en el Exterior**
   - Embajadores.
   - Misiones Diplomáticas.
   - Representaciones permanentes.
   - Delegaciones y oficinas consulares.

En cuanto a los **órganos de asesoramiento** decir que el artículo 107 de la C.E. establece que el Consejo de Estado es el supremo órgano consultivo del Gobierno. Dicho Consejo de Estado se ha desarrollado en la Ley Orgánica 3/1.980 que establece que "El Consejo de Estado ejerce la función consultiva con autonomía orgánica y funcional para garantizar su objetividad e independencia de acuerdo con la Constitución y las Leyes.......velará por la observancia de la Constitución y del resto del ordenamiento jurídico. Valorará los aspectos de oportunidad y conveniencia cuando así lo exija la índole del asunto o lo solicita expresamente la autoridad consultante, así como la mayor eficacia de la Administración en el cumplimiento de sus fines".

1.2.2. Las Administraciones Autonómicas

La Constitución establece en su artículo 137 que el Estado se organiza territorialmente en Municipios, Provincias y Comunidades Autónomas que se constituyan. Todas ellas gozarán de autonomía para la gestión de sus respectivos intereses. Los artículos 138 y 139 se limitan a garantizar la realización efectiva del principio de solidaridad entre las diversas partes del territorio español, y el principio de igualdad de todos los españoles en los territorios del Estado.

A tal efecto se constituyeron en Comunidad Autónoma y accedieron a su autogobierno conforme a lo previsto en el Título VIII y en sus Estatutos:

- Las provincias limítrofes con características históricas, culturales y económicas comunes.
- Los territorios insulares.
- Las provincias con entidad regional histórica.
- Con aprobación de las Cortes Generales, mediante Ley Orgánica y por motivos de interés general; a ámbitos territoriales que no superen al de una provincia e incluso autorizar un Estatuto de autonomía para territorios que no estén integrados en la Organización Provincial.

En cuanto a la organización, la Constitución Española establece un esquema similar a la división de poderes establecido en el estado español generando los siguientes órganos:

1.º De gobierno y administración:

La organización institucional autónoma se basa en:

▷ Una Asamblea Legislativa unicameral, elegida por sufragio universal con arreglo a un sistema representativo proporcional, que asegura la representación de las diversas zonas del territorio.

▷ Un Consejo de Gobierno con funciones ejecutivas y administrativas.

▷ Un Presidente, elegido por la Asamblea de entre sus miembros y nombrado por el Rey al que corresponde la dirección del Consejo de Gobierno, la suprema representación de la Comunidad.

2.º Judiciales:

Un Tribunal Superior de Justicia culmina la organización Judicial en el ámbito territorial de la Comunidad. En los Estatutos se establecen los supuestos y las formas de participación de aquellas en la Organización de las demarcaciones judiciales del territorio. Todo ello según la Ley Orgánica del Poder Judicial y dentro de la unidad e independencia de este.

1.2.3. La Administración Local

La Constitución de 1978 establece en sus artículos 140 a 142 que:

Artículo 140

La Constitución garantiza la autonomía de los municipios. Estos gozarán de personalidad jurídica plena. Su gobierno y administración corresponde a sus respectivos

Ayuntamientos, integrados por los Alcaldes y los Concejales. Los Concejales serán elegidos por los vecinos del municipio mediante sufragio universal, igual, libre, directo y secreto, en la forma establecida por la ley. Los Alcaldes serán elegidos por los Concejales o por los vecinos. La ley regulará las condiciones en las que proceda el régimen del concejo abierto.

Artículo 141

1. La provincia es una entidad local con personalidad jurídica propia, determinada por la agrupación de municipios y división territorial para el cumplimiento de las actividades del Estado. Cualquier alteración de los límites provinciales habrá de ser aprobada por las Cortes Generales mediante ley orgánica.

2. El Gobierno y la administración autónoma de las provincias estarán encomendados a Diputaciones u otras Corporaciones de carácter representativo.

3. Se podrán crear agrupaciones de municipios diferentes de la provincia.

4. En los archipiélagos, las islas tendrán además su administración propia en forma de Cabildos o Consejos.

Artículo 142

La Haciendas locales deberán disponer de los medios suficientes para el desempeño de las funciones que la ley atribuye a las Corporaciones respectivas y se nutrirán fundamentalmente de tributos propios y de participación en los del Estado y de las Comunidades Autónomas.

Por su parte, el artículo 3 de la Ley 7/85 Reguladora de las Bases de Régimen Local señala que:

"Son entidades locales territoriales:

a) El Municipio.

b) La Provincia.

c) La Isla en los archipiélagos balear y canario.

Gozan asimismo de la condición de entidades locales:

a) Las entidades de ámbito territorial inferior al municipal, instituidas o reconocidas por las Comunidades Autónomas, conforme al artículo 45 de esta Ley.

b) Las comarcas u otras entidades que agrupen varios municipios, instituidas por las Comunidades Autónomas de conformidad con esta Ley y los correspondientes Estatutos de Autonomía.

c) Las áreas metropolitanas.

d) Las mancomunidades de municipios."

Estableciendo en el artículo 4 las potestades que corresponden a las Administraciones Públicas de carácter territorial (municipio, provincia e isla).

En cuanto a la organización de los entes locales decir que tienen un auténtico régimen de variedad en el sentido de que se debe distinguir la organización de los grandes municipios que se regula en el título X de la LRBL, en segundo lugar los municipios de régimen común (que son la gran mayoría de los ayuntamientos) y por último los pequeños municipios que funcionan en régimen de concejo abierto.

Sin perjuicio de que la organización municipal será ampliamente estudiada en los temas dedicados a régimen local, decir que el esquema de organización municipal de los municipios de régimen común pivota sobre tres órganos que son:

– El Alcalde.
– El Pleno.
– La Junta de Gobierno Local.

El Alcalde como órgano unipersonal que preside la corporación municipal (su equivalente en las Diputaciones Provinciales sería el Presidente); el Pleno como órgano al que asiste el Alcalde y todos los concejales y que se constituye como un órgano de control de la actividad del gobierno; y la Junta de Gobierno Local que ayuda al Alcalde a la gobernabilidad del municipio.

2. PRINCIPIOS DE ACTUACIÓN DE LA ADMINISTRACIÓN PÚBLICA

2.1. Introducción

La Administración Pública está integrada por una pluralidad de entes públicos: el Estado en primer lugar, y en segundo lugar, la serie de entes que integran la denominada Administración Indirecta, los cuales unas veces tienen carácter territorial y otra institucional. Pues bien, la existencia de esta pluralidad de administraciones públicas implica ya una cierta idea de organización, puesto que las funciones públicas se distribuyen entre todas ellas conforme a criterios de orden y eficacia.

Pero no termina aquí, naturalmente, la ordenación y sistematización de la estructura administrativa: los entes públicos se descomponen en una serie de unidades administrativas. Cada una de estas unidades constituye un órgano administrativo. El conjunto de los órganos de un ente considerados en sus relaciones reciprocas y con el ente de que forman parte, integran la organización de este ente. Y la suma de las organizaciones de los entes públicos da como resultado la organización administrativa.

La Administración Pública, en su organización, no puede quedar al margen de unos principios que tradicionalmente, y de forma más o menos consciente, más o menos espontánea, ha venido aplicando. Antes de la promulgación de la vigente Constitución española, autores como García Trevijano, Entrena Cuesta, Baena del Alcázar y García de Enterría, entre otros, venían citando una serie de principios jurídicos o reglas de la organización administrativa, clasificando los mismos en esenciales y accidentales. Entre los primeros se citaban el principio de competencia, el de jerarquía, el de coordinación y el de desconcentración. Tales consideraciones precedentes tuvieron proyección sobre el enunciado constitucional de dichos principios, contenido en el art. 103.1 de la actual Constitución, al disponer que *la Administración sirve con objetividad los intereses generales y actúa de acuerdo con los principios de eficacia, jerarquía, descentralización, desconcentración y coordinación, con sometimiento pleno a la Ley y al Derecho.*

Dichos principios se han desarrollado en el artículo 3.1 de la LRJPAC que establece:

Artículo 3. Principios generales

1. Las Administraciones públicas sirven con objetividad los intereses generales y actúan de acuerdo con los principios de eficacia, jerarquía, descentralización, desconcentración y coordinación, con sometimiento pleno a la Constitución, a la Ley y al Derecho.

Igualmente, deberán respetar en su actuación los principios de buena fe y de confianza legítima.

2. Las Administraciones públicas, en sus relaciones, se rigen por el principio de cooperación y colaboración, y en su actuación por los criterios de eficiencia y servicio a los ciudadanos.

3. Bajo la dirección del Gobierno de la Nación, de los órganos de gobierno de las Comunidades Autónomas y de los correspondientes de las Entidades que integran la Administración Local, la actuación de la Administración Pública respectiva se desarrolla para alcanzar los objetivos que establecen las leyes y el resto del ordenamiento jurídico.

4. Cada una de las Administraciones Públicas actúa para el cumplimiento de sus fines con personalidad jurídica única.

5. En sus relaciones con los ciudadanos las Administraciones públicas actúan de conformidad con los principios de transparencia y de participación.

Veamos el significado brevemente de los principios constitucionales enumerados anteriormente.

2.2. Eficacia y eficiencia

La **eficacia** administrativa se contempla como verdadera directriz de actuación de las Administraciones Públicas, lo que quiere indicar que éstas deben actuar de manera eficiente, mediante una verdadera profesionalización del funcionariado y la aplicación de planes de conducta, de modernas técnicas de división del trabajo, de mecanización y de normalización, así como de unidad de criterios de actuación.

Eficiencia significa economía de medios. Una Administración actúa eficientemente cuando emplea los menores recursos posibles para obtener los mismos resultados o alcanzar los mismos objetivos.

Los principios de eficacia y el de eficiencia o economía, están relacionados con los demás principios de organización.

Así, por ejemplo, el Tribunal Constitucional en sus Sentencias 187/1988 (Fundamento Jurídico 12) y 13/1992, de 6 de febrero (Fundamento Jurídico 7) ha relacionado los principios de eficacia, eficiencia y descentralización. Ha dicho que los principios de eficacia y eficiencia, relacionados con el de descentralización, obligan a evitar, en lo posible, duplicidades innecesarias de servicios entre las distintas Administraciones Públicas.

2.3. Jerarquía

2.3.1. Concepto

La línea jerárquica, o el principio de autoridad y de su delegación por el que se crea la línea, es elemento fundamental de toda estructura administrativa.

La jerarquía administrativa es definida por Entrena Cuesta como *aquella estructuración que se efectúa de los distintos órganos de un mismo ramo de la Administración dotados de competencia propia, mediante su ordenación escalonada, en virtud de la cual los superiores dirigen y fiscalizan la conducta de los inferiores y resuelve, en su caso, los conflictos entre los mismos al objeto de conseguir la unidad en la actuación de todos ellos.*

De todo ello se deduce que para que exista jerarquía es necesario que se establezcan relaciones entre órganos del mismo ramo de la Administración. Por tanto, desde el punto de vista subjetivo, no existe jerarquía administrativa:

- En las relaciones de la Administración con los administrados.
- En las relaciones entre la Administración y los demás poderes del Estado.
- Tampoco puede hablarse con propiedad de subordinación jerárquica de un ente público respecto de otro ente público, a no ser que el primero actúe como órgano del segundo, ni entre órganos de distintos ramos de la Administración.

Desde el punto de vista *objetivo*, para que pueda hablarse de jerarquía será necesario que los órganos que se contemplan tengan una esfera de competencia propia, en el sentido de que no sean meros órganos internos entre los que tan sólo se ha efectuado, en palabras de Entrena Cuesta, *un mero repartimiento de negocios.*

Por otra parte, el principio de jerarquía, al establecer las relaciones interorgánicas de superioridad y subordinación, da origen a la posibilidad de ejercer potestades de muy diversa índole –de mando, reglamentarias, sancionadoras, etc.– que difícilmente pueden reconducirse a una sola potestad.

2.3.2. Formulación legal y requisitos

Además de la propia Constitución, en otras normas jurídicas inferiores existen numerosas manifestaciones del principio de jerarquía, aunque quizá la más clara referencia se encuentre en el art. 2 de la LOFAGE, según el cual *la Administración General del Estado, constituida por órganos jerárquicamente ordenados, actúa para el cumplimiento de sus fines con personalidad jurídica única.*

2.3.3. Potestades que surgen de la relación jerárquica

Como antes dijimos, el plano superior en el que se sitúa el órgano investido de tal grado jerárquico respecto de sus subordinados determina una serie de potestades de muy diversa índole que tratamos de resumir a continuación:

- Ante todo, *la posibilidad de dirigir, impulsar y fiscalizar a los inferiores.* A este respecto son muy significativas las facultades que el art. 12.2.h) de la LOFAGE atribuye a los Ministros, en concreto las de dirigir la actuación de los titulares de los órganos superiores y directivos del Ministerio, impartirles instrucciones concretas y delegarles competencias propias.

- *Dictar órdenes y fijar criterios para la actuación de sus subordinados mediante instrucciones, circulares u órdenes de servicio.* Así, el apartado 1 del art. 21 de la Ley 30/1992, de 26 de noviembre, de Régimen Jurídico de las Administraciones Públicas y del Procedimiento Administrativo Común (LRJPAC), indica que *los órganos administrativos podrán dirigir las actividades de sus órganos jerárquicamente dependientes mediante instrucciones y órdenes de servicio.*

- Atribuciones de inspección, derivadas de la fiscalización citada.

- Posibilidad de llevar a cabo por el superior, en algunos casos, los nombramientos de los inferiores.

- *La resolución de los conflictos que se susciten entre órganos inferiores.* En este sentido, *los conflictos positivos o negativos que surjan entre órganos de un mismo Departamento ministerial serán resueltos por el superior jerárquico común.*

- En ocasiones, los órganos superiores pueden anular o reformar los actos de los inferiores, delegar en ellos el ejercicio de funciones o sustituirlos en el ejercicio de las mismas.

- Por último, y dentro del ordenamiento jurídico vigente, *los superiores gozan respecto de sus inferiores de potestades sancionadoras.*

2.4. Descentralización

2.4.1. Concepto

Desde un punto de vista político la dialéctica centralización-descentralización hace referencia a la forma en que está organizado un determinado país.

Ahora bien, lo que a nosotros nos interesa es su aspecto jurídico-administrativo. Bajo esta perspectiva, la descentralización alude al traspaso de funciones *desde un ente público* –Estado, Comunidades Autónomas, etc.– *a otro ente o entes públicos* – Comunidades Autónomas, entidades locales e instituciones–, siempre que el mencionado traspaso lleve aparejada la efectiva transferencia de poderes decisorios ejercidos en nombre propio por la entidad en cuyo favor se hace la descentralización.

En consecuencia, cabría hablar de centralización plena si sólo existiera el Estado como persona jurídica pública y de centralización relativa según predominara o no sobre la descentralización, que simplemente viene a constatar la existencia en el ámbito de la Administración Pública de una serie de entes públicos que, junto con el Estado, tienen encomendada la realización de fines públicos.

2.4.2. Clases

1. Por razón del ente a favor de quien se descentraliza cabe hablar de *descentralización a favor de entes territoriales y descentralización institucional,* clasificación que responde a las distintas clases de personas jurídicas públicas ya conocidas.

2. Por razón del ente descentralizador se distingue entre descentralización originaria o de primer grado y derivada. En el primer caso descentraliza la Administración

del Estado; en el segundo lo hacen entes, a su vez, descentralizados, como sucede, por ejemplo, en el supuesto de que una Comunidad Autónoma transfiera competencias en favor de entes locales o institucionales no dependientes de ella.

2.5. Desconcentración

2.5.1. Concepto

A diferencia de la descentralización, que como sabemos opera entre entes públicos, la desconcentración tiene lugar *entre órganos de un mismo ente público.*

En este sentido, dispone el art. 12.2 de la LRJPAC que *la titularidad y el ejercicio de las competencias atribuidas a los órganos administrativos podrán ser desconcentradas en otros jerárquicamente dependientes de aquéllos en los términos y con los requisitos que prevean las propias normas de atribución de competencias.*

Por consiguiente, la desconcentración es el fenómeno en virtud del cual se transfieren competencias de órganos superiores a inferiores dentro de la misma organización personificada.

La desconcentración, por suponer un nuevo reparto de competencias, *ha de realizarse por una norma jurídica* –Ley, Real Decreto, etc.– *y no por un mero acto administrativo del órgano superior.*

Como puede comprenderse, la esencia de la desconcentración radica, por una parte, en evitar el exceso de competencias de los órganos superiores, pero más prioritariamente en la voluntad de acercamiento de la Administración a los administrados, dado que los niveles orgánicos inferiores están lógicamente más en contacto con los problemas reales de los administrados. Por tanto, al acercar los centros de decisión a los administrados, supone una mayor profesionalización en el ejercicio de las competencias, ya que los funcionarios pasan a desempeñar tareas que hasta entonces eran desarrolladas por políticos o por el vértice de la jerarquía administrativa. Es, asimismo, un principio que tiende a lograr la eficacia de la Administración, dado que un adecuado reparto de la carga burocrática entre los órganos que la integran no provoca congestiones ni tampoco distrae a los niveles más altos de su principal función, la directiva.

En definitiva, a través de la desconcentración los órganos inferiores asumen, como propias y bajo su responsabilidad, determinadas competencias hasta entonces asignadas a otros órganos superiores, los cuales quedan desapoderados por completo de las mismas.

De conformidad con lo dispuesto en la LRJPAC, la desconcentración:

- Afecta tanto a la titularidad como al ejercicio de las competencias.
- Únicamente puede llevarse a cabo entre órganos jerárquicamente dependientes y en sentido descendente.
- Ha de estar prevista en las normas de atribución.
- Los términos y requisitos para su realización serán los que se determinen en las normas de atribución.

2.5.2. Clases

La desconcentración puede ser *horizontal y vertical*. La primera se produce cuando un órgano central cede sus competencias a otro también central, existiendo la vertical en el caso de que las atribuciones pasen de un órgano central a uno periférico.

2.6. Coordinación

El objetivo fundamental de la coordinación es el de sincronizar las actuaciones de los distintos órganos de la Administración.

En sentido amplio es cierto que la coordinación viene a comprender tanto la jerarquía como la competencia. Ahora bien, si el principio de jerarquía establece por sí mismo una delimitación y coordinación de actuaciones, el principio de la coordinación, en sentido estricto, se refiere a las necesarias relaciones de complementariedad que deben existir entre órganos de distinto ramo de la Administración, entre los que precisamente no existe relación jerárquica. Y ahondando más en la cuestión, también podremos encajar dentro de la coordinación las relaciones entre órganos de la misma competencia y pertenecientes al mismo ramo de la Administración, pero con distinta competencia territorial.

Por tanto, el principio de coordinación trata de evitar superposiciones y fricciones entre las competencias de órganos no jerarquizados.

Su formulación expresa se contiene en el art. 18 de la LRJPAC, al indicar que los órganos administrativos en el ejercicio de sus competencias propias coordinarán su actividad con la que pudiera corresponder legítimamente a otros órganos de la misma o de otras administraciones, pudiendo recabar para ello la información que precisen.

El principio de coordinación se plasma en diversos preceptos, tanto constitucionales como a nivel de legislación ordinaria, entre los que destacan:

- El art. 98.2 de la Constitución, al decir que el Presidente dirige la acción del Gobierno y *coordina* las funciones de los demás miembros del mismo, sin perjuicio de la competencia y responsabilidad directa de éstos en su gestión.

- El art. 154 de la Constitución, que da carta de naturaleza al Delegado del Gobierno en las Comunidades Autónomas, el cual dirigirá la Administración del Estado en el territorio de la Comunidad Autónoma y la *coordinará*, cuando proceda, con la administración propia de la Comunidad.

- El art. 14 de la LOFAGE, donde se establece que los Secretarios de Estado dirigen y *coordinan* las Direcciones Generales situadas bajo su dependencia, y responden ante el Ministro de la ejecución de los objetivos fijados para la Secretaría de Estado.

- El art. 29 de la Ley anterior, al decir que a los Subdelegados del Gobierno en las provincias les corresponde, entre otras, la dirección y la *coordinación* de la protección civil en el ámbito de la provincia.

- Por último, los arts. 6, 8 y 9 de la Ley de Medidas para la Reforma de la Función Pública, donde en materia funcionarial quedan definidos tres órganos con funciones coordinadoras, a saber:

    1. El Consejo Superior de la Función Pública, como órgano superior colegiado de *coordinación* y consulta de la política de Función Pública, así como de participación del personal al servicio de las Administraciones Públicas.

2. La Comisión de Coordinación de la Función Pública, como órgano encargado de *coordinar* la política de personal de la Administración del Estado y de las Comunidades Autónomas para formar el plan de oferta de empleo público y proponer las medidas que sean precisas para ejecutar lo establecido en las bases del régimen estatutario de los funcionarios.

3. La Comisión Superior de Personal, a la que califica de órgano colegiado de *coordinación*, documentación y asesoramiento para la elaboración de la política de personal al servicio de la Administración del Estado.

2.7. Cooperación y colaboración

En muchas ocasiones ambos conceptos se emplean como sinónimos o con el mismo significado, como hace el Tribunal Constitucional en sus sentencias.

Sin embargo ciertos autores los distinguen en el sentido de que la cooperación supone que dos o más Administraciones actúan conjuntamente en ámbitos que son de su respectiva competencia y, por lo tanto, en una situación de igualdad y con un mismo poder de dirección sobre el servicio que es objeto de la cooperación.

En la colaboración, sin embargo, una Administración ayuda o auxilia a otra en la prestación de un servicio o el ejercicio de una competencia que es de la titularidad de la Administración que recibe el auxilio o la ayuda, pero no de la Administración que los presta. Por ello su posición en esa relación de colaboración no es igual a la de la Administración que es titular de aquel servicio o competencia.

Si bien estos principios no están expresamente recogidos en el artículo 103 de la Constitución, el Tribunal Constitucional ha venido repitiendo en sus sentencias que están implícitos en la organización territorial del Estado que emana de la Constitución.

2.8. Sometimiento pleno a la ley y al derecho: el principio de legalidad

Finaliza el artículo 103 de la Constitución Española exigiendo el sometimiento de la Administración a la ley y al Derecho, principio que conocemos con el nombre de principio de legalidad que ya anunciaba el artículo 9.1 de la Constitución Española, al señalar que "los ciudadanos y los poderes públicos están sujetos a la Constitución y al resto del ordenamiento jurídico".

Esta sumisión del Estado al Derecho hay que entenderla en sentido amplio, es decir, que las Administraciones Públicas cuando actúan tienen que respetar en el ejercicio de su actividad tanto la Constitución como todas las leyes, ya sean orgánicas, ordinarias, decretos leyes o legislativos, y además al entenderlo en sentido amplio debe respetar también todo el resto de fuentes del derecho.

3. OTROS PRINCIPIOS DE LA ORGANIZACIÓN ADMINISTRATIVA, REGULADOS EN LA LOFAGE Y LA LRJPAC

Junto a los principios o técnicas de organizadas analizados hasta el momento debemos referirnos ahora también a otros principios, que, aunque no recogidos como tales en las leyes o en la propia Constitución, inspiran toda la organización administrativa.

Tal es, en primer lugar, la técnica de control que permite comprobar la adecuación de la administración a las normas y fines establecidos en el ordenamiento jurídico. En esta tarea intervienen tanto el poder judicial (artículo 106 C.E.), como el legislativo y la propia administración. Con la misma finalidad, se han creado órganos constitucionales específicos como el Defensor del Pueblo, el Tribunal Constitucional o el Tribunal de Cuentas.

También informa la organización administrativa el principio de participación ciudadana que permite a los Administrados dirigirse a las Administraciones Públicas, no ya solo por medio de sus representantes elegidos en los procesos electorales generales, sino también por otras vías, a fin de gestionar servicios públicos, o influir, e incluso decidir asuntos de la competencia de aquellas (artículo 23 C.E.).

A tal efecto el artículo 3 de la LRJPAC añade los siguientes principios a los enumerados en la pregunta anterior: "Igualmente, deberán respetar en su actuación los principios de **buena fe y de confianza legítima.**

2. Las Administraciones Públicas, en sus relaciones, se rigen por el principio de **cooperación y colaboración,** y en su actuación por los criterios de **eficiencia y servicio a los ciudadanos.**

3. Bajo la dirección del Gobierno de la Nación, de los órganos de gobierno de las Comunidades Autónomas y de los correspondientes de las Entidades que integran la Administración Local, la actuación de la Administración Pública respectiva se desarrolla para alcanzar los objetivos que establecen las leyes y el resto del ordenamiento jurídico.

4. Cada una de las Administraciones Públicas actúa para el cumplimiento de sus fines con personalidad jurídica única.

5. En sus relaciones con los ciudadanos las Administraciones públicas actúan de conformidad con los principios de **transparencia y de participación.**"

Por su parte el artículo 3 de la Ley 6/1997, de 14 de abril, de Organización y Funcionamiento de la Administración General del Estado (LOFAGE, en otras llamadas) bajo el enunciado de "principios de organización y funcionamiento", dispone que "la Administración General del Estado se organiza y actúa con pleno respeto al principio de legalidad, y de acuerdo con los otros principios que a continuación se mencionan:

1. De organización:
    a) Jerarquía.
    b) Descentralización funcional.
    c) Desconcentración funcional y territorial.
    d) Economía, suficiencia y adecuación estricta de los medios a los fines institucionales.
    e) Simplicidad, claridad y proximidad a los ciudadanos.
    f) Coordinación.

2. De funcionamiento:

   a) Eficacia en el cumplimiento de los objetivos fijados.

   b) Eficiencia en la asignación y utilización de los recursos públicos.

   c) Programación y desarrollo de objetivos y control de la gestión y de los resultados.

   d) Responsabilidad por la gestión pública.

   e) Racionalización y agilidad de los procedimientos administrativos y de las actividades materiales de gestión.

   f) Servicio efectivo a los ciudadanos.

   g) Objetividad y transparencia de la actuación administrativa.

   h) Cooperación y coordinación con las otras Administraciones Públicas.

La propia LOFAGE, en su artículo 4, desarrolla el principio de servicio a los ciudadanos, disponiendo que:

1. La actuación de la Administración General del Estado debe asegurar a los ciudadanos:

   a) La efectividad de sus derechos cuando se relacionen con la Administración.

   b) La continua mejora de los procedimientos, servicios y prestaciones públicas, de acuerdo con las políticas fijadas por el Gobierno y teniendo los recursos disponibles, determinando al respecto las prestaciones que proporcionan los servicios estatales, sus contenidos y los correspondientes estándares de calidad.

2. La Administración General del Estado desarrollará su actividad y organizará las dependencias administrativas y, en particular, las oficinas periféricas, de manera que los ciudadanos:

   a) Puedan resolver sus asuntos, ser auxiliados en la redacción formal de documentos administrativos y recibir información de interés general por medios telefónicos, informáticos y telemáticos.

   b) Puedan presentar reclamaciones sin el carácter de recursos administrativos, sobre el funcionamiento de las dependencias administrativas.

3. Todos los Ministerios mantendrán permanentemente actualizadas y a disposición de los ciudadanos en las unidades de información correspondientes, el esquema de su organización y la de los organismos dependientes, y las guías informativas sobre los procedimientos administrativos, servicios y prestaciones aplicables en el ámbito de la competencia del Ministerio y de sus Organismos públicos.

Finalmente, el artículo 51 de la Ley Orgánica 3/2007, de 22 de marzo para la igualdad efectiva de mujeres y hombres, recoge unos criterios de actuación de las Administraciones Públicas, disponiendo que las Administraciones públicas, en el ámbito de sus respectivas competencias y en aplicación del principio de igualdad entre mujeres y hombres, deberán:

a) Remover los obstáculos que impliquen la pervivencia de cualquier tipo de discriminación con el fin de ofrecer condiciones de igualdad efectiva entre mujeres y hombres en el acceso al empleo público y en el desarrollo de la carrera profesional.

b) Facilitar la conciliación de la vida personal, familiar y laboral, sin menoscabo de la promoción profesional.

c) Fomentar la formación en igualdad, tanto en el acceso al empleo público como a lo largo de la carrera profesional.

d) Promover la presencia equilibrada de mujeres y hombres en los órganos de selección y valoración.

e) Establecer medidas efectivas de protección frente al acoso sexual y al acoso por razón de sexo.

f) Establecer medidas efectivas para eliminar cualquier discriminación retributiva, directa o indirecta, por razón de sexo.

g) Evaluar periódicamente la efectividad del principio de igualdad en sus respectivos ámbitos de actuación.

PRINCIPIOS DE ORGANIZACIÓN FUNCIONAL Y RELACIÓN DE LAS ADMINISTRACIONES PÚBLICAS

1. En la Constitución Española: art. 103
   - Eficiencia
   - Jerarquía
   - Descentralización
   - Desconcentración
   - Coordinación
   - Sometimiento Pleno a la Ley y al Derecho (Ppio. Legalidad)

2. En la LRJPAC, art. 3:
   - Las Administraciones deben respetar en su actuación ⟶ Buena fe y confianza legítima
   - Las Administraciones se rigen en sus relaciones por:
     a) Los principios de ⟶ Cooperación y colaboración
     b) Los criterios de ⟶ Eficiencia y servicio

   Las Administraciones se rigen en sus relaciones con los ciudadanos ⟶ Transparencia y participación

3. En la LOFAGE, art. 3

Son principios de Organización:

   - Jerarquía
   - Descentralización Funcional
   - Desconcentración funcional y territorial
   - Economía, suficiencia y adecuación estricta de los medios a los fines institucionales
   - Simplicidad, claridad y proximidad a los ciudadanos
   - Coordinación

Son principios de Funcionamiento:

   - Eficacia en el cumplimiento de los objetivos fijados
   - Eficiencia en la asignación y utilización de los recursos públicos
   - Programación y desarrollo de objetivos y control de la gestión y de los resultados
   - Responsabilidad por la gestión pública
   - Racionalización y agilidad de los procedimientos administrativos y de las actividades materiales de gestión.
   - Servicio efectivo a los ciudadanos
   - Objetividad y transparencia de la actuación administrativa
   - Cooperación y coordinación con las otras Administraciones Públicas.

Volumen I
Parte Común

Auxiliares de Administración Local

Tema **8**

Las relaciones interadministrativas

Las relaciones interadministrativas
La relación orgánica.
Los órganos administrativos.
Las relaciones interorgánicas.

e Rodio
ediciones

Índice esquemático

© Ediciones Rodio

1. LAS RELACIONES INTERADMINISTRATIVAS

Si en el tema anterior, hemos situado que existen tres niveles de administraciones públicas, (Estado, Comunidades Autónomas y Entidades Locales), en el presente tema vamos a analizar, como se relacionan entre ellas, por eso hablar de "relaciones interadministrativas", es hablar de relaciones entre administraciones públicas.

Vienen recogidas en el Título I de la LRJPAC que se denomina precisamente "De las Administraciones Públicas y sus relaciones", artículos 3 al 10, que establecen:

Artículo 3. Principios generales

1. Las Administraciones Públicas sirven con objetividad los intereses generales y actúan de acuerdo con los principios de eficacia, jerarquía, descentralización, desconcentración y coordinación, con sometimiento pleno a la Constitución, a la Ley y al Derecho.

Igualmente, deberán respetar en su actuación los principios de buena fe y de confianza legítima.

2. Las Administraciones Públicas, en sus relaciones, se rigen por el principio de cooperación y colaboración, y en su actuación por los criterios de eficiencia y servicio a los ciudadanos.

3. Bajo la dirección del Gobierno de la Nación, de los órganos de gobierno de las Comunidades Autónomas y de los correspondientes de las Entidades que integran la Administración Local, la actuación de la Administración Pública respectiva se desarrolla para alcanzar los objetivos que establecen las leyes y el resto del ordenamiento jurídico.

4. Cada una de las Administraciones Públicas actúa para el cumplimiento de sus fines con personalidad jurídica única.

5. En sus relaciones con los ciudadanos las Administraciones públicas actúan de conformidad con los principios de transparencia y de participación.

Artículo 4. Principios de las relaciones entre las Administraciones Públicas

1. Las Administraciones públicas actúan y se relacionan de acuerdo con el principio de lealtad institucional y, en consecuencia, deberán:

a) Respetar el ejercicio legítimo por las otras Administraciones de sus competencias.

b) Ponderar, en el ejercicio de las competencias propias, la totalidad de los intereses públicos implicados y, en concreto, aquellos cuya gestión esté encomendada a las otras Administraciones.

c) Facilitar a las otras Administraciones la información que precisen sobre la actividad que desarrollen en el ejercicio de sus propias competencias.

d) Prestar, en el ámbito propio, la cooperación y asistencia activas que las otras Administraciones pudieran recabar para el eficaz ejercicio de sus competencias.

2. A efectos de lo dispuesto en las letras c) y d) del apartado anterior, las Administraciones públicas podrán solicitar cuantos datos, documentos o medios probatorios

se hallen a disposición del ente al que se dirija la solicitud. Podrán también solicitar asistencia para la ejecución de sus competencias.

3. La asistencia y cooperación requerida sólo podrá negarse cuando el ente del que se solicita no esté facultado para prestarla, no disponga de medios suficientes para ello o cuando, de hacerlo, causara un perjuicio grave a los intereses cuya tutela tiene encomendada o al cumplimiento de sus propias funciones. La negativa a prestar la asistencia se comunicará motivadamente a la Administración solicitante.

4. La Administración General del Estado, las de las Comunidades Autónomas y las Entidades que integran la Administración Local deberán colaborar y auxiliarse para aquellas ejecuciones de sus actos que hayan de realizarse fuera de sus respectivos ámbitos territoriales de competencias.

5. En las relaciones entre la Administración General del Estado y la Administración de las Comunidades Autónomas, el contenido del deber de colaboración se desarrollará a través de los instrumentos y procedimientos que de manera común y voluntaria establezcan tales Administraciones.

Cuando estas relaciones, en virtud del principio de cooperación, tengan como finalidad la toma de decisiones conjuntas que permitan, en aquellos asuntos que afecten a competencias compartidas o exijan articular una actividad común entre ambas Administraciones, una actividad más eficaz de los mismos, se ajustarán a los instrumentos y procedimientos de cooperación a que se refieren los artículos siguientes.

Artículo 5. Conferencias Sectoriales y otros órganos de cooperación

1. La Administración General del Estado y la Administración de las Comunidades Autónomas pueden crear órganos para la cooperación entre ambas, de composición bilateral o multilateral, de ámbito general o de ámbito sectorial, en aquellas materias en las que exista interrelación competencial, y con funciones de coordinación o cooperación según los casos.

A efectos de lo establecido en el presente Capítulo, no tienen la naturaleza de órganos de cooperación aquellos órganos colegiados creados por la Administración General del Estado para el ejercicio de sus competencias en cuya composición se prevea que participen representantes de la Administración de las Comunidades Autónomas con la finalidad de consulta.

2. Los órganos de cooperación de **composición bilateral y de ámbito general** que reúnan a miembros del Gobierno, en representación de la Administración General del Estado, y a miembros del Consejo de Gobierno, en representación de la Administración de la respectiva Comunidad Autónoma, se denominan **Comisiones Bilaterales de Cooperación**. Su creación se efectúa mediante acuerdo, que determina los elementos esenciales de su régimen.

3. Los órganos de cooperación de **composición multilateral y de ámbito sectorial** que reúnen a miembros del Gobierno, en representación de la Administración General del Estado, y a miembros de los Consejos de Gobierno, en representación de las Administraciones de las Comunidades Autónomas, se denominan **Conferencias Sectoriales**. El régimen de cada Conferencia Sectorial es el establecido en el correspondiente acuerdo de institucionalización y en su reglamento interno.

4. La convocatoria de la Conferencia se realizará por el Ministro o Ministros que tengan competencias sobre la materia que vaya a ser objeto de la Conferencia Sectorial. La convocatoria se hará con antelación suficiente y se acompañará del orden del día y, en su caso, de la documentación precisa para la preparación previa de la Conferencia.

5. Los acuerdos que se adopten en una Conferencia Sectorial se firmarán por el Ministro o Ministros competentes y por los titulares de los órganos de gobierno correspondientes de las Comunidades Autónomas. En su caso, estos acuerdos podrán formalizarse bajo la denominación de Convenio de Conferencia Sectorial.

6. Las Conferencias Sectoriales podrán acordar la creación de comisiones y grupos de trabajo para la preparación, estudio y desarrollo de cuestiones concretas propias del ámbito material de cada una de ellas.

7. Con la misma finalidad, y en ámbitos materiales específicos, la Administración General del Estado y las Administraciones de las Comunidades Autónomas podrán constituir otros órganos de cooperación que reúnan a responsables de la materia.

8. Cuando la materia del ámbito sectorial de un órgano de cooperación de composición multilateral afecte o se refiera a competencias de las Entidades Locales, el pleno del mismo puede acordar que la asociación de éstas de ámbito estatal con mayor implantación sea invitada a asistir a sus reuniones, con carácter permanente o según el orden del día.

Artículo 6. Convenios de Colaboración

1. La Administración General y los Organismos públicos vinculados o dependientes de la misma podrán celebrar convenios de colaboración con los órganos correspondientes de las Administraciones de las Comunidades Autónomas **en el ámbito de sus respectivas competencias**.

2. Los instrumentos de formalización de los convenios deberán especificar, cuando así proceda:

a) Los órganos que celebran el convenio y la capacidad jurídica con la que actúa cada una de las partes.

b) La competencia que ejerce cada Administración.

c) Su financiación.

d) Las actuaciones que se acuerden desarrollar para su cumplimiento.

e) La necesidad o no de establecer una organización para su gestión.

f) El plazo de vigencia, lo que no impedirá su prórroga si así lo acuerdan las partes firmantes del convenio.

g) La extinción por causa distinta a la prevista en el apartado anterior, así como la forma de terminar las actuaciones en curso para el supuesto de extinción.

3. Cuando se cree un órgano mixto de vigilancia y control, éste resolverá los problemas de interpretación y cumplimiento que puedan plantearse respecto de los convenios de colaboración.

4. Cuando los convenios se limiten a establecer pautas de orientación política sobre la actuación de cada Administración en una cuestión de interés común o a fijar el marco

general y la metodología para el desarrollo de la colaboración en un área de interrelación competencial o en un asunto de mutuo interés se denominarán **Protocolos Generales**.

5. Cuando la gestión del convenio haga necesario crear una organización común, ésta podrá adoptar la forma de consorcio dotado de personalidad jurídica o sociedad mercantil.

Los estatutos del consorcio determinarán los fines del mismo, así como las particularidades del régimen orgánico, funcional y financiero.

Los órganos de decisión estarán integrados por representantes de todas las entidades consorciadas, en la proporción que se fije en los Estatutos respectivos.

Para la gestión de los servicios que se le encomienden podrán utilizarse cualquiera de las formas previstas en la legislación aplicable a las Administraciones consorciadas.

Artículo 7. Planes y programas conjuntos

1. La Administración General del Estado y la Administración de las Comunidades Autónomas pueden acordar la realización de planes y programas conjuntos de actuación para el logro de objetivos comunes **en materia en las que ostenten competencias concurrentes**.

2. Dentro del respectivo ámbito sectorial, corresponde a las Conferencias Sectoriales la iniciativa para acordar la realización de planes o programas conjuntos, la aprobación de su contenido, así como el seguimiento y evaluación multilateral de su puesta en práctica.

3. El acuerdo aprobatorio de planes o programas conjuntos debe especificar, según su naturaleza, los siguientes elementos de su contenido:

- Los objetivos de interés común a cumplir
- Las actuaciones a desarrollar por cada Administración.
- Las aportaciones de medios personales y materiales de cada Administración.
- Los compromisos de aportación de recursos financieros.
- La duración, así como los mecanismos de seguimiento, evaluación y modificación.

4. El acuerdo aprobatorio de un plan o programa conjunto, que tendrá eficacia vinculante para la Administración General del Estado y las Comunidades Autónomas participantes que lo suscriban, puede ser completado mediante convenios de colaboración con cada una de ellas que concreten aquellos extremos que deban ser especificados de forma bilateral.

5. Los acuerdos aprobatorios de planes o programas conjuntos son objeto de publicación oficial.

Artículo 8. Efectos de los convenios

1. Los Convenios de Conferencia Sectorial y los Convenios de Colaboración **en ningún caso suponen la renuncia a las competencias propias de las Administraciones intervinientes**.

2. Los Convenios de Conferencia Sectorial y los Convenios de Colaboración celebrados obligarán a las Administraciones intervinientes desde el momento de su firma, salvo que en ellos se establezca otra cosa. Tanto los Convenios de Conferencia Secto-

rial como los Convenios de Colaboración **serán comunicados** al Senado. Ambos tipos de convenios **deberán publicarse en el Boletín Oficial del Estado y en el Diario Oficial de la Comunidad Autónoma respectiva.**

3. Las cuestiones litigiosas que puedan surgir en su interpretación y cumplimiento, sin perjuicio de lo previsto en el artículo 6.3, serán de conocimiento y competencia del Orden Jurisdiccional de lo contencioso-administrativo y, en su caso, de la competencia del Tribunal Constitucional.

Artículo 9. Relaciones con la Administración Local

Las relaciones entre la Administración General del Estado o la Administración de la Comunidad Autónoma con las Entidades que integran la Administración Local, se regirán por la legislación básica en materia de Régimen Local, aplicándose supletoriamente lo dispuesto en el presente Título.

Artículo 10. Comunicaciones a las Comunidades Europeas

1. Cuando en virtud de una obligación derivada del Tratado de la Unión Europea o de los Tratados de las Comunidades Europeas o de los actos de sus instituciones deban comunicarse a éstas disposiciones de carácter general o resoluciones, las Administraciones públicas procederán a su remisión al órgano de la Administración General del Estado competente para realizar la comunicación a dichas instituciones. En ausencia de plazo específico para cumplir esa obligación, la remisión se efectuará en el de quince días.

2. Cuando se trate de proyectos de disposiciones o cualquiera otra información, en ausencia de plazo específico, la remisión deberá hacerse en tiempo útil a los efectos del cumplimiento de esa obligación.

2. LA RELACIÓN ORGÁNICA: LA POTESTAD ORGANIZATORIA

La estructuración de las organizaciones produce modificaciones en el mundo del Derecho, de tal modo que sólo puede ser realizada en uso de una potestad pública, que suele denominarse potestad organizatoria. No obstante, no se trata de una potestad con identidad material propia y contenido homogéneo (como la expropiatoria o la sancionadora).

Podemos definir este concepto, como las diferentes manifestaciones de la potestad normativa (constitucional, legislativa, reglamentaria), en cuanto tienen por objeto la organización de las Administraciones públicas.

En la actualidad los puntos esenciales de esta potestad se centran en los siguientes aspectos:

1. Los órganos de la Administración del Estado son creados, regidos y coordinados de acuerdo con la ley (art. 103.2 de la Constitución).

2. Tendrán la consideración de órganos las unidades administrativas a las que se les atribuyan funciones que tengan efectos jurídicos frente a terceros, o cuya actuación tenga carácter preceptivo (art. 5.2 LOFAGE).

3. La Administración General del Estado, constituida por órganos jerárquicamente ordenados, actúa con personalidad jurídica única (art. 2 LOFAGE).

4. Bajo la dirección del Gobierno de la Nación, de los órganos de gobierno de las Comunidades Autónomas y de los correspondientes de las Entidades que integran la Administración Local, la actuación de la Administración Pública respectiva se desarrolla para alcanzar los objetivos que establecen las leyes y el resto del ordenamiento jurídico (art. 3.3 de la LRJPAC).

5. La Administración General del Estado y la Administración de las Comunidades Autónomas pueden crear órganos para la cooperación entre ambas, de composición bilateral o multilateral, de ámbito general o de ámbito sectorial, en aquellas materias en las que exista interrelación competencial, y con funciones de coordinación o cooperación según los casos (art. 5.1 LRJPAC).

6. Corresponde a cada Administración Pública delimitar, en su propio ámbito competencial, las unidades administrativas que configuran los órganos administrativos propios de las especialidades derivadas de su organización (art. 11.1 LRJPAC).

7. La creación de cualquier órgano administrativo exigirá el cumplimiento de los siguientes requisitos:

   ▷ Determinación de su forma de integración en la Administración Pública de que se trate y su dependencia jerárquica.

   ▷ Delimitación de sus funciones y competencias.

   ▷ Dotación de los créditos necesarios para su puesta en marcha y funcionamiento (art. 11.2 LRJAP-PAC).

No podrán crearse nuevos órganos que supongan duplicación de otros ya existentes si al mismo tiempo no se suprime o restringe debidamente la competencia de éstos (art. 11.3 LRJAP-PAC).

3. LOS ÓRGANOS ADMINISTRATIVOS: CONCEPTOS Y CLASES

3.1. Concepto

Antes de abordar el estudio del presente epígrafe creemos conveniente matizar el significado de dos conceptos que a veces puede inducir a error. En efecto, hemos podido observar que en la descripción del funcionamiento y estructura de las Administraciones Públicas es muy frecuente el empleo de los términos *órgano* y *ente*. Se trata, por supuesto, de dos conceptos distintos cuyo significado trataremos de concretar.

Un *ente es aquella figura a la que se reconoce la capacidad jurídica*, entendida ésta como la aptitud para ser titular de derechos y obligaciones. Es el caso de la Administración Pública en sus diversas manifestaciones –Administración del Estado, de las Comunidades Autónomas, de las Entidades Locales y de la Administración institucional y corporativa–.

Por el contrario, *un órgano no tiene personalidad jurídica*, sino que forma parte de un ente. Y esto es así porque la Administración Pública, como persona jurídica que es, precisa de una serie de órganos, de personas físicas, que actúen en su nombre y representación, y al requerir dichos órganos de una ordenación racional, de una organización, es cuando nace la idea de la organización administrativa.

La teoría organicista parte de la base de que toda organización, todo ente, actúa y se manifiesta a través de órganos. Con esta premisa tan simple se pone ya de relieve que no es algo externo a la organización la voluntad que actúa, sino una parte de ella; no existen dos voluntades, sino que la persona física es simplemente la que hace posible que la voluntad del ente se ponga en marcha. Por otra parte, la voluntad que expresa la persona titular del órgano es la orgánica, no la propia, lo cual indica que el titular del órgano puede estar personalmente en desacuerdo en algunas ocasiones con lo que manifiesta y, sin embargo, desde el momento en que actúa como tal órgano, expresa la voluntad de la organización, esto es, del ente.

Podemos definir los órganos administrativos como *unidades compuestas por una o varias personas que, dentro de la compleja estructura administrativa, tienen capacidad para expresar la voluntad de la Administración con efectos jurídicos vinculantes.* O también, como *unidades concretas* –Ministerios, Direcciones generales, Alcaldes, etc.– *existentes en cada estrato de la estructura jerarquizada de la Administración, dotadas de atribuciones funcionales diferenciadas y de medios para desempeñarlas.*

De conformidad con lo previsto en el art. 11 de la LRJPAC, corresponde a cada Administración Pública delimitar, en su propio ámbito competencial, las unidades administrativas que configuran los órganos administrativos propios de las especialidades derivadas de su organización.

La creación de cualquier órgano administrativo, como se ha apuntado anteriormente, exigirá el cumplimiento de los siguientes requisitos:

1. Determinación de su forma de integración en la Administración Pública de que se trate y su dependencia jerárquica.
2. Delimitación de sus funciones y competencias.
3. Dotación de los créditos necesarios para su puesta en marcha y funcionamiento.

No podrán crearse nuevos órganos que supongan duplicación de otros ya existentes si al mismo tiempo no se suprime o restringe la competencia de éstos.

3.2. Clases

Los órganos administrativos pueden ser:

1. *Constitucionales y no constitucionales.* Como su nombre indica, los primeros están recogidos o previstos en la propia Constitución, como pueden ser el Consejo de Ministros, el Consejo de Estado, el Tribunal de Cuentas, etc., cosa que no ocurre con los órganos no constitucionales.
2. *Estatales, autonómicos, locales e institucionales.* Esta clasificación alude a la titularidad del ente o Administración Pública de la que dependen o forman parte.
3. *Unipersonales y colegiados.* En los primeros, el titular del órgano es una sola persona física –un Ministro, como tal, un Alcalde, etc.–, mientras que en los colegiados –Consejo de Mi-

nistros, Tribunal de Cuentas, el Pleno del Ayuntamiento, etc.– la titularidad pertenece a una pluralidad de personas físicas que actúan conforme a las normas de formación de voluntad propias de cada órgano.

4. *Ordinarios y extraordinarios*. Los primeros desarrollan una competencia normal y estable prevista en las leyes. Los extraordinarios, por el contrario, o se constituyen en supuestos de emergencia no previstos normalmente o, aunque lo estén, no tienen una vida estable. Sería el caso, por ejemplo, de un determinado Tribunal que se forma para la calificación de unas oposiciones.

5. *Centrales y periféricos*. Mientras que los primeros extienden su competencia a todo el territorio del ente al que pertenecen, los periféricos se ciñen sólo a una parte de aquél.

6. *De competencia general y de competencia especial*. El criterio de diferenciación en este caso es el fin o extensión material de las competencias del órgano. Así, el Delegado del Gobierno en las Comunidades Autónomas tiene carácter de órgano de competencia general, en tanto que la competencia de un Ministro, como tal, es especial.

7. *Activos, consultivos, y de control*. Con el nombre de *activos* se designa a los órganos que actúan, resuelven o forman la voluntad del ente a que pertenecen. Así, por ejemplo, un Ministro o un Alcalde. Los *consultivos* se limitan, en principio, a emitir manifestaciones de juicio –dictámenes o informes–, los cuales pueden ser o no vinculantes para el órgano al que van destinadas. Ello ocurre, por ejemplo, con el Consejo de Estado, supremo órgano consultivo del Gobierno. Órganos de *control* son aquellos que fiscalizan determinadas actuaciones, como es el caso del Tribunal de cuentas, supremo órgano fiscalizador de las cuentas y de la gestión económica del Estado y del sector público.

3.3. Consideración especial de los Órganos Colegiados

El régimen jurídico de los órganos colegiados se ajustará a las normas contenidas en el Capítulo II del Título II de la LRJPAC, sin perjuicio de las peculiaridades organizativas de las Administraciones Públicas en que se integran.

En dicho Capítulo se contempla dicho régimen destacándose a continuación sus normas básicas

3.3.1. Presidente (artículo 23 LRJPAC)

1. En cada órgano colegiado corresponde al Presidente:

– Ostentar la representación del órgano.

– Acordar la convocatoria de las sesiones ordinarias y extraordinarias y la fijación del orden del día, teniendo en cuenta, en su caso, las peticiones de los demás miembros formuladas con la suficiente antelación.

– Presidir las sesiones, moderar el desarrollo de los debates y suspenderlos por causas justificadas.

– Dirimir con su voto los empates, a efectos de adoptar acuerdos, excepto si se trata de los órganos colegiados de las distintas Administraciones Públicas en que participen organizaciones representativas de intereses sociales o de aquellos compuestos por representaciones de distintas Administraciones Públicas, cuenten o no con participación de organizaciones representativas de intereses sociales, en los que el voto será dirimente si así lo establecen sus propias normas.

- Asegurar el cumplimiento de las leyes.
- Visar las actas y certificaciones de los acuerdos del órgano.
- Ejercer cuantas otras funciones sean inherentes a su condición de Presidente del órgano.

2. En casos de vacante, ausencia, enfermedad, u otra causa legal, el Presidente será sustituido por el Vicepresidente que corresponda, y en su defecto, por el miembro del órgano colegiado de mayor jerarquía, antigüedad y edad, por este orden, de entre sus componentes.

3.3.2. Miembros (artículo 24 LRJPAC)

1. En cada órgano colegiado corresponde a sus miembros:

- Recibir, con una antelación mínima de cuarenta y ocho horas, la convocatoria conteniendo el orden del día de las reuniones. La información sobre los temas que figuren en el orden del día estará a disposición de los miembros en igual plazo.
- Participar en los debates de las sesiones.
- Ejercer su derecho al voto y formular su voto particular, así como expresar el sentido de su voto y los motivos que lo justifican. No podrán abstenerse en las votaciones quienes por su cualidad de autoridades o personal al servicio de las Administraciones Públicas, tengan la condición de miembros de órganos colegiados.
- Formular ruegos y preguntas.
- Obtener la información precisa para cumplir las funciones asignadas.
- Cuantas otras funciones sean inherentes a su condición.

2. Los miembros de un órgano colegiado no podrán atribuirse las funciones de representación reconocidas a éste, salvo que expresamente se les hayan otorgado por una norma o por acuerdo válidamente adoptado, para cada caso concreto, por el propio órgano.

3. En casos de ausencia o de enfermedad y, en general, cuando concurra alguna causa justificada, los miembros titulares del órgano colegiado serán sustituidos por sus suplentes, si los hubiera. Cuando se trate de órganos colegiados de las distintas Administraciones Públicas en que participen organizaciones representativas de intereses sociales o de aquellos compuestos por representaciones de distintas Administraciones Públicas, cuenten o no con participación de organizaciones representativas de intereses sociales, las organizaciones representativas de intereses sociales podrán sustituir a sus miembros titulares por otros, acreditándolo ante la Secretaría del órgano colegiado, con respecto a las reservas y limitaciones que establezcan sus normas de organización.

3.3.3. Secretario (artículo 25 LRJPAC)

1. Los órganos colegiados tendrán un Secretario que podrá ser un miembro del propio órgano o una persona al servicio de la Administración Pública correspondiente.

2. La designación y el cese, así como la sustitución temporal del Secretario en supuestos de vacante, ausencia o enfermedad se realizarán según lo dispuesto en las normas específicas de cada órgano y, en su defecto, por acuerdo del mismo.

3. Corresponde al Secretario del órgano colegiado:

- Asistir a las reuniones con voz pero sin voto si es un funcionario, y con voz y voto si la Secretaría del órgano la ostenta un miembro del mismo.

- Efectuar la convocatoria de las sesiones del órgano por orden de Presidente, así como las citaciones a los miembros del mismo.

- Recibir los actos de comunicación de los miembros con el órgano y, por tanto, las notificaciones, peticiones de datos, rectificaciones o cualquiera otra clase de escritos de los que deba tener conocimiento.

- Preparar el despacho de los asuntos, redactar y autorizar las actas de las sesiones.

- Expedir certificaciones de las consultas, dictámenes y acuerdos aprobados.

- Cuantas otras funciones sean inherentes a su condición de Secretario.

3.3.4. Convocatorias y sesiones (artículo 26 LRJPAC)

1. Para la válida constitución del órgano, a efectos de la celebración de sesiones, deliberaciones y toma de acuerdos, **se requerirá la presencia del Presidente y Secretario o en su caso, de quienes le sustituyan, y la de la mitad al menos, de sus miembros**, salvo que los propios órganos colegiados hayan establecido el régimen propio de convocatorias por no estar éste previsto por sus normas de funcionamiento.

Cuando se trate de los órganos colegiados de las distintas Administraciones Públicas en que participen organizaciones representativas de intereses sociales o de aquellos compuestos por representaciones de distintas Administraciones Públicas, cuenten o no con participación de organizaciones representativas de intereses sociales, el Presidente podrá considerar válidamente constituido el órgano, a efectos de celebración de sesión, si están presentes los representantes de las Administraciones Públicas y de las organizaciones representativas de intereses sociales miembros del órgano a los que se haya atribuido la condición de portavoces.

2. Los órganos colegiados podrán establecer el régimen propio de convocatorias, si éste no está previsto por sus normas de funcionamiento. Tal régimen podrá prever una segunda convocatoria y especificar para ésta el número de miembros necesarios para constituir válidamente el órgano.

3. No podrá ser objeto de deliberación o acuerdo ningún asunto que no figure incluido en el orden del día, salvo que estén presentes todos los miembros del órgano colegiado y sea declarada la urgencia del asunto por el voto favorable de la mayoría.

4. **Los acuerdos serán adoptados por mayoría de votos.**

5. Quienes acrediten la titularidad de un interés legítimo podrán dirigirse al Secretario de un órgano colegiado para que les sea expedida certificación de sus acuerdos.

3.3.5. Actas (artículo 27 LRJPAC)

1. De cada sesión que celebre el órgano colegiado se levantará acta por el Secretario, que especificará necesariamente los asistentes, el orden del día de la reunión, las circunstancias del lugar y tiempo en que se ha celebrado, los puntos principales de las deliberaciones, así como el contenido de los acuerdos adoptados.

2. En el acta figurará, a solicitud de los respectivos miembros del órgano, el voto contrario al acuerdo adoptado, su abstención y los motivos que la justifiquen o el sentido de su voto favorable. Asimismo, cualquier miembro tiene derecho a solicitar la transcripción íntegra de su intervención o propuesta, siempre que aporte en el acto, o en el plazo que señale el Presidente, el texto que se corresponda fielmente con su intervención, haciéndose así constar en el acta o uniéndose copia a la misma.

3. Los miembros que discrepen del acuerdo mayoritario podrán formular voto particular por escrito en el plazo de cuarenta y ocho horas, que se incorporará al texto aprobado.

4. Cuando los miembros del órgano voten en contra o se abstengan, quedarán exentos de la responsabilidad que, en su caso, pueda derivarse de los acuerdos.

5. Las actas se aprobarán en la misma o en la siguiente sesión, pudiendo no obstante emitir el Secretario certificación sobre los acuerdos específicos que se hayan adoptado, sin perjuicio de la ulterior aprobación del acta. En las certificaciones de acuerdos adoptados emitidas con anterioridad a la aprobación del acta se hará constar expresamente tal circunstancia.

4. GARANTÍAS DE LA ACTUACIÓN DE LOS ÓRGANOS ADMINISTRATIVOS: ABSTENCIÓN Y RECUSACIÓN

Artículo 28. Abstención

1. Las autoridades y el personal al servicio de las Administraciones en quienes se den algunas de las circunstancias señaladas en el número siguiente de este artículo se abstendrán de intervenir en el procedimiento y lo comunicarán a su superior inmediato, quien resolverá lo procedente.

2. **Son motivos de abstención los siguientes**:

1. Tener interés personal en el asunto de que se trate o en otro en cuya resolución pudiera influir la de aquél ser administrador de sociedad o entidad interesada, o tener cuestión litigiosa pendiente con algún interesado.

2. Tener parentesco de consanguinidad dentro del cuarto grado o de afinidad dentro del segundo, con cualquiera de los interesados, con los administradores de entidades o sociedades interesadas y también con los asesores, representantes legales o mandatarios que intervengan en el procedimiento, así como compartir despacho profesional o estar asociado con éstos para el asesoramiento, la representación o el mandato.

3. Tener amistad íntima o enemistad manifiesta con alguna de las personas mencionadas en el apartado anterior.

4. Haber tenido intervención como perito o como testigo en el procedimiento de que se trate.

5. Tener relación de servicio con persona natural o jurídica interesada directamente en el asunto, o haberle prestado en los dos últimos años servicios profesionales de cualquier tipo y en cualquier circunstancia o lugar.

3. La actuación de autoridades y personal al servicio de las Administraciones Públicas en los que concurran motivos de abstención no implicará, necesariamente, la invalidez de los actos en que hayan intervenido.

4. Los órganos superiores podrán ordenar a las personas en quienes se dé alguna de las circunstancias señaladas que se abstengan de toda intervención en el expediente.

5. La no abstención en los casos en que proceda dará lugar a responsabilidad.

Artículo 29. Recusación

1. En los casos previstos en el artículo anterior podrá promoverse recusación por los interesados en cualquier momento de la tramitación del procedimiento.

2. La recusación se planteará por escrito en el que se expresará la causa o causas en que se funda.

3. En el día siguiente el recusado manifestará a su inmediato superior si se da o no en él la causa alegada. En el primer caso, el superior podrá acordar su sustitución acto seguido.

4. Si el recusado niega la causa de recusación, el superior resolverá en el plazo de tres días, previos los informes y comprobaciones que considere oportunos.

5. Contra las resoluciones adoptadas en esta materia no cabrá recurso, sin perjuicio de la posibilidad de alegar la recusación al interponer el recurso que proceda contra el acto que termine el procedimiento.

5. LAS RELACIONES INTERORGÁNICAS

Entre los órganos de las Administraciones Publicas se producen relaciones que vienen derivadas porque el ejercicio de la competencia puede sufrir alteración a través de su delegación en otro órgano, su delegación de firma, su encomienda a otro órgano o administración, es decir un conjunto de circunstancias que vienen explicitadas en los artículos 11 a 21 de la LRJPAC que establecen:

Artículo 11. Creación de órganos administrativos

1. Corresponde a cada Administración Pública delimitar, en su propio ámbito competencial, las unidades administrativas que configuran los órganos administrativos propios de las especialidades derivadas de su organización.

2. La creación de cualquier órgano administrativo exigirá el cumplimiento de los siguientes requisitos:

a) Determinación de su forma de integración en la Administración Pública de que se trate y su dependencia jerárquica.

b) Delimitación de sus funciones y competencias.

c) Dotación de los créditos necesarios para su puesta en marcha y funcionamiento.

3. No podrán crearse nuevos órganos que supongan duplicación de otros ya existentes si al mismo tiempo no se suprime o restringe debidamente la competencia de éstos.

Artículo 12. Competencia

1. La competencia es irrenunciable y se ejercerá precisamente por los órganos administrativos que la tengan atribuida como propia, salvo los casos de delegación o avocación, cuando se efectúen en los términos previstos en ésta u otras leyes.

La encomienda de gestión, la delegación de firma y la suplencia no suponen alteración de la titularidad de la competencia, aunque sí de los elementos determinantes de su ejercicio que en cada caso se prevén.

2. La titularidad y el ejercicio de las competencias atribuidas a los órganos administrativos podrán ser desconcentradas en otros jerárquicamente dependientes de aquéllos en los términos y con los requisitos que prevean las propias normas de atribución de competencias.

3. Si alguna disposición atribuye competencia a una Administración, sin especificar el órgano que debe ejercerla, se entenderá que la facultad de instruir y resolver los expedientes corresponde a los órganos inferiores competentes por razón de la materia y del territorio, y, de existir varios de éstos, al superior jerárquico común.

Artículo 13. Delegación de competencias

1. Los órganos de las diferentes Administraciones públicas podrán delegar el ejercicio de las competencias que tengan atribuidas en otros órganos de la misma Administración, aun cuando no sean jerárquicamente dependientes, o de las entidades de derecho público vinculadas o dependientes de aquéllas.

2. En ningún caso podrán ser objeto de delegación las competencias relativas a:

a) Los asuntos que se refieran a relaciones con la Jefatura del Estado, Presidencia del Gobierno de la Nación, Cortes Generales, Presidencias de los Consejos de Gobierno de las Comunidades Autónomas y Asambleas Legislativas de las Comunidades Autónomas.

b) La adopción de disposiciones de carácter general.

c) La resolución de recursos en los órganos administrativos que hayan dictado los actos objeto de recurso.

d) Las materias en que así se determine por norma con rango de Ley.

3. Las delegaciones de competencias y su revocación deberán publicarse en el «Boletín Oficial del Estado», en el de la Comunidad Autónoma o en el de la Provincia, según la Administración a que pertenezca el órgano delegante, y el ámbito territorial de competencia de éste.

4. Las resoluciones administrativas que se adopten por delegación indicarán expresamente esta circunstancia y se considerarán dictadas por el órgano delegante.

5. Salvo autorización expresa de una Ley, no podrán delegarse las competencias que se ejerzan por delegación.

No constituye impedimento para que pueda delegarse la competencia para resolver un procedimiento, la circunstancia de que la norma reguladora del mismo prevea, como trámite preceptivo, la emisión de un dictamen o informe; no obstante, no podrá delegarse la competencia para resolver un asunto concreto una vez que en el correspondiente procedimiento se haya emitido un dictamen o informe preceptivo acerca del mismo.

6. La delegación será revocable en cualquier momento por el órgano que la haya conferido.

7. La delegación de competencias atribuidas a órganos colegiados, para cuyo ejercicio ordinario se requiera un quórum especial, deberá adoptarse observando, en todo caso, dicho quórum.

Artículo 14. Avocación

1. Los órganos superiores podrán avocar para sí el conocimiento de un asunto cuya resolución corresponda ordinariamente o por delegación a sus órganos administrativos dependientes, cuando circunstancias de índole técnica, económica, social, jurídica o territorial lo hagan conveniente.

En los supuestos de delegación de competencias en órganos no jerárquicamente dependientes, el conocimiento de un asunto podrá ser avocado únicamente por el órgano delegante.

2. En todo caso, la avocación se realizará mediante acuerdo motivado que deberá ser notificado a los interesados en el procedimiento, si los hubiere, con anterioridad a la resolución final que se dicte.

Contra el acuerdo de avocación no cabrá recurso, aunque podrá impugnarse en el recurso que, en su caso, se interponga contra la resolución del procedimiento.

Artículo 15. Encomienda de gestión

1. La realización de actividades de carácter material, técnico o de servicios de la competencia de los órganos administrativos o de las Entidades de derecho público podrá ser encomendada a otros órganos o Entidades de la misma o de distinta Administración, por razones de eficacia o cuando no se posean los medios técnicos idóneos para su desempeño.

2. La encomienda de gestión no supone cesión de titularidad de la competencia ni de los elementos sustantivos de su ejercicio, siendo responsabilidad del órgano o Entidad encomendante dictar cuantos actos o resoluciones de carácter jurídico den soporte o en los que se integre la concreta actividad material objeto de encomienda.

3. La encomienda de gestión entre órganos administrativos o Entidades de derecho público pertenecientes a la misma Administración deberá formalizarse en los términos que establezca su normativa propia y, en su defecto, por acuerdo expreso de los órganos o Entidades intervinientes. En todo caso el instrumento de formalización de la encomienda de gestión y su resolución deberá ser publicado, para su eficacia en el Diario Oficial correspondiente.

Cada Administración podrá regular los requisitos necesarios para la validez de tales acuerdos que incluirán, al menos, expresa mención de la actividad o actividades a las que afecten, el plazo de vigencia y la naturaleza y alcance de la gestión encomendada.

4. Cuando la encomienda de gestión se realice entre órganos y Entidades de distintas Administraciones se formalizará mediante firma del correspondiente convenio entre ellas, salvo en el supuesto de la gestión ordinaria de los servicios de las Comunidades Autónomas por las Diputaciones Provinciales o en su caso Cabildos o Consejos insulares, que se regirá por la legislación de Régimen Local.

5. El régimen jurídico de la encomienda de gestión que se regula en este artículo no será de aplicación cuando la realización de las actividades enumeradas en el apartado primero haya de recaer sobre personas físicas o jurídicas sujetas a derecho privado, ajustándose entonces, en lo que proceda, a la legislación correspondiente de contratos del Estado, sin que puedan encomendarse a personas o Entidades de esta naturaleza actividades que, según la legislación vigente, hayan de realizarse con sujeción al derecho administrativo.

Artículo 16. Delegación de firma

1. Los titulares de los órganos administrativos podrán, en materia de su propia competencia, delegar la firma de sus resoluciones y actos administrativos a los titulares de los órganos o unidades administrativas que de ellos dependan, dentro de los límites señalados en el artículo 13.

2. La delegación de firma no alterará la competencia del órgano delegante y para su validez no será necesaria su publicación.

3. En las resoluciones y actos que se firmen por delegación se hará constar la autoridad de procedencia.

4. No cabrá la delegación de firma en las resoluciones de carácter sancionador.

Artículo 17. Suplencia

1. Los titulares de los órganos administrativos podrán ser suplidos temporalmente en los supuestos de vacante, ausencia o enfermedad por quien designe el órgano competente para el nombramiento de aquéllos.

Si no se designa suplente, la competencia del órgano administrativo se ejercerá por quien designe el órgano administrativo inmediato de quien dependa.

2. La suplencia no implicará alteración de la competencia.

Artículo 18. Coordinación de competencias

1. Los órganos administrativos en el ejercicio de sus competencias propias ajustarán su actividad en sus relaciones con otros órganos de la misma o de otras administraciones a los principios establecidos en el artículo 4.1 de la Ley, y la coordinarán con la que pudiera corresponder legítimamente a éstos, pudiendo recabar para ello la información que precisen.

2. Las normas y actos dictados por los órganos de las Administraciones Públicas en el ejercicio de su propia competencia deberán ser observadas por el resto de los órganos administrativos, aunque no dependan jerárquicamente entre sí o pertenezcan a otra Administración.

Artículo 19. Comunicaciones entre órganos

1. La comunicación entre los órganos administrativos pertenecientes a una misma Administración Pública se efectuará siempre directamente, sin traslados ni reproducciones a través de órganos intermedios.

2. Las comunicaciones entre los órganos administrativos podrán efectuarse por cualquier medio que asegure la constancia de su recepción.

Artículo 20. Decisiones sobre competencia

1. El órgano administrativo que se estime incompetente para la resolución de un asunto remitirá directamente las actuaciones al órgano que considere competente, si éste pertenece a la misma Administración Pública.

2. Los interesados que sean parte en el procedimiento podrán dirigirse al órgano que se encuentre conociendo de un asunto para que decline su competencia y remita las actuaciones al órgano competente.

Asimismo, podrán dirigirse al órgano que estimen competente para que requiera de inhibición al que esté conociendo del asunto.

3. Los conflictos de atribuciones sólo podrán suscitarse entre órganos de una misma Administración no relacionados jerárquicamente, y respecto a asuntos sobre los que no haya finalizado el procedimiento administrativo.

Artículo 21. Instrucciones y órdenes de servicio

1. Los órganos administrativos podrán dirigir las actividades de sus órganos jerárquicamente dependientes mediante instrucciones y órdenes de servicio.

Cuando una disposición específica así lo establezca o se estime conveniente por razón de los destinatarios o de los efectos que puedan producirse, las instrucciones y órdenes de servicio se publicarán en el periódico oficial que corresponda.

2. El incumplimiento de las instrucciones u órdenes de servicio no afecta por sí solo a la validez de los actos dictados por los órganos administrativos, sin perjuicio de la responsabilidad disciplinaria en que se pueda incurrir.

*Volumen I
Parte Común*

Auxiliares de Administración Local

Tema 9

Los actos administrativos

*Los actos administrativos:
concepto, clases, y elementos.
Requisitos: la motivación y la forma.
La eficacia de los actos administrativos.
La notificación y publicación.*

**Rodio
ediciones**

Índice esquemático

1. LOS ACTOS ADMINISTRATIVOS

1.1. Concepto de actos administrativos

De entre las diversas nociones doctrinales que tratan de delimitar el concepto de actos administrativos, cabe distinguir las tres direcciones siguientes:

a) En un sentido amplio, son actos administrativos las declaraciones de voluntad de la Administración destinadas a producir efectos jurídicos. Este concepto abarca todas las manifestaciones de la voluntad administrativa, por lo que autores que no siguen esta posición prefieren llamar a estos actos: "Actos de la Administración".

b) En una noción más restringida se limita el uso de la expresión a las declaraciones de voluntad de la Administración productoras de efectos jurídicos subjetivos; con lo que se exceptúan los actos reglamentarios, ya que éstos crean normas generales.

c) Y, por último, según la opinión más extendida, se consideran actos administrativos no sólo las declaraciones de voluntad de la Administración, sino todas las manifestaciones anímicas de la misma destinadas a producir efectos jurídicos subjetivos. Sólo se excluyen las actividades materiales, por no tener carácter jurídico.

A esta dirección corresponde la definición de Zanobini: **"Es acto administrativo cualquier declaración de voluntad, de deseo, de juicio o de conocimiento, realizada por un sujeto de la Administración Pública en el ejercicio de una potestad administrativa"**, distinta de la potestad reglamentaria, añade García de Enterría, para quien acto administrativo y reglamento son instrumentos jurídicos distintos.

Garrido Falla acepta la definición de Zanobini, advirtiendo que la recoge por no quedar excluidos según su letra (aunque sí en la mente de su autor) los actos administrativos generales o reglamentos. Para Garrido Falla lo importante es delimitar el conjunto de actos sometidos al régimen jurídico administrativo, ya que hay que admitir que tan actos administrativos son los generales como los concretos, pues unos y otros están sometidos a los dos principios fundamentales de dicho régimen:

1. Sumisión a la ley y a las normas jerárquicamente superiores.
2. Posibilidad de una fiscalización jurisdiccional para hacer efectiva dicha sumisión.

En el mismo sentido se pronuncia Entrena Cuesta, quien considera el acto administrativo como un "acto jurídico realizado por la Administración con arreglo al Derecho Administrativo", entendiendo que una declaración de voluntad producirá efectos jurídicos –será acto administrativo– tanto si se tiene un destinatario determinado o determinable y agota su eficacia con una sola aplicación, como si no ocurre así, esto es, si tiene carácter "normativo", concluyendo que no existe por ello obstáculo en calificar a los reglamentos de actos administrativos.

Sin embargo, para otro sector de la doctrina (González Pérez y García de Enterría), **las disposiciones reglamentarias no son actos administrativos**, pues no son expresión de la función administrativa sino de la función normativa de la Administración. La distinción se basa en un criterio ordinamentalista en cuanto que los reglamentos forman parte del ordenamiento jurídico, mientras que los actos administrativos no. Los Reglamentos son normas jurídicas y como tal se estudian en las Fuentes del derecho, y los actos administrativos, son actos de la administración, dictados en el ejercicio de potestades administrativas.

Por último, cabe indicar que el concepto de acto administrativo también puede delimitarse negativamente.

Así, quedan excluidos del concepto de acto administrativo, además del reglamento por las razones apuntadas:

a) Las meras operaciones materiales realizadas por la Administración, ya que si bien indirectamente pueden producir efectos jurídicos (p. ej., el deber de indemnizar perjuicios causados), tales efectos no derivan de ellos de forma directa.

b) Los actos no emanados de la Administración *sensu stricto*, esto es:

▷ Los "actos políticos o de gobierno", a los que luego nos referiremos de manera separada.

▷ Los actos materialmente ejecutivos dictados por los poderes legislativo y judicial.

▷ Los actos de los administrados, aunque produzcan efectos jurídicos conforme a Derecho Administrativo (p. ej., la toma de posesión de un funcionario).

c) Los actos sometidos al régimen jurídico privado, que están sometidos por su naturaleza a la jurisdicción ordinaria (art. 3º de la LJCA).

1.2. Clases de actos administrativos

La doctrina ha procedido al estudio de las distintas clases de actos administrativos atendiendo a distintos criterios. En general, cabe decir, con Garrido Falla, que mientras unos autores realizan la clasificación de estos actos atendiendo a un criterio único, otros, en cambio, combinan simultáneamente distintos puntos de vista que sirven de criterios de clasificación.

Ahora bien, lo corriente en la doctrina moderna es que la clasificación se realice atendiendo sucesivamente a diversos puntos de vista que no son excluyentes entre sí, sino complementarios.

Así, se distinguen:

a) Por la extensión de sus efectos jurídicos: actos generales y concretos.

b) Por la posibilidad de su fiscalización por la jurisdicción contencioso-administrativa: impugnables o inimpugnables.

c) Por razón de las facultades utilizadas al dictarlos: actos discrecionales y reglados.

d) Por razón de los sujetos intervinientes: simples y complejos, unilaterales y plurilaterales.

e) Por la forma de su producción: expresos y presuntos.

f) Por razón de los efectos jurídicos de su contenido: actos definitivos y de trámite. Actos firmes y no firmes.

Examinemos detalladamente cada una de las categorías de actos citados:

1.2.1. Actos generales y concretos

Se entiende por acto administrativo general, según Ranelletti, aquella declaración de la Administración Pública que mira abstractamente a una pluralidad de personas (p. ej., una relación de funcionarios o de expropiados, o casos indeterminados o indeterminables) y por acto concreto, la misma declaración cuando mira a una o más personas o casos individualmente determinados o determinables.

Para un gran sector de la doctrina, sólo los segundos, los que contienen una declaración concreta, son actos administrativos; pero siguiendo la opinión más moderna, sustentada hoy en nuestro Derecho por la Ley de la Jurisdicción Contencioso-Administrativa, nada autoriza a excluir de tal calificación a los actos generales; por el contrario, el régimen jurídico-administrativo es igualmente aplicable a unos y otros, si bien las características de los mismos hacen que la regulación positiva de los actos administrativos generales goce de cierta especialidad legislativa.

1.2.2. Impugnables e inimpugnables

Según sean o no susceptibles de impugnación ante la Jurisdicción Contencioso-Administrativa los actos administrativos pueden clasificarse en impugnables e inimpugnables.

La vigente Ley de la Jurisdicción Contencioso-Administrativa (LJCA), de 13 de julio de 1998, exceptúa de su propia competencia general a los actos de la Administración sometidos al régimen jurídico-privado, que hemos de considerar fuera del concepto de acto administrativo, al disponer la Ley que no corresponden a la jurisdicción contencioso-administrativa: "Las cuestiones expresamente atribuidas a los órganos jurisdiccionales civil, penal y social, aunque estén relacionadas con la actividad de la Administración Pública" (art. 3º a).

1.2.3. Actos discrecionales y reglados

La actividad administrativa puede dividirse en dos grandes grupos: aquella que en el Estado de Derecho constituye la norma general por estar expresamente regulada y determinada por el principio de legalidad o sumisión a la ley y que se denomina reglada, y aquella otra en que, por defecto de normas jurídicas, no hay lugar a la aplicación de tal principio y se llama actividad discrecional.

Sin embargo, la discrecionalidad no es un concepto tan amplio como a primera vista pudiera parecer, ya que para poder hablar de esta clase de actividad administrativa es necesario que se den los siguientes supuestos que señala Garrido Falla:

1. Que se dé ausencia de reglamentación legal en una determinada materia.
2. Que, por otra parte, en relación con la misma, no pese sobre la actuación administrativa un principio prohibitivo.
3. Que de la estructura lógica de la norma se desprenda una posibilidad de elección administrativa o atribución de discrecionalidad.

1.2.4. Actos simples y complejos

Se entiende por acto administrativo simple, según Garrido Falla, aquel en cuya emisión interviene un solo órgano administrativo; acto complejo, en cambio, aquel que se produce por la intervención de dos o más órganos administrativos.

Según Entrena Cuesta, lo normal es que los actos administrativos sean compuestos; es decir, fruto de la participación de varios órganos, e incluso, en ocasiones, de varios sujetos, cada uno de los cuales dicta un acto –que se dicta con los demás en el acto compuesto– en razón a la unidad del fin que tales actos persiguen.

1.2.5. Actos unilaterales y plurilaterales

Esta clasificación responde al criterio de los sujetos participantes en la emisión del acto.

En general se habla de que los actos unilaterales emanan de la exclusiva voluntad de la Administración que los dicta (Ej.: Una sanción), mientras que los bilaterales precisan para su eficacia de la voluntad del sujeto al que se dirigen (Ej.: Nombramiento de un funcionario).

1.2.6. Actos expresos y presuntos

Por la forma de su producción el acto administrativo puede ser expreso y presunto. En el primero existe una clara e inequívoca exteriorización de la declaración de voluntad, de juicio, de deseo, etc. En el acto presunto no existe ni una manifestación concreta administrativa ni una conducta a la que se pueda atribuir un determinado valor o sentido en virtud de una interpretación racional. El significado de esta conducta lo fija de forma expresa el ordenamiento jurídico, cerrándose así las puertas a toda labor interpretativa, como acontece cuando la ley atribuye al silencio de la administración un valor positivo o negativo. A los actos presuntos se refiere el artículo 43 de la LRJPAC, que se estudia en otro tema de este programa al analizar el silencio administrativo.

1.2.7. Actos definitivos o resolutorios y de trámite

La distinción toma su base en la circunstancia de que los actos se dictan en el seno de un procedimiento administrativo. En este procedimiento hay una resolución final que es la que decide el fondo del asunto (art. 89 de la LRJPAC), y para llegar a ella ha de seguirse un camino especial, con fases distintas, con intervención de órganos o personas diversas y con actos también diferentes. Estos actos previos a la resolución son los que la ley llama "actos de trámite", que son actos instrumentales de las resoluciones, pues las preparan y hacen posibles.

Ahora bien, no todos los actos definitivos ponen fin a la vía administrativa, sino sólo aquellos contra los que no cabe recurso administrativo ordinario.

El artículo 109 de la LRJPAC establece que: "ponen fin a la vía administrativa:

a) Las resoluciones de los recursos de alzada.

b) Las resoluciones de los procedimientos de impugnación a que se refiere el artículo 107.2.

c) Las resoluciones de los órganos administrativos que carezcan de superior jerárquico, salvo que una Ley establezca lo contrario.

d) Las demás resoluciones de órganos administrativos cuando una disposición legal o reglamentaria así lo establezca.

e) Los acuerdos, pactos, convenios o contratos que tengan la consideración de finalizadores del procedimiento".

Por su parte, la disposición adicional decimoquinta de la LOFAGE dispone:

"Ponen fin a la vía administrativa, salvo lo que pueda establecer una Ley especial, de acuerdo con lo dispuesto en las letras c) y d) del artículo 109 de la Ley de Régimen Jurídico de las Administraciones Públicas y del Procedimiento Administrativo Común, los actos y resoluciones siguientes:

1. Los actos administrativos de los miembros y órganos del Gobierno.

2. En particular, en la Administración General del Estado:

   Los emanados de los Ministros y los Secretarios de Estado en el ejercicio de las competencias que tienen atribuidas los órganos de los que son titulares.

   Los emanados de los órganos directivos con nivel de director general o superior, en relación con las competencias que tengan atribuidas en materia de personal.

3. En los Organismos públicos adscritos a la Administración General del Estado:

   Los emanados de los máximos órganos de dirección unipersonales o colegiados, de acuerdo con lo que establezcan sus estatutos, salvo que por ley se establezca otra cosa".

En resumen: sólo son recurribles las resoluciones de actos definitivos, no los actos de trámite. Sin embargo, por excepción, estos últimos resultan recurribles cuando, aun bajo apariencia de actos de procedimiento no resolutorios del fondo del asunto, de hecho vienen a decidirlo, por poner término al procedimiento o suspenderlo o hacer imposible su continuación, o producen indefensión o perjuicio irreparable. Es decir, los actos de trámite sólo son recurribles cuando bajo su apariencia se encubre una verdadera resolución.

1.2.8. Actos firmes y no firmes

En principio, todos los actos administrativos son impugnables, primero en vía administrativa y después en la contenciosa. Cuando ya no es susceptible de recurso alguno en vía administrativa (salvo el de revisión), el acto se convierte en firme. La firmeza del acto se produce porque:

a) Ya se han utilizado todas las posibilidades de impugnación existentes.

b) Se han dejado transcurrir los plazos para interponer los recursos posibles (*vid.* art. 115.1 *in fine* de la LRJPAC).

1.3. Elementos del acto administrativo

González Pérez define los elementos o requisitos del acto administrativo como "aquellas circunstancias o conjunto de circunstancias que deben darse en un acto para que produzca todos sus efectos", es decir, para que el acto no resulte inválido, o válido pero irregular.

Si bien, todos los autores coinciden en subrayar la importancia que, dentro de la teoría del acto administrativo, tiene el estudio de sus elementos, a la hora de enumerar en concreto cuáles son, nos proporcionan muy diversas clasificaciones, aunque en muchos casos las discrepancias obedecen más a razones terminológicas que de fondo.

Se suelen mencionar como elementos del acto administrativo: el sujeto, objeto, causa, fin y forma.

1.3.1. Elemento subjetivo

Por definición del acto administrativo debe ser dictado por un sujeto de la Administración Pública.

A este respecto, el artículo 2º. de la LRJPAC determina qué se entenderá por Administración Pública diciendo:

1. Se entiende a los efectos de esta Ley por Administraciones Públicas:

    a) La Administración General del Estado.

    b) Las Administraciones de las Comunidades Autónomas.

    c) Las Entidades que integran la Administración Local.

2. Las Entidades de Derecho Público con personalidad jurídica propia vinculadas o dependientes de cualquiera de las Administraciones Públicas tendrán asimismo la consideración de Administración Pública. Estas Entidades sujetarán su actividad a la presente Ley cuando ejerzan potestades administrativas, sometiéndose en el resto de su actividad a lo que dispongan sus normas de creación.

Ahora bien, los distintos sujetos de la Administración Pública actúan a su vez a través de "órganos" y en este punto es donde se sitúa y aparece el requisito de la "competencia", pues para la validez del acto administrativo, es necesario que el mismo emane de un órgano que tenga competencia para ello. Así, según el artículo 53 de la LRJPAC, "los actos administrativos se producirán por el órgano competente".

La competencia ha sido definida como "la medida de potestad que pertenece a cada órgano", distinguiendo tres tipos:

– Competencia territorial: o por razón del territorio.

– Competencia funcional: o por razón de la materia.

– Competencia jerárquica: o por razón del grado.

1.3.2. Elemento objetivo: contenido del acto administrativo

El contenido del acto administrativo en una acepción amplia se determina por su oposición a la forma del acto, comprendiendo todos los elementos integrantes de lo que, en términos forenses, se denomina el "fondo del asunto".

En sentido estricto, el contenido es, como dice Vitta, la declaración de conocimiento, voluntad o juicio en que el acto consiste. Se identifica así con el objeto del acto y en razón de él un acto administrativo se diferencia sustancialmente de otro. Entendemos por contenido u objeto del acto administrativo, el efecto práctico que con dicho acto se pretende obtener: nombramiento de un funcionario, imposición de una multa, requisa de un vehículo, etc. (Garrido Falla).

El contenido del acto ha de ser:

a) *Determinado o susceptible de determinación y posible:* En caso de que no lo sean el art. 62.1 c) LRJPAC los sanciona con nulidad.

b) *Lícito:* Art. 53.2 LRJPAC: "El contenido de los actos se ajustará a lo dispuesto por el ordenamiento jurídico y será determinado y adecuado a los fines de aquéllos".

c) *Adecuado al fin:* Consiste en el interés público previsto por el legislador para cada caso. La Administración ha de someterse, en todo caso, a una especie de regla de conducta: la necesidad de perseguir el interés público en cada una de sus actuaciones. De ahí el gran acierto de la Constitución al determinar que los tribunales controlarán el sometimiento de la actuación administrativa "a los fines que la justifican" (art. 106.1 de la Constitución). Por esa vía el fin se erige en un nuevo elemento nada menos que de rango constitucional, del acto administrativo: éste deberá enderezarse al logro de aquella finalidad que determinó el otorgamiento de la potestad ejercitada. Precisamente cuando se ejercen potestades administrativas para fines distintos de los fijados por el ordenamiento jurídico se produce la desviación de poder que hace que los actos sean anulables.

1.3.2.1. El contenido esencial

Es aquel sin el cual el acto no tiene existencia. Por ejemplo: la licencia para edificar deberá contener una declaración facultando para realizar la obra; en el caso contrario, no puede decirse que se ha otorgado dicha licencia.

1.3.2.2. El contenido natural

Es el que necesariamente forma parte del acto administrativo y sirve para individualizarlo respecto de los demás. Por ejemplo: el contenido natural de la expropiación forzosa es la transferencia coactiva de la propiedad del particular al ente público.

1.3.2.3. El contenido implícito

Se refiere a aquellas cláusulas no expresas, pero que hay que entender incluidas en el acto porque el ordenamiento jurídico las supone en todos los de la misma especie.

1.3.2.4. El contenido eventual o accidental

Es el integrado por aquellas cláusulas que el órgano administrativo puede introducir en el acto, dirigidas a modificar, generalmente restringiendo sus efectos, el contenido esencial del acto. Éstas son las cláusulas accesorias del acto jurídico; en particular, la condición, el término y el modo.

La condición significa el hecho futuro e incierto del cual se hace depender la eficacia de un acto administrativo. Término que indica el día desde el cual debe tener eficacia el acto, o desde el cual la eficacia del acto administrativo debe cesar. El modo consiste en una carga impuesta a la persona a favor de la cual se dicta el acto administrativo: por ejemplo, se concede una licencia de construcción con la adición de que habrá de construirse un aparcamiento subterráneo.

1.3.3. Elemento causal

La causa constituye el porqué del acto, la razón que justifica que un acto administrativo se dicte. De esta suerte, el presupuesto de hecho del acto se incorpora como elemento del mismo. Sin embargo, García de Enterría mantiene otra posición, pues para él, la causa del acto es la adecuación del mismo a los fines propios de la potestad que se ejercita, fines específicos asignados por la norma a la potestad que se crea (el art. 53.2 de la LRJPAC dice que: "El contenido de los actos se ajustará a lo dispuesto en el ordenamiento jurídico y será determinado y adecuado a los fines de aquéllos").

1.3.4. Elemento teleológico: el fin del acto administrativo

La Administración ha de someterse, en todo caso, a una especie de regla de conducta: la necesidad de perseguir el interés público en cada una de sus actuaciones. De ahí el gran acierto de la Constitución al determinar que los tribunales controlarán el sometimiento de la actuación administrativa "a los fines que la justifican" (art. 106.1 de la Constitución). Por esa vía el fin se erige en un nuevo elemento nada menos que de rango constitucional, del acto administrativo: éste deberá enderezarse al logro de aquella finalidad que determinó el otorgamiento de la potestad ejercitada.

Según Garrido Falla, así como el elemento causal se determina con la contestación a la pregunta "¿por qué?", el elemento fin del acto administrativo es la respuesta a la pregunta "¿para qué?". Y así como la realización de actos de Derecho privado por los particulares no responden a exigencias objetivas de la ley, sino a los motivos extrajurídicos que animan a cada sujeto, en cambio el acto administrativo se dirige siempre a una finalidad objetivamente determinada: el interés público o el interés del servicio público. En cada acto administrativo el fin viene dado, pues, por una especial manifestación del interés público. Así, por ejemplo, el fin del nombramiento de un funcionario es proveer una vacante; el fin de unas oposiciones, elegir el más apto, etc.

2. REQUISITOS: LA MOTIVACIÓN Y LA FORMA

2.1. La motivación

Con este nombre se conoce uno de los requisitos de forma del acto administrativo, que hemos enumerado en el epígrafe anterior. La motivación del acto administrativo consiste en la expresión en el mismo de las razones que han movido a la Administración para dictarlo.

Lo primero que conviene analizar en relación con este tema es el determinar si es o no necesaria la motivación de los actos administrativos.

Al respecto parece conveniente resaltar ya que la regla general en nuestro Derecho es el carácter meramente facultativo de dicha "motivación", salvo en los supuestos expresamente señalados en el artículo 54.1 de la LRJPAC, conforme al cual: "Serán motivados, con sucinta referencia de hechos y fundamentos de derecho:

a) Los actos que limiten derechos subjetivos o intereses legítimos.

b) Los que resuelvan procedimientos de revisión de oficio de disposiciones o actos administrativos, recursos administrativos, reclamaciones previas a la vía judicial y procedimientos de arbitraje.

c) Los que se separen del criterio seguido en actuaciones precedentes o del dictamen de órganos consultivos.

d) Los acuerdos de suspensión de actos, cualquiera que sea el motivo de ésta, así como la adopción de medidas provisionales previstas en los artículos 72 y 136 de esta Ley.

e) Los acuerdos de aplicación de la tramitación de urgencia o de ampliación de plazos.

f) Los que se dicten en el ejercicio de potestades discrecionales, así como los que deban serlo en virtud de disposición legal o reglamentaria expresa.

Finalmente, hemos de tener en cuenta, como dice Garrido Falla, que si la motivación puede tener una importancia secundaria cuando se trata de actos reglados, adquiere, sin embargo, especial relieve en relación con los actos discrecionales, para permitir su posterior control jurisdiccional.

2.2. La forma

Con relación a los actos administrativos, la expresión "forma" abarca el conjunto de formalidades y trámites a través de los cuales la voluntad administrativa se configura; esto es, el procedimiento de formación de dicha voluntad.

En este sentido amplio Garrido Falla distingue:

– La forma de integración de la voluntad administrativa o procedimiento administrativo.

– La forma de la declaración de la voluntad administrativa o forma de exteriorización.

Veámoslas:

2.2.1. Formas de integración

La sumisión del actuar administrativo a un determinado procedimiento ha pasado a ser en nuestro Derecho una exigencia constitucional (art. 105 c) de la Constitución). El procedimiento sería un modo de producción de un acto por aplicación de normas jurídicas superiores a ese acto. El acto administrativo no puede ser producido de cualquier manera, a voluntad del titular del órgano a quien compete tal producción sino que ha de seguir para llegar al mismo un procedimiento determinado.

El procedimiento es, pues, un cauce necesario para la producción de actos administrativos. Así, el artículo 53 de la LRJPAC dice: "Los actos administrativos se producirán por el órgano competente ajustándose al procedimiento establecido".

2.2.2. Forma de exteriorización

Como regla general, los actos administrativos se producirán o consignarán "por escrito". A veces, sin embargo, cuando su naturaleza o circunstancia lo exijan o permitan otra forma de expresión o constancia, podrá emplearse la forma verbal e incluso la mímica. Se citan como ejemplos de forma verbal las órdenes jerárquicas y algunas órdenes expedidas por la policía de seguridad.

Artículo 55. Forma

1. Los actos administrativos se producirán por escrito a menos que su naturaleza exija o permita otra forma más adecuada de expresión y constancia.

2. En los casos en que los órganos administrativos ejerzan su competencia de forma verbal, la constancia escrita del acto, cuando sea necesaria, se efectuará y firmará por el titular del órgano inferior o funcionario que la reciba oralmente, expresando en la comunicación del mismo la autoridad de la que procede. Si se tratara de resoluciones, el titular de la competencia deberá autorizar una relación de las que haya dictado de forma verbal, con expresión de su contenido.

3. Cuando deba dictarse una serie de actos administrativos de la misma naturaleza, tales como nombramientos, concesiones o licencias, podrán refundirse en un único acto, acordado por el órgano competente, que especificará las personas u otras circunstancias que individualicen los efectos del acto para cada interesado.

3. LA EFICACIA DE LOS ACTOS ADMINISTRATIVOS

3.1. La ejecutividad de los actos administrativos

El acto administrativo se perfecciona cuando en su producción concurren todos los elementos esenciales, lo que lleva consigo que se le atribuya una presunción de validez que dispensa a la Administración autora del acto de seguir ningún tipo de proceso declarativo si alguien, en cualesquiera instancias, pusiera en duda o pretendiera su invalidez.

Un acto administrativo se perfecciona una vez que está constituido por el conjunto de elementos subjetivos, objetivos y formales que condicionan su validez. No obstante lo anterior, tanto los actos válidos como los viciados producen los efectos jurídicos por ellos pretendidos, en la medida que el artículo 57 de la LRJPAC establece la presunción de validez.

A este especial efecto de los actos administrativos se refieren los artículos 56 y 57 de la Ley 30/92 de 26 de noviembre, Ley de Régimen Jurídico de las Administraciones Públicas y del Procedimiento Administrativo Común que establecen:

Artículo 56. Ejecutividad

Los actos de las Administraciones Públicas sujetos al Derecho Administrativo serán ejecutivos con arreglo a lo dispuesto en esta Ley.

Artículo 57. Efectos

1. Los actos de las Administraciones Públicas sujetos al Derecho Administrativo se presumirán válidos y producirán efectos desde la fecha en que se dicten, salvo que en ellos se disponga otra cosa.

Como dice R. Parada, la presunción de validez –o, lo que es igual, de legitimidad o de legalidad– del acto administrativo no es, sin embargo, una presunción *iuris et de iure*, sino una simple presunción *iuris tantum,* es decir, que admite prueba en contrario en todo tipo de procedimientos o procesos impugnativos en los que frontalmente se discuta sobre su invalidez.

La presunción de validez cubre efectivamente los actos definitivos, pero no toda la actividad probatoria previa a éstos y que se refleja en el expediente administrativo, pues, como dice el Tribunal Supremo, "la presunción de legalidad que adorna los actos administrativos no significa un desplazamiento de la carga de la prueba que, conforme a las reglas, corresponde a la Administración, cuyas resoluciones han de sustentarse en el pleno acreditamiento del presupuesto fáctico que invoquen". (Sentencia del Tribunal Supremo de 22 de Mayo de 1981).

No obstante, la eficacia quedará demorada:

a) **Cuando así lo exija el contenido del acto.**

Principalmente se refiere a los supuestos de condición o término suspensivo.

b) **Cuando esté supeditada a la notificación o publicación.**

c) **Cuando sea preceptiva la aprobación superior.**

Además, excepcionalmente, podrá otorgarse **eficacia retroactiva a los actos cuando**:

1. Se dicten en sustitución de actos anulados, y, asimismo,

2. Cuando produzcan efectos favorables al interesado, siempre que:

   ▷ Los supuestos de hecho necesarios existieran ya en la fecha a que se retrotraiga la eficacia del acto.

   ▷ Y ésta no lesione derechos o intereses legítimos de otras personas.

Como hemos dicho la jurisprudencia del Tribunal Supremo ha interpretado el principio de la presunción de validez de los actos administrativos en el sentido de que la carga de accionar, de recurrir para destruir aquella presunción, corresponde al administrado; sin que ello signifique que la carga de la prueba de los hechos o fundamentos fácticos en los que se basa la potestad administrativa se desplace a los ciudadanos, pues éstos han de ser probados por **la Administración** en la medida que integran el supuesto de hecho de la norma que la Administración invoca para imponer una consecuencia jurídica (Sentencias 26 de diciembre de 1990; 29 de noviembre de 1991).

Este privilegio se conoce con el nombre de autotutela declarativa, es decir, se presume que el acto es válido y por eso produce efecto desde que se dicta.

Es la denominada ejecutividad del acto administrativo, en virtud de la cual cuando éste se dicte puede y debe ser llevado a la práctica. Y junto a ella, se ha distinguido la ejecutoriedad, ejecución forzosa o acción de oficio (que en cualquiera de estas formas es llamada), regulada por extenso en los artículos 93 a 101 de la LRJPAC y en virtud de la cual la Administración lleva a la práctica el acto administrativo cuando el particular obligado a ello no lo hace voluntariamente.

Hay que saber distinguir en consecuencia, este privilegio de **Ejecutividad** (o eficacia) de lo que se denomina la **Ejecutoriedad**, o acción de oficio o privilegio de decisión ejecutoria, esto es, la potestad de la Administración para llevar a efecto el mandato que el acto incorpora violentando la posesión y la libertad personal del administrado sin necesidad de la intervención judicial.

También se denomina a la Ejecutoriedad como Ejecución Forzosa.

Los medios de ejecución forzosa que se contemplan en la LRJPAC son:

- Apremio sobre el Patrimonio.
- Multa coercitiva.
- Compulsión sobre las personas.
- Ejecución subsidiaria

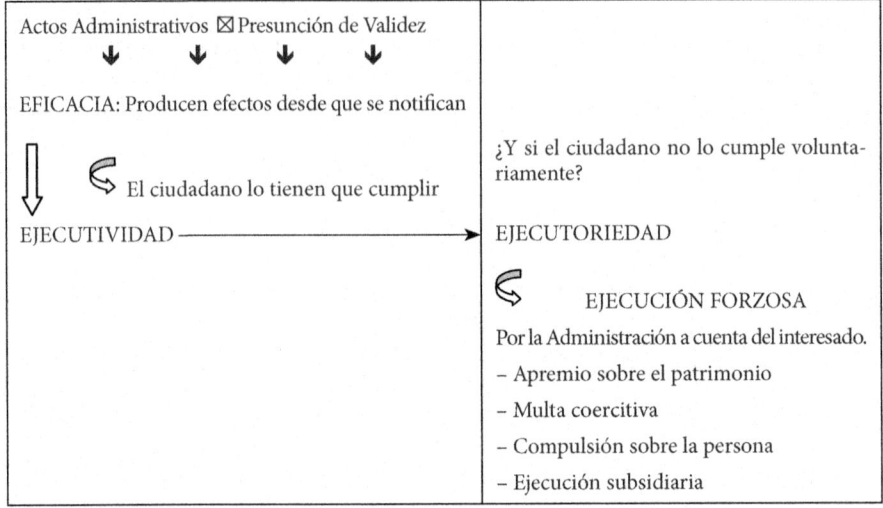

3.2. El principio de autotutela declarativa

Todos los actos administrativos, salvo aquellos a que expresamente la Ley se lo niegue son ejecutorios; esto es, obligan al inmediato cumplimiento, aunque otro sujeto discrepe de su legalidad. Como veremos, esta eventual discrepancia ha de instrumentarse precisamente como una impugnación del acto, impugnación que no suspende por ello la obligación de su cumplimiento ni su ejecución.

Por ello se dice que la decisión administrativa se beneficia de una "presunción de legalidad" que la hace de cumplimiento necesario, sin necesidad de tener que obtener ninguna sentencia declarativa previa. Previamente a cualquier verificación por el juez (la cual queda desplazada a una eventual intervención *a posteriori* en el posible proceso impugnatorio que contra el acto puede montarse), la decisión de la Administración vincula a la obediencia. La doctrina habla por ello, expresivamente, de un **privilegio** de decidir previamente a toda intervención del juez, en el doble sentido de que para ser obligatoria la decisión administrativa no precisa el previo control judicial y de que ese control solo es posible cuando la Administración previamente ha decidido de manera ejecutoria.

De esa "presunción de legitimidad" de los actos administrativos derivan una serie de consecuencias importantes:

a) Como precisa el artículo 57.1 LRJPAC: "Los actos de las Administraciones Públicas sujetos al Derecho Administrativo se presumirán válidos y producirán efectos desde la fecha en que se dicten", lo cual trae como consecuencia que el particular a quien afecte tal declaración administrativa resulta, desde el momento en que ésta se le notifica, titular del derecho o la obligación declarada por la Administración por la fuerza misma de la declaración.

b) La presunción de legalidad de la decisión es, obviamente, *iuris tantum* y no definitiva. No tiene, pues, el acto de la Administración el valor definitivo de una sentencia declarativa, de modo que es erróneo técnicamente hablar, como se ha hecho, de "fuerza de cosa juzgada".(es decir esta presunción de validez admite prueba en contrario).

Conviene notar que el mecanismo expuesto, que desplaza la carga de accionar al administrado, no implica necesariamente un desplazamiento paralelo de la carga de la prueba dentro del proceso. La Administración es titular de la carga de la prueba con normalidad en el plano material de las relaciones (art. 78 LRJPAC), de modo que si la ha desatendido y no obstante ha dado sin prueba por probados determinados hechos, la decisión que adopte será invalida (en este sentido, rotundamente, la Sentencia de 12 de noviembre de 1974). El administrado tendrá la carga de impugnar esta decisión y de justificar su ilegalidad, desde luego, para hacerlo le bastará con invocar la desatención de la carga de la prueba que incumbía a la Administración, argumento formal que no le grava a él en el proceso con la carga de hacer una prueba contraria, muchas veces, por lo demás (siempre que se trate de hechos negativos), virtualmente imposible.

3.3. Efectos: demora y retroactividad

Por eficacia de los actos administrativos se entiende, en primer lugar, la producción de los efectos propios de cada uno, definiendo derechos y creando obligaciones de forma unilateral.

La Jurisprudencia distingue entre validez y eficacia de los actos. La primera, como dice el Tribunal Supremo y acabamos de ver, supone la concurrencia en el acto de todos los elementos que lo integran y tiene lugar desde el momento que se dictan o acuerdan, mientras que la eficacia hace referencia a la producción temporal de efectos que puede hallarse supeditada a la notificación, publicación o aprobación posterior del acto válido.

Efectivamente es así con carácter general. Los actos administrativos –como los actos jurídico-privados y las normas– se dictan para el futuro, y por ello producen efectos desde la fecha en que se dicten. No obstante, este principio sufre dos órdenes de excepciones, bien por la demora de la eficacia, bien por la irretroactividad tal y como establece el artículo 57.3 de la LRJPAC:

"La eficacia quedará demorada cuando así lo exija el contenido del acto o esté supeditada a su notificación, publicación o aprobación superior. Excepcionalmente, podrá otorgarse eficacia retroactiva a los actos cuando se dicten en sustitución de actos anulados, y, asimismo, cuando produzcan efectos favorables al interesado, siempre que los supuestos de hecho necesarios existieran ya en la fecha a que se retrotraiga la eficacia del acto y ésta no lesione derechos o intereses legítimos de otras personas."

La demora en la eficacia del acto administrativo, es decir, el retraso en la producción de sus efectos propios, puede originarse porque así lo exija la naturaleza del acto (hasta la toma de posesión no es eficaz el nombramiento del funcionario); porque el contenido accidental incluya una condición suspensiva o término inicial que así lo establezca; o bien, por último, porque la eficacia quede supeditada a su notificación, publicación o aprobación superior. Además, el acto ya eficaz puede dejar de producir efectos en los casos de suspensión.

La proyección de la eficacia del acto sobre el tiempo pasado se gobierna por la regla general de la irretroactividad, principio sin excepción para los actos de gravamen o limitativos de derechos en aplicación inexcusable del artículo 9.3 de la Constitución, que garantiza "la irretroactividad de las disposiciones sancionadoras no favorables o restrictivas de derechos individuales", debiendo entenderse aquí por "disposición" no sólo los reglamentos, sino también, y con mayor motivo, los actos administrativos.

Para los actos favorables o ampliativos, el principio general es también la irretroactividad. Sin embargo es posible la eficacia retroactiva cuando se dicten en sustitución de actos anulados, y, asimismo, cuando produzcan efectos favorables al interesado, siempre que los supuestos de hecho necesarios existieren ya en la fecha a que se retrotraiga la eficacia del acto y éste no lesione derechos o intereses legítimos de otras personas (art. 57.3 de la LRJPAC). Aunque en estos casos la Ley afirma que la retroactividad tendrá carácter excepcional, el Tribunal Supremo, con buen juicio, parece imponer la eficacia retroactiva a los actos dictados tanto en sustitución de actos anulables como de actos nulos de pleno derecho. A favor de esta tesis están los principios de buena fe, de seguridad jurídica y legalidad, "pues sería anómalo, y, por tanto, rechazable, que la infracción del ordenamiento jurídico por la Administración beneficiase a ésta retrasando el nacimiento de situaciones jurídicas y sus consecuencias más allá del momento en que debieron nacer."

La eficacia retroactiva de los actos favorables estará siempre condicionada, en primer lugar, a que los supuestos de hecho necesarios existieran ya en el momento a que se retrotraiga la eficacia del acto y, en segundo término, a que no lesione derechos o intereses de otra persona, pues la retroactividad de un acto, aunque sea beneficiosa para unos interesados, puede ser gravosa o perjudicial para otros (por ejemplo: el ascenso de un funcionario puede perjudicar a otros del mismo escalafón).

4. NOTIFICACIÓN Y PUBLICACIÓN

4.1. De la notificación

El artículo 58 de la LRJPAC señala el **contenido** y **plazos** de la notificación al establecer:

Artículo 58. Notificación

1. Se notificarán a los interesados las resoluciones y actos administrativos que afecten a sus derechos e intereses, en los términos previstos en el artículo siguiente.

2. Toda notificación deberá ser cursada dentro del plazo de diez días a partir de la fecha en que el acto haya sido dictado, y deberá contener el texto íntegro de la resolución, con indicación de si es o no definitivo en la vía administrativa, la expresión de los recursos que procedan, órgano ante el que hubieran de presentarse y plazo para interponerlos, sin perjuicio de que los interesados puedan ejercitar, en su caso, cualquier otro que estimen procedente.

3. Las notificaciones que conteniendo el texto íntegro del acto omitiesen alguno de los demás requisitos previstos en el apartado anterior surtirán efecto a partir de la fecha en que el interesado realice actuaciones que supongan el conocimiento del contenido y alcance de la resolución o acto objeto de la notificación o resolución, o interponga cualquier recurso que proceda.

4. Sin perjuicio de lo establecido en el apartado anterior, y a los solos efectos de entender cumplida la obligación de notificar dentro del plazo máximo de duración de los procedimientos, será suficiente la notificación que contenga cuando menos el texto íntegro de la resolución, así como el intento de notificación debidamente acreditado.

A continuación el artículo 59, señala como se realiza la práctica de la notificación, y establece:

Artículo 59. Práctica de la notificación

1. Las notificaciones se practicarán por cualquier medio que permita tener constancia de la recepción por el interesado o su representante, así como de la fecha, la identidad y el contenido del acto notificado.

La acreditación de la notificación efectuada se incorporará al expediente.

2. En los procedimientos iniciados a solicitud del interesado, la notificación se practicará en el lugar que éste haya señalado a tal efecto en la solicitud. Cuando ello no fuera posible, en cualquier lugar adecuado a tal fin, y por cualquier medio conforme a lo dispuesto en el apartado 1 de este artículo.

Cuando la notificación se practique en el domicilio del interesado, de no hallarse presente éste en el momento de entregarse la notificación podrá hacerse cargo de la misma cualquier persona que se encuentre en el domicilio y haga constar su identidad. Si nadie pudiera hacerse cargo de la notificación, se hará constar esta circunstancia en el expediente, junto con el día y la hora en que se intentó la notificación, intento que se repetirá por una sola vez y en una hora distinta dentro de los tres días siguientes.

3. Para que la notificación se practique utilizando medios telemáticos se requerirá que el interesado haya señalado dicho medio como preferente o consentido expresamente su utilización, identificando además la dirección electrónica correspondiente, que deberá cumplir con los requisitos reglamentariamente establecidos. En estos casos, la notificación se entenderá practicada a todos los efectos legales en el momento en que

se produzca el acceso a su contenido en la dirección electrónica. Cuando, existiendo constancia de la recepción de la notificación en la dirección electrónica, transcurrieran diez días naturales sin que se acceda a su contenido, se entenderá que la notificación ha sido rechazada con los efectos previstos en el siguiente apartado, salvo que de oficio o a instancia del destinatario se compruebe la imposibilidad técnica o material del acceso.

4. Cuando el interesado o su representante rechace la notificación de una actuación administrativa, se hará constar en el expediente, especificándose las circunstancias del intento de notificación y se tendrá por efectuado el trámite siguiéndose el procedimiento.

5. Cuando los interesados en un procedimiento sean desconocidos, se ignore el lugar de la notificación o el medio a que se refiere el punto 1 de este artículo, o bien, intentada la notificación, no se hubiese podido practicar, la notificación se hará por medio de anuncios en el tablón de edictos del Ayuntamiento en su último domicilio, en el *Boletín Oficial del Estado*, de la Comunidad Autónoma o de la Provincia, según cual sea la Administración de la que se proceda el acto a notificar, y el ámbito territorial del órgano que lo dictó.

En el caso de que el último domicilio conocido radicara en un país extranjero, la notificación se efectuará mediante su publicación en el tablón de anuncios del Consulado o Sección Consular de la Embajada correspondiente.

Las Administraciones públicas podrán establecer otras formas de notificación complementarias a través de los restantes medios de difusión, que no excluirán la obligación de notificar conforme a los dos párrafos anteriores.

6. La publicación, en los términos del artículo siguiente, sustituirá a la notificación surtiendo sus mismos efectos en los siguientes casos:

a) Cuando el acto tenga por destinatario a una pluralidad indeterminada de personas o cuando la Administración estime que la notificación efectuada a un solo interesado es insuficiente para garantizar la notificación a todos, siendo, en este último caso, adicional a la notificación efectuada.

b) Cuando se trate de actos integrantes de un procedimiento selectivo o de concurrencia competitiva de cualquier tipo. En este caso, la convocatoria del procedimiento deberá indicar el tablón de anuncios o medios de comunicación donde se efectuarán las sucesivas publicaciones, careciendo de validez las que se lleven a cabo en lugares distintos.

4.2. De la publicación

Añaden los artículos 60 y 61 de la LRJPAC que:

Artículo 60. Publicación

1. Los actos administrativos serán objeto de publicación cuando así lo establezcan las normas reguladoras de cada procedimiento o cuando lo aconsejen razones de interés público apreciadas por el órgano competente.

2. La publicación de un acto deberá contener los mismos elementos que el punto 2 del artículo 58 exige respecto de las notificaciones. Será también aplicable a la publicación lo establecido en el punto 3 del mismo artículo. En los supuestos de publicaciones de actos que contengan elementos comunes, podrán publicarse de forma conjunta los aspectos coincidentes, especificándose solamente los aspectos individuales de cada acto.

Artículo 61. Indicación de notificaciones y publicaciones

Si el órgano competente apreciase que la notificación por medio de anuncios o la publicación de un acto lesiona derechos o intereses legítimos, se limitará a publicar en el diario oficial que corresponda una somera indicación del contenido del acto y del lugar donde los interesados podrán comparecer, en el plazo que se establezca, para conocimiento del contenido íntegro del mencionado acto y constancia de tal conocimiento.

Tema 10

Las relaciones entre la Administración Pública y los ciudadanos

Las relaciones entre la Administración Pública y los ciudadanos.
Interesados: concepto y tipos.
Derechos de los ciudadanos.
Cómputo de los plazos.
Ampliación de plazos y tramitación de urgencia.
La información y atención al ciudadano.

Volumen I
Parte Común

Auxiliares de Administración Local

Rodio ediciones

Índice esquemático

© Ediciones Rodio

1. LAS RELACIONES ENTRE LAS ADMINISTRACIONES PÚBLICAS Y LOS CIUDADANOS

La sociedad española ha evolucionado profundamente a partir de las últimas décadas del siglo XX. La elevación del nivel cultural de la población española, el desarrollo económico y la configuración de una "sociedad del bienestar", la homogeneización de los estilos de vida en términos "urbanos" y el deseo de los ciudadanos de participar, individual o asociativamente, en la adopción de aquellas decisiones que les afectan, conforman los rasgos de una sociedad dinámica que va por delante del aparato administrativo, demandando y exigiendo de la Administración el cumplimiento de su razón de ser: el servicio público.

La Administración, en el más amplio sentido de la palabra, se legitima a los ojos de los ciudadanos en la medida en que sea capaz de prestar los servicios de forma eficiente y eficaz.

Nos encontramos, pues, con la necesidad de una profunda transformación del modelo de Administración que la haga evolucionar de la configuración que tenía a finales del siglo XX a la de "ente prestador de servicios". Este cambio está suponiendo una radical modificación de todo lo que conforma el ámbito interno de la Administración: estructura, modelos organizativos, cultura, filosofía, técnicas de trabajo, etc. A todo ello es a lo que apelamos con el concepto tan en boga de "modernización de las administraciones públicas".

La Administración debe establecer las premisas para implantar una cultura de mejora continua en la comunicación con los ciudadanos. Los objetivos de cualquier comunicación deben ser:

– Conocer las necesidades de los ciudadanos y adaptar a ellas las actuaciones de la Administración.

– Informar y orientar a los ciudadanos sobre derechos, documentación y trámites internos.

– Simplificar obligaciones y formularios.

– Disminuir el descontento ante la Administración.

– Aumentar la eficacia del trabajo de los funcionarios.

– Aplicar los avances de las nuevas tecnologías de la comunicación al tratamiento de la información en la Administración.

Se trata también de acercar la Administración a los ciudadanos para conseguir.

– **Mejorar** la atención al ciudadano.

– **Potenciar** los servicios de información administrativa.

– **Facilitar** el acceso de los ciudadanos a la información administrativa.

2. INTERESADOS: CONCEPTO Y TIPOS

Como hemos visto en la estructura de la LRJPAC, la misma dedica el Título III a los interesados, y establece:

Artículo 30. Capacidad de obrar

Tendrán capacidad de obrar ante las Administraciones Públicas, además de las personas que la ostenten con arreglo a las normas civiles, los menores de edad para el ejercicio y defensa de aquellos de sus derechos e intereses cuya actuación esté permitida por el ordenamiento jurídico-administrativo sin la asistencia de la persona que ejerza la patria potestad, tutela o curatela. Se exceptúa el supuesto de los menores incapacitados, cuando la extensión de la incapacitación afecte al ejercicio y defensa de los derechos o intereses de que se trate.

Pues bien, este concepto de capacidad de obrar requiere realizar la siguiente aclaración.

En el Derecho Privado existe una teoría general de la capacidad de las personas, en virtud de la cual quien ostente la capacidad jurídica (desde el nacimiento, prácticamente) y de obrar (desde que, como regla general, se alcanza la mayoría de edad) puede entablar todo tipo de relaciones jurídicas con otros (por ejemplo, adquirir o vender bienes).

Sin embargo, en el Derecho Administrativo no se ha elaborado esta teoría respecto de la capacidad de las personas necesaria para poder entablar una relación jurídico-administrativa, dado que la relación jurídico-administrativa suele establecerse "intuitu personae" (en consideración a la persona); en consecuencia, el ordenamiento jurídico exige diversos requisitos de capacidad según el tipo de relación de que se trate (así, por ejemplo, para el acceso a la Función Pública, se suelen especificar todos los requisitos que ha de reunir la persona que pretenda servir a la Administración: mayoría de edad, titulación específica para la plaza a que se opta, etc.).

Por eso, habrá que estar a la norma en concreto que regule la relación de que se trate para saber qué capacidad es exigible al Administrado, sin perjuicio de que, el propio Derecho Administrativo se base en las reglas de la capacidad de Derecho Privado o de que, en ocasiones (por ejemplo, para plantear un recurso económico-administrativo) permita a los menores de edad (incapaces de obrar en el Derecho Privado) actuar en defensa de sus intereses.

Artículo 31. Concepto de interesado

1. **Se consideran interesados en el procedimiento administrativo**:

a) Quienes lo promuevan como titulares de derechos o intereses legítimos individuales o colectivos.

b) Los que, sin haber iniciado el procedimiento, tengan derechos que puedan resultar afectados por la decisión que en el mismo se adopte.

c) Aquellos cuyos intereses legítimos, individuales o colectivos, puedan resultar afectados por la resolución y se personen en el procedimiento en tanto no haya recaído resolución definitiva.

2. Las asociaciones y organizaciones representativas de intereses económicos y sociales, serán titulares de intereses legítimos colectivos en los términos que la Ley reconozca.

3. Cuando la condición de interesado derivase de alguna relación jurídica transmisible, el derechohabiente sucederá en tal condición cualquiera que sea el estado del procedimiento.

Artículo 32. Representación

1. Los interesados con capacidad de obrar podrán actuar por medio de representante, entendiéndose con éste las actuaciones administrativas, salvo manifestación expresa en contra del interesado.

2. Cualquier persona con capacidad de obrar podrá actuar en representación de otra ante las Administraciones Públicas.

3. Para formular solicitudes, entablar recursos, desistir de acciones y renunciar a derechos en nombre de otra persona, deberá acreditarse la representación por cualquier medio válido en derecho que deje constancia fidedigna, o mediante declaración en comparecencia personal del interesado. Para los actos y gestiones de mero trámite se presumirá aquella representación.

4. La falta o insuficiente acreditación de la representación no impedirá que se tenga por realizado el acto de que se trate, siempre que se aporte aquélla o se subsane el defecto dentro del plazo de diez días que deberá conceder al efecto el órgano administrativo, o de un plazo superior cuando las circunstancias del caso así lo requieran.

Artículo 33. Pluralidad de interesados

Cuando en una solicitud, escrito o comunicación figuren varios interesados, las actuaciones a que den lugar se efectuarán con el representante o el interesado que expresamente hayan señalado, y, en su defecto, con el que figure en primer término.

Artículo 34. Identificación de interesados

Si durante la instrucción de un procedimiento que no haya tenido publicidad en forma legal, se advierte la existencia de personas que sean titulares de derechos o intereses legítimos y directos cuya identificación resulte del expediente y que puedan resultar afectados por la resolución que se dicte, se comunicará a dichas personas la tramitación del procedimiento.

3. DERECHOS DE LOS CIUDADANOS

La LRJPAC contiene un largo catálogo de derechos que poseemos todos los ciudadanos y que se enumeran en su artículo 35, dicho catálogo de derechos no es sino una ampliación de los derechos y libertades consagradas en el Título I de la Constitución Española, que se amplían en el sentido de que los ciudadanos, cuando se relacionan con una Administración Pública, tienen además:

Artículo 35. Derechos de los ciudadanos

Los ciudadanos, en sus relaciones con las Administraciones Públicas, tienen los siguientes derechos:

a) A conocer, en cualquier momento, el estado de la tramitación de los procedimientos en los que tengan la condición de interesados, y obtener copias de documentos contenidos en ellos.

b) A identificar a las autoridades y al personal al servicio de las Administraciones Públicas bajo cuya responsabilidad se tramiten los procedimientos.

c) A obtener copia sellada de los documentos que presenten, aportándola junto con los originales, así como a la devolución de éstos, salvo cuando los originales deban obrar en el procedimiento.

d) A utilizar las lenguas oficiales en el territorio de su Comunidad Autónoma, de acuerdo con lo previsto en esta Ley y en el resto de Ordenamiento Jurídico.

e) A formular alegaciones y a aportar documentos en cualquier fase del procedimiento anterior al trámite de audiencia, que deberán ser tenidos en cuenta por el órgano competente al redactar la propuesta de resolución.

f) A no presentar documentos no exigidos por las normas aplicables al procedimiento de que se trate, o que ya se encuentren en poder de la Administración actuante.

g) A obtener información y orientación acerca de los requisitos jurídicos o técnicos que las disposiciones vigentes impongan a los proyectos, actuaciones o solicitudes que se propongan realizar.

h) Al acceso a los registros y archivos de las Administraciones Públicas en los términos previstos en la Constitución y en ésta u otras Leyes.

i) A ser tratados con respeto y deferencia por las autoridades y funcionarios, que habrán de facilitarles el ejercicio de sus derechos y el cumplimiento de sus obligaciones.

j) A exigir las responsabilidades de las Administraciones Públicas y del personal a su servicio, cuando así corresponda legalmente.

k) Cualesquiera otros que les reconozcan la Constitución y las Leyes.

En relación con los puntos 3, 5 y 6 de este artículo mencionaremos el **R.D. 772/1999 del 7 de Mayo, por el que se regula la presentación de solicitudes, escritos y comunicaciones ante la Administración General del Estado**, la expedición de copias de documentos y devolución de originales y el régimen de las oficinas de registro.

El artículo 2 de dicho Real Decreto regula los lugares de presentación, estableciendo:

1. Los ciudadanos tienen derecho a presentar las solicitudes, escritos y comunicaciones que se dirijan a los órganos de cualquier Administración Pública o de las Entidades de Derecho Público vinculadas o dependientes de aquellas, así como la documentación complementaria que acompañe a aquellas, en cualquiera de los siguientes lugares del ámbito de la Administración General del Estado:

a) En las oficinas de registro del órgano administrativo al que se dirijan.

b) En las oficinas de registro de cualquier órgano administrativo perteneciente a la Administración General del Estado, o de los órganos públicos vinculados o dependientes de ella.

c) En las oficinas de correos, en la forma establecida reglamentariamente.

d) En las representaciones diplomáticas y oficinas consulares de España en el extranjero.

e) En cualquier otro lugar que establezcan las disposiciones vigentes.

Así mismo podrán entregar las solicitudes y escritos dirigidos a la Administración General del Estado en los siguientes lugares:

a) En los registros de las Administraciones de las Comunidades Autónomas.

b) En los registros de las Entidades que integran la Administración Local, siempre que previamente se haya suscrito el correspondiente convenio.

Continúan los artículos 3, 4, 5 y 6 diciendo:

Artículo 3. Medios de presentación

1. La presentación de solicitudes, escritos, comunicaciones y documentos en cualquiera de los lugares previstos en el apartado 1 del artículo anterior se podrá efectuar por los siguientes medios:

a) En soporte papel.

b) Por medios informáticos, electrónicos o telemáticos, de acuerdo con lo previsto en el Real Decreto 263/1996, de 16 de febrero, por el que se regula la utilización de técnicas electrónicas, informáticas y telemáticas en la Administración General del Estado.

2. En las oficinas de registro a las que se refiere el artículo 2.1.a) y b) se pondrá a disposición de aquéllas personas que pretendan la presentación simultánea de un número superior a 10 solicitudes, escritos o comunicaciones un modelo para que relacionen aquéllas, numerándolas y especificando la identidad de los interesados, los órganos destinatarios así como un extracto de los contenidos.

Artículo 4. Efectos de la presentación

1. La fecha de entrada de las solicitudes, escritos y comunicaciones dirigidos a la Administración General del Estado y a sus Organismos públicos en los lugares previstos en el artículo 2 de este Real Decreto producirá efectos, en su caso, en cuanto al cumplimiento de los plazos de los ciudadanos.

2. La fecha de entrada de las solicitudes, escritos y comunicaciones a las que se refiere el apartado anterior en las oficinas de registro del órgano competente para su tramitación producirá como efecto el inicio del cómputo de los plazos que haya de cumplir la Administración, y en particular del plazo máximo para notificar la resolución expresa.

A este respecto, en el ámbito de los Departamentos ministeriales se entiende por registro del órgano competente para la tramitación cualquiera de los pertenecientes al departamento competente para iniciar aquélla, con la excepción de los correspondientes a sus Organismos públicos.

No obstante, en los procedimientos iniciados a solicitud del interesado cuya tramitación y resolución corresponda a órganos integrados en el Órgano Central del Ministerio de Defensa, Estado

Mayor de la Defensa y Cuarteles Generales de los Ejércitos, el plazo para resolver y notificar se contará desde la fecha en que la solicitud haya tenido entrada en los registros de los citados órganos.

Artículo 5. Modelos y sistemas normalizados de solicitud

1. Cuando se estime conveniente para facilitar a los ciudadanos la aportación de los datos e informaciones requeridos o para simplificar la tramitación del correspondiente procedimiento, el órgano competente para su instrucción o resolución podrá establecer modelos normalizados de solicitud. En todo caso, deberán establecerse tales modelos cuando concurra la circunstancia señalada en el artículo 70.4 de la Ley 30/1992, de 26 de noviembre, de Régimen Jurídico de las Administraciones Públicas y del Procedimiento Administrativo Común.

2. Los modelos a los que se refiere el apartado anterior podrán integrarse en sistemas normalizados de solicitud que permitan la transmisión por medios telemáticos de los datos e informaciones requeridos siempre que se garantice el cumplimiento de los requisitos contemplados en el artículo 45 de la Ley 30/1992, de 26 de noviembre, de Régimen Jurídico de las Administraciones Públicas y del Procedimiento Administrativo Común, y en el Real Decreto 263/1996, de 16 de febrero, por el que se regula la utilización de técnicas electrónicas, informáticas y telemáticas en la Administración General del Estado. Los sistemas normalizados de solicitud deberán establecerse por Orden del titular del Ministerio correspondiente, previo informe favorable del Ministerio de Administraciones Públicas.

Artículo 6. Recibos de presentación

1. La expedición de los recibos acreditativos de la fecha de presentación de cualquier solicitud, escrito o comunicación, a los que se refiere el artículo 70.3 de la Ley 30/1992, de 26 de noviembre, de Régimen Jurídico de las Administraciones Públicas y del Procedimiento Administrativo Común, en los lugares señalados en el artículo 2.1 de este Real Decreto, se efectuará en el mismo momento de la presentación de la solicitud, escrito o comunicación.

2. Cuando la solicitud, escrito o comunicación esté en soporte papel y la presentación se efectúe por el ciudadano o su representante acompañando una copia, el recibo consistirá en la mencionada copia en la que se hará constar el lugar de presentación, así como la fecha.

En este supuesto, el órgano competente para expedir el recibo deberá verificar la exacta concordancia entre el contenido de la solicitud, escrito o comunicación original y el de su copia.

Si el ciudadano o su representante no la aportase, el órgano competente podrá optar por realizar una copia de la solicitud, escrito o comunicación con iguales requisitos que los señalados en el párrafo anterior o por la expedición de un recibo en el que además conste el remitente, el órgano destinatario y un extracto del contenido de la solicitud, escrito o comunicación.

3. Cuando en los supuestos previstos en el Real Decreto 263/1996, de 16 de febrero, por el que se regula la utilización de técnicas electrónicas, informáticas y telemáticas en la Administración General del Estado, el ciudadano efectúe la presentación a través de soportes, medios o aplicaciones informáticas, electrónicas o telemáticas, el recibo se expedirá de acuerdo con las características del soporte, medio o aplicación y deberá reunir los requisitos expresados en los apartados anteriores.

En relación al punto d), el artículo 36 de la Ley 30/1992 establece:

Artículo 36. Lengua de los procedimientos

1. La lengua de los procedimientos tramitados por la Administración General del Estado será el castellano. No obstante lo anterior, los interesados que se dirijan a los órganos de la Administración General del Estado con sede en el territorio de una Comunidad Autónoma podrán utilizar también la lengua que sea cooficial en ella.

En este caso, el procedimiento se tramitará en la lengua elegida por el interesado. Si concurrieran varios interesados en el procedimiento, y existiera discrepancia en cuanto a la lengua, el procedimiento se tramitará en castellano, si bien los documentos o testimonios que requieran los interesados se expedirán en la lengua elegida por los mismos.

2. En los procedimientos tramitados por las Administraciones de las Comunidades Autónomas y de las Entidades Locales, el uso de la lengua se ajustará a lo previsto en la legislación autonómica correspondiente.

3. La Administración pública instructora deberá traducir al castellano los documentos, expedientes o partes de los mismos que deban surtir efecto fuera del territorio de la Comunidad Autónoma y los documentos dirigidos a los interesados que así lo soliciten expresamente. Si debieran surtir efectos en el territorio de una Comunidad Autónoma donde sea cooficial esa misma lengua distinta del castellano, no será precisa su traducción.

En relación al punto h) la propia Ley 30/1.992 lo desarrolla en su artículo 37 que transcribimos literalmente:

Artículo 37. Derecho de acceso a Archivos y Registros

1. Los ciudadanos tienen derecho a acceder a los registros y a los documentos que, formando parte de un expediente, obren en los archivos administrativos, cualquiera que sea la forma de expresión, gráfica, sonora o en imagen o el tipo de soporte material en que figuren, siempre que tales expedientes correspondan a procedimientos terminados en la fecha de la solicitud.

2. El acceso a los documentos que contengan datos referentes a la intimidad de las personas estará reservado a éstas, que, en el supuesto de observar que tales datos figuran incompletos o inexactos, podrán exigir que sean rectificados o completados, salvo que figuren en expedientes caducados por el transcurso del tiempo, conforme a los plazos máximos que determinen los diferentes procedimientos, de los que no pueda derivarse efecto sustantivo alguno.

3. El acceso a los documentos de carácter nominativo que sin incluir otros datos pertenecientes a la intimidad de las personas figuren en los procedimientos de aplicación del derecho, salvo los de carácter sancionador o disciplinario, y que, en consideración a su contenido, puedan hacerse valer para el ejercicio de los derechos de los ciudadanos, podrá ser ejercido, además de por sus titulares, por terceros que acrediten un interés legítimo y directo.

4. El ejercicio de los derechos que establecen los apartados anteriores podrá ser denegado cuando prevalezcan razones de interés público, por intereses de terceros más dignos de protección o cuando así lo disponga una Ley, debiendo, en estos casos, el órgano competente dictar resolución motivada.

5. El derecho de acceso no podrá ser ejercido respecto a los siguientes expedientes:

a) Los que contengan información sobre las actuaciones del Gobierno del Estado o de las Comunidades Autónomas, en el ejercicio de sus competencias constitucionales no sujetas a Derecho Administrativo.

b) Los que contengan información sobre la Defensa Nacional o la Seguridad del Estado.

c) Los tramitados para la investigación de los delitos cuando pudiera ponerse en peligro la protección de los derechos y libertades de terceros o las necesidades de las investigaciones que se estén realizando.

d) Los relativos a las materias protegidas por el secreto comercial o industrial.

e) Los relativos a actuaciones administrativas derivadas de la política monetaria.

6. Se regirán por sus disposiciones específicas:

a) El acceso a los archivos sometidos a la normativa sobre materias clasificadas.

b) El acceso a documentos y expedientes que contengan datos sanitarios personales de los pacientes.

c) Los archivos regulados por la legislación del régimen electoral.

d) Los archivos que sirvan a fines exclusivamente estadísticos dentro del ámbito de la función estadística pública.

e) El Registro Civil y el Registro Central de Penados y Rebeldes y los registros de carácter público cuyo uso esté regulado por una Ley.

f) El acceso a los documentos obrantes en los archivos de las Administraciones Públicas por parte de las personas que ostenten la condición de Diputado de las Cortes Generales, Senador, miembro de una Asamblea legislativa de Comunidad Autónoma o de una Corporación Local.

g) La consulta de fondos documentales existentes en los Archivos Históricos.

7. El derecho de acceso será ejercido por los particulares de forma que no se vea afectada la eficacia del funcionamiento de los servicios públicos debiéndose, a tal fin, formular petición individualizada de los documentos que se desee consultar, sin que quepa, salvo para su consideración con carácter potestativo, formular solicitud genérica sobre una materia o conjunto de materias. No obstante, cuando los solicitantes sean investigadores que acrediten un interés histórico, científico o cultural relevante, se podrá autorizar el acceso directo de aquellos a la consulta de los expedientes, siempre que quede garantizada debidamente la intimidad de las personas.

8. El derecho de acceso conllevará el de obtener copias o certificados de los documentos cuyo examen sea autorizado por la Administración, previo pago, en su caso, de las exacciones que se hallen legalmente establecidas.

9. Será objeto de periódica publicación la relación de los documentos obrantes en poder de las Administraciones Públicas sujetos a un régimen de especial publicidad por afectar a la colectividad en su conjunto y cuantos otros puedan ser objeto de consulta por los particulares.

10. Serán objeto de publicación regular las instrucciones y respuestas a consultas planteadas por los particulares u otros órganos administrativos que comporten una interpretación del derecho positivo o de los procedimientos vigentes a efectos de que puedan ser alegadas por los particulares en sus relaciones con la Administración.

4. CÓMPUTO DE LOS PLAZOS

Artículo 47. Obligatoriedad de términos y plazos

Los términos y plazos establecidos en ésta u otras Leyes obligan a las autoridades y personal al servicio de las Administraciones Públicas competentes para la tramitación de los asuntos, así como a los interesados en los mismos.

Artículo 48. Cómputo

1. Siempre que por Ley o normativa comunitaria europea no se exprese otra cosa, cuando los plazos se señalen por días, se entiende que éstos son hábiles, excluyéndose del cómputo los domingos y los declarados festivos.

Cuando los plazos se señalen por días naturales, se hará constar esta circunstancia en las correspondientes notificaciones.

2. Si el plazo se fija en meses o años, éstos se computarán a partir del día siguiente a aquel en que tenga lugar la notificación o publicación del acto de que se trate, o desde el siguiente a aquel en que se produzca la estimación o desestimación por silencio administrativo. Si en el mes de vencimiento no hubiera día equivalente a aquel en que comienza el cómputo, se entenderá que el plazo expira el último día del mes.

3. Cuando el último día del plazo sea inhábil, se entenderá prorrogado al primer día hábil siguiente.

4. Los plazos expresados en días se contarán a partir del día siguiente a aquel en que tenga lugar la notificación o publicación del acto de que se trate o desde el siguiente a aquel en que se produzca la estimación o la desestimación por silencio administrativo.

5. Cuando un día fuese hábil en el Municipio o Comunidad Autónoma en que residiese el interesado, e inhábil en la sede del órgano administrativo, o a la inversa, se considerará inhábil en todo caso.

6. La declaración de un día como hábil o inhábil a efectos de cómputo de plazos no determina por sí sola el funcionamiento de los centros de trabajo de las Administraciones Públicas, la organización del tiempo de trabajo ni el acceso de los ciudadanos a los registros.

7. La Administración General del Estado y las Administraciones de las Comunidades Autónomas, con sujeción al calendario laboral oficial, fijarán en su respectivo ámbito el calendario de días inhábiles a efectos de cómputos de plazos. El calendario aprobado por las Comunidades Autónomas comprenderá los días inhábiles de las Entidades que integran la Administración Local correspondiente a su ámbito territorial, a las que será de aplicación.

Dicho calendario deberá publicarse antes del comienzo de cada año en el diario oficial que corresponda y en otros medios de difusión que garanticen su conocimiento por los ciudadanos.

5. AMPLIACIÓN DE PLAZOS Y TRAMITACIÓN DE URGENCIA

Artículo 49. Ampliación

1. La Administración, salvo precepto en contrario, podrá conceder de oficio o a petición de los interesados, una ampliación de los plazos establecidos, que no exceda de la mitad de los mismos, si las circunstancias lo aconsejan y con ello no se perjudican derechos de tercero. El acuerdo de ampliación deberá ser notificado a los interesados.

2. La ampliación de los plazos por el tiempo máximo permitido se aplicará en todo caso a los procedimientos tramitados por las misiones diplomáticas y oficinas consulares, así como aquellos que, tramitándose en el interior, exijan cumplimentar algún trámite en el extranjero o en los que intervengan interesados residentes fuera de España.

3. Tanto la petición de los interesados como la decisión sobre la ampliación deberán producirse, en todo caso, antes del vencimiento del plazo de que se trate. En ningún caso podrá ser objeto de ampliación un plazo ya vencido. Los acuerdos sobre ampliación de plazos o sobre su denegación no serán susceptibles de recursos.

Artículo 50. Tramitación de urgencia

1. Cuando razones de interés público lo aconsejen se podrá acordar, de oficio o a petición del interesado, la aplicación al procedimiento de la tramitación de urgencia, por la cual se reducirán a la mitad los plazos establecidos para el procedimiento ordinario, salvo los relativos a la presentación de solicitudes y recursos.

2. No cabrá recurso alguno contra el acuerdo que declare la aplicación de la tramitación de urgencia al procedimiento.

6. LA INFORMACIÓN Y ATENCIÓN AL CIUDADANO

6.1. Introducción

Todos los funcionarios públicos para poder desempeñar sus funciones, y en especial aquellas en las que tengan relación directa con los ciudadanos, deberán conocer los derechos que éstos tienen frente a la Administración y que por tanto pueden exigir de ella, así como la normativa aplicable que veremos a lo largo del tema.

En este sentido, la citada Ley 30/1992, de 26 de noviembre, dentro del catálogo de derechos de los ciudadanos, que recoge en su artículo 35, incluye en sus párrafos a), b) y g), tres que se hallan directamente relacionados con la función general de la información, cuya regulación y desarrollo resulta preciso abordar mediante una norma que actualice y potencie la organización, el funcionamiento y la coordinación de los servicios administrativos que centran su trabajo en las tareas de información y orientación a los ciudadanos, y que establezca el marco jurídico de su actuación, el contenido de su competencia, la atribución de funciones y el alcance de su responsabilidad en el ejercicio de aquéllas, conceptos que arrancan de los artículos 33 y 34.1 de la Ley de Procedimiento Administrativo, de 17 de julio de 1958, aún vigentes.

Los últimos preceptos citados no han constituido obstáculo para que, respecto de la función de información administrativa a los ciudadanos, se haya producido la evolución exigida por los principios constitucionales y de la Ley 30/1992, de 26 de noviembre. Esta evolución ha dado como resultado diversas experiencias en los últimos años, que el Real Decreto 208/1996, de 9 de febrero viene a consolidar y sistematizar.

Así el capítulo I en sus artículos 1, 2, y 3 regula las funciones de información administrativa y de atención al ciudadano, comenzando por distinguir los tipos de información que ha de ser ofrecida a los ciudadanos, atendiendo a su contenido y a sus destinatarios; a continuación en el artículo 4 determina las funciones que comprende la atención personalizada, cuya finalidad última no es otra que facilitar a los ciudadanos el ejercicio de sus derechos.

6.2. La información administrativa

"La información administrativa es el cauce adecuado a través del cual los ciudadanos pueden acceder al conocimiento de sus derechos y obligaciones y a la utilización de los bienes y servicios públicos". La información encomendada a las unidades y oficinas a las que se refiere el capítulo II de éste Real Decreto podrá ser general o particular.

A) La información general (art. 2)

1. Es la información administrativa relativa a la identificación, fines, competencia, estructura, funcionamiento y localización de organismos y unidades administrativas; la referida a los requisitos jurídicos o técnicos que las disposiciones impongan a los proyectos, actuaciones o solicitudes que los ciudadanos se propongan realizar; la referente a la tramitación de procedimientos, a los servicios públicos y prestaciones, así como a cualesquiera otros datos que aquellos tengan necesidad de conocer en sus relaciones con las Administraciones públicas, en su conjunto, o con alguno de sus ámbitos de actuación.

2. La información general se facilitará obligatoriamente a los ciudadanos, sin exigir para ello la acreditación de legitimación alguna.

3. Cuando resulte conveniente una mayor difusión, la información de carácter general deberá ofrecerse a los grupos sociales o instituciones que estén interesados en su conocimiento.

4. Se utilizarán los medios de difusión que en cada circunstancia resulten adecuados, potenciando aquellos que permitan la información a distancia, ya se trate de publicaciones, sistemas telefónicos o cualquier otra forma de comunicación que los avances tecnológicos permitan.

B) La información particular (art. 3)

Es la concerniente al estado o contenido de los procedimientos en tramitación y, a la identificación de las autoridades y personal al servicio de la Administración, y de las entidades de derecho público vinculadas a dependientes de la misma bajo cuya responsabilidad se tramiten aquellos procedimientos. Esta información sólo podrá ser facilitada a las personas que tengan la condición de interesados en cada procedimiento o a sus representantes legales de acuerdo con lo dispuesto en los artículos 31 y 32 de la Ley 30/92.

Igualmente podrá referirse a los datos de carácter personal que afecten de alguna forma a la intimidad o privacidad de las personas físicas. La información sobre documentos que contengan datos de esta naturaleza estará reservada a las personas a que se refieran con las limitaciones y en los términos establecidos en la Ley Orgánica 5/1992, de 29 de octubre, de regulación del tratamiento automatizado de los datos de carácter personal, y en el artículo 37 de la Ley 30/1992, de 26 de noviembre.

Esta información será aportada por las unidades de gestión de la Administración General del Estado. No obstante, para asegurar una respuesta ágil y puntual a los interesados, podrán estar dotadas de las oportunas conexiones con las unidades y oficinas de información administrativa que colaborarán con aquéllas cuando así se establezca.

C) La atención personalizada

El artículo 4 del R.D. 208/1996 señala que la atención personalizada al ciudadano comprenderá las funciones:

a) De recepción y acogida a los ciudadanos, al objeto de facilitarles la orientación y ayuda que precisen en el momento inicial de su visita, y, en particular, la relativa a la localización de dependencias y funcionarios.

b) De orientación e información, cuya finalidad es la de ofrecer las aclaraciones y ayudas de índole práctica que los ciudadanos requieren sobre procedimientos, trámites, requisitos y documentación para los proyectos, actuaciones o solicitudes que se propongan realizar, o para acceder al disfrute de un servicio público o beneficiarse de una prestación.

Esta forma de facilitar a los ciudadanos el ejercicio de sus derechos, en ningún caso podrá entrañar una interpretación normativa, a la que se refiere el artículo 37.10 de la Ley de Régimen Jurídico de las Administraciones Públicas y del Procedimiento Administrativo Común, ni consideración jurídica o económica, sino una simple determinación de conceptos, información de opciones legales o colaboración en la cumplimentación de impresos o solicitudes.

c) De gestión, en relación con los procedimientos administrativos, que comprenderá la recepción de la documentación inicial de un expediente cuando así se haya dispuesto reglamentariamente, así como las actuaciones de trámite y resolución de las cuestiones cuya urgencia y simplicidad demanden una respuesta inmediata.

d) De recepción de las iniciativas o sugerencias formuladas por los ciudadanos, o por los propios empleados públicos para mejorar la calidad de los servicios, incrementar el rendimiento o el ahorro del gasto público, simplificar trámites o suprimir los que sean innecesarios, o cualquier otra medida que suponga un mayor grado de satisfacción de la sociedad en sus relaciones con la Administración General del Estado y con las entidades de derecho público vinculadas o dependientes de la misma.

Aquellas que se presenten en las oficinas y centros de Información Administrativa se tramitarán mediante las hojas del Libro de Quejas y Sugerencias con arreglo a las prescripciones contenidas en el capítulo III de este Real Decreto.

e) De recepción de las quejas y reclamaciones de los ciudadanos por las tardanzas, desatenciones o por cualquier otro tipo de actuación irregular que observen en el funcionamiento de las dependencias administrativas. Las reclamaciones que se formulen ante las oficinas y centros de información administrativa se tramitarán de acuerdo con lo dispuesto en el capítulo III.

f) De asistencia a los ciudadanos en el ejercicio del derecho de petición, reconocido por los artículos 29 y 77 de la Constitución.

Las unidades de información administrativa orientarán a los ciudadanos sobre la naturaleza y el modo de ejercer este derecho, así como sobre las autoridades y órganos a los que hayan de dirigir sus escritos; sin perjuicio de ello, estas unidades deberán elevar a los órganos competentes las peticiones que reciban, en las que no figure el destinatario o conste erróneamente.

Auxiliares de Administración Local

Tema **11**

Disposiciones generales sobre los procedimientos administrativos

Disposiciones generales sobre los procedimientos administrativos: fases del procedimiento administrativo. Iniciación, ordenación, instrucción, terminación y ejecución. Obligación administrativa de resolver. Efectos del silencio administrativo.

ℯRodio ediciones

───────────────── **Índice esquemático** ─────────────────

1. DISPOSICIONES GENERALES SOBRE LOS PROCEDIMIENTOS ADMINISTRATIVOS Y NORMATIVA REGULADORA

La Constitución Española de 1978, establece en su art. 149.1.18º que es una competencia exclusiva del Estado aprobar "las bases del Régimen Jurídico de las AA.PP.", que garanticen en todo caso a los administrados un tratamiento común entre ellas; y, además el procedimiento administrativo común, sin perjuicio de las especialidades derivadas de la organización propia de las CC.AA.

Como consecuencia de este precepto se hizo necesario dictar una nueva ley, que sustituyera a la antigua Ley de Procedimiento Administrativo de 1958, y sustituirla por una ley que recogiera con el carácter de legislación básica el Régimen Jurídico aplicable a todas las AA.PP., y además estableciera un procedimiento administrativo común a todas ellas, donde se contemplará el registro de los actos administrativos, los principios y reglas esenciales del procedimiento administrativo, la audiencia al interesado, el sistema de responsabilidad patrimonial, etc.

Como consecuencia de este mandato constitucional, se aprobó y publicó la **Ley 30/92 de 26 de noviembre, Ley de Régimen Jurídico de las Administraciones Públicas y del Procedimiento Administrativo Común** (a la que en adelante denominaremos **LRJPAC**), dicha ley ha sido objeto de varias reformas, pero destacamos por su importancia la realizada mediante la Ley 4/1999 de 13 de enero.

Tal y como establecen los artículos 1 y 2 de la Ley, la misma se aplica a todas las AA.PP., entendiéndose por tales: la Administración General del Estado, la Administración de las CC.AA y las Entidades que integran la Administración Local.

La estructura de la LRJPAC es la siguiente:

Título Preliminar:	Del ámbito de aplicación y principios generales.
Título I:	De las Administraciones Públicas y sus relaciones.
Título II:	De los órganos de las Administraciones Públicas.
Título III:	De los interesados.
Título IV:	De la actividad de las Administraciones Públicas.
Título V:	De las disposiciones y los actos administrativos.
Título VI:	De las disposiciones generales sobre los procedimientos administrativos.
Título VII:	De la revisión de los actos en vía administrativa.
Título VIII:	De las reclamaciones previas al ejercicio de las acciones civiles y laborales.
Título IX:	De la potestad sancionadora.
Título X:	De la responsabilidad de las Administraciones Públicas y de sus autoridades y demás personal a su servicio.

Como vemos el Título VI de la ley, es el denominado "De las disposiciones generales sobre los procedimientos administrativos" el cual se divide en 5 capítulos: El Capítulo I "Iniciación del procedimiento"; el Capítulo II "Ordenación del procedimiento"; el Capítulo III "Instrucción del procedimiento"; el Capítulo IV "Finalización del procedimiento" y el Capítulo V "Ejecución", cuyo estudio pormenorizado se acomete literalmente en el tema siguiente de este manual.

2. FASES DEL PROCEDIMIENTO ADMINISTRATIVO. INICIACIÓN, ORDENACIÓN, INSTRUCCIÓN Y TERMINACIÓN

Las fases del procedimiento administrativo se regulan en el Título VI de la Ley 30/92 Ley de Régimen Jurídico de las AA.PP y del Procedimiento Administrativo Común (LR-JPAC), que se denomina "De las disposiciones generales sobre los procedimientos administrativos, y que se divide en 5 capítulos que son: iniciación, ordenación, instrucción, finalización y ejecución, con cuyo orden vamos a explicar las fases del citado procedimiento.

2.1. Iniciación del procedimiento

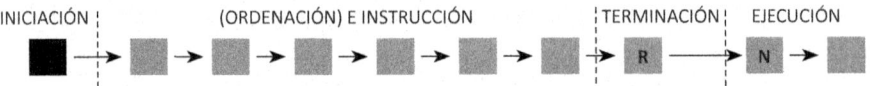

Artículo 68. Clases de iniciación

Los procedimientos podrán iniciarse de oficio o a solicitud de persona interesada.

Artículo 69. Iniciación de oficio

1. Los procedimientos se iniciarán de oficio por acuerdo del órgano competente, bien por propia iniciativa o como consecuencia de orden superior, a petición razonada de otros órganos o por denuncia.

2. Con anterioridad al acuerdo de iniciación, podrá el órgano competente abrir un período de información previa con el fin de conocer las circunstancias del caso concreto y la conveniencia o no de iniciar el procedimiento.

Artículo 70. Solicitudes de iniciación

1. Las solicitudes que se formulen deberán contener:

a) Nombre y apellidos del interesado y, en su caso, de la persona que lo represente, así como la identificación del medio preferente o del lugar que se señale a efectos de notificaciones.

b) Hechos, razones y petición en que se concrete, con toda claridad, la solicitud.

c) Lugar y fecha.

d) Firma del solicitante o acreditación de la autenticidad de su voluntad expresada por cualquier medio.

e) Órgano, centro o unidad administrativa a la que se dirige.

2. Cuando las pretensiones correspondientes a una pluralidad de personas tengan un contenido y fundamento idéntico o sustancialmente similar, podrán ser formuladas en una única solicitud, salvo que las normas reguladoras de los procedimientos específicos dispongan otra cosa.

3. De las solicitudes, comunicaciones y escritos que presenten los interesados en las oficinas de la Administración, podrán éstos exigir el correspondiente recibo que acredite la fecha de presentación, admitiéndose como tal una copia en la que figure la fecha de presentación anotada por la oficina.

4. Las Administraciones Públicas deberán establecer modelos sistemas normalizados de solicitudes cuando se trate de procedimientos que impliquen la resolución numerosa de una serie de procedimientos. Los modelos mencionados estarán a disposición de los ciudadanos en las dependencias administrativas.

Artículo 71. Subsanación y mejora de la solicitud

Para luchar contra la viciosa práctica administrativa de rechazar los escritos cuando tienen algún defecto, establece el artículo 71 que si la solicitud de iniciación no reúne los requisitos que señala el artículo anterior y los exigidos, en su caso, por la legislación específica aplicable, se requerirá al interesado para que, en un plazo de diez días, subsane la falta o acompañe los documentos preceptivos, con indicación de que, si así no lo hiciera, se le tendrá por desistido de su petición, archivándose sin más trámite, con los efectos previstos en el artículo 42.1.º (en el que se exceptúa de la obligación de resolver en este caso).

1. Si la solicitud de iniciación no reúne los requisitos que señala el artículo anterior y los exigidos, en su caso, por la legislación específica aplicable, se requerirá al interesado para que, en un plazo de diez días, subsane las faltas o acompañe los documentos preceptivos, con indicación de que, si así no lo hiciera, se le tendrá por desistido de su petición, previa resolución que deberá ser dictada en los términos previstos en el artículo 42.

2. Siempre que no se trate de procedimientos selectivos o de concurrencia competitiva, este plazo podrá ser ampliado prudencialmente, hasta cinco días, a petición del interesado o iniciativa del órgano, cuando la aportación de los documentos requeridos presente dificultades especiales.

Artículo 72. Medidas provisionales

1. Iniciado el procedimiento, el órgano administrativo competente para resolverlo, podrá adoptar, de oficio o a instancia de parte, las medidas provisionales que estime oportunas para asegurar la eficacia de la resolución que pudiera recaer, si existiesen elementos de juicio suficientes para ello.

Artículo 73. Acumulación

El órgano administrativo que inicie o tramite un procedimiento, cualquiera que haya sido la forma de su iniciación, podrá disponer su acumulación a otros con los que guarde identidad sustancial o íntima conexión.

Contra el acuerdo de acumulación no procederá recurso alguno.

Una vez presentada la instancia por el interesado, y como exige la Orden de 14 de abril de 1.999, la Administración está obligada a informar a los ciudadanos acerca del plazo máximo establecido para la resolución y notificación de los procedimientos y los efectos del silencio administrativo. Dicha obligación se materializa en la remisión al ciudadano de una comunicación en la que consten tales informaciones cuando éste haya presentado la correspondiente solicitud.

1. La comunicación dirigida al interesado tendrá, como mínimo, el siguiente contenido:

    a) Denominación y objeto del procedimiento iniciado por la solicitud.

    b) Clave o número que identifique el expediente del interesado.

c) Especificación del plazo máximo para resolver y notificar la resolución y de la fecha en que la solicitud ha tenido entrada en el registro del órgano competente para su tramitación, a partir de la cual se inicia el cómputo de dicho plazo.

d) Efectos que puede producir el silencio administrativo, si transcurre el plazo señalado sin que se haya dictado y notificado la resolución correspondiente.

e) Medios (teléfono, dirección postal, fax, correo electrónico...) a los que acudir para obtener información sobre el estado de tramitación del procedimiento.

2. La comunicación se remitirá al lugar que el interesado haya indicado en su solicitud, a los efectos de recibir notificaciones y, preferentemente, por el medio señalado en la misma.

3. La emisión de la comunicación no será necesario en los siguientes casos:

a) Cuando los interesados formulen solicitudes cuya única petición sea la suspensión de la ejecución de un acto impugnado en vía de recurso.

b) Cuando, dentro del plazo de diez días legalmente establecido para emitir la comunicación a la que se refiere la presente Orden, se dicte y se notifique la resolución expresa correspondiente que ponga fin al procedimiento.

2.2. Ordenación del procedimiento

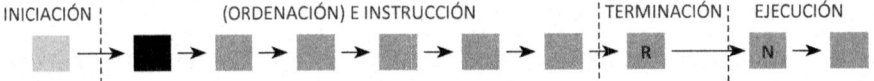

Artículo 74. Impulso

1. El procedimiento, sometido al criterio de celeridad, se impulsará de oficio en todos sus trámites.

2. En el despacho de los expedientes se guardará el orden riguroso de incoación en asuntos de homogénea naturaleza, salvo que por el titular de la unidad administrativa se dé orden motivada en contrario, de la que quede constancia.

El incumplimiento de lo dispuesto en el párrafo anterior dará lugar a la exigencia de responsabilidad disciplinaria del infractor o, en su caso, será causa de remoción del puesto de trabajo.

Artículo 75. Celeridad

1. Se acordarán en un solo acto todos los trámites que, por su naturaleza, admitan una impulsión simultánea y no sea obligado su cumplimiento sucesivo.

2. Al solicitar los trámites que deban ser cumplidos por otros órganos, deberá consignarse en la comunicación cursada el plazo legal establecido al efecto.

Artículo 76. Cumplimiento de trámites

1. Los trámites que deban ser cumplimentados por los interesados deberán realizarse en el plazo de diez días a partir de la notificación del correspondiente acto, salvo en el caso de que en la norma correspondiente se fije plazo distinto.

2. Cuando en cualquier momento se considere que alguno de los actos de los interesados no reúne los requisitos necesarios, la Administración lo pondrá en conocimiento de su autor, concediéndole un plazo de diez días para cumplimentarlo.

3. A los interesados que no cumplan lo dispuesto en los apartados anteriores, se les podrá declarar decaídos en su derecho al trámite correspondiente; sin embargo, se admitirá la actuación del interesado y producirá sus efectos legales, si se produjera antes o dentro del día que se notifique la resolución en la que se tenga por transcurrido el plazo.

Artículo 77. Cuestiones incidentales

Las cuestiones incidentales que se susciten en el procedimiento, incluso las que se refieran a la nulidad de actuaciones, no suspenderán la tramitación del mismo, salvo la recusación.

2.3. Instrucción del procedimiento

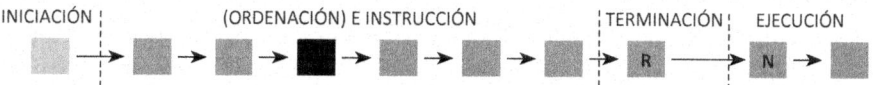

El Capítulo 3º dedicado a la Instrucción del procedimiento consta de 4 secciones, que establecen:

2.3.1. Disposiciones Generales

Artículo 78. Actos de instrucción

1. Los actos de instrucción necesarios para la determinación, conocimiento y comprobación de los datos en virtud de los cuales deba pronunciarse la resolución, se realizarán de oficio por el órgano que tramite el procedimiento, sin perjuicio del derecho de los interesados a proponer aquellas actuaciones que requieran su intervención o constituyan trámites legal o reglamentariamente establecidos.

Artículo 79. Alegaciones

1. Los interesados podrán, en cualquier momento del procedimiento anterior al trámite de audiencia, aducir alegaciones y aportar documentos u otros elementos de juicio.

Unos y otros serán tenidos en cuenta por el órgano competente al redactar la correspondiente propuesta de resolución.

2. En todo momento podrán los interesados alegar los defectos de tramitación y, en especial, los que supongan paralización, infracción de los plazos preceptivamente señalados o la omisión de trámites que pueden ser subsanados antes de la resolución definitiva del asunto. Dichas alegaciones podrán dar lugar, si hubiere razones para ello, a la exigencia de la correspondiente responsabilidad disciplinaria.

2.3.2. Prueba

Artículo 80. Medios y período de prueba

1. Los hechos relevantes para la decisión de un procedimiento podrán acreditarse por cualquier medio de prueba admisible en Derecho.

2. Cuando la Administración no tenga por ciertos los hechos alegados por los interesados o la naturaleza del procedimiento lo exija, el instructor del mismo acordará la apertura de un período de prueba por un plazo no superior a treinta días ni inferior a diez, a fin de que puedan practicarse cuantas juzgue pertinentes.

3. El instructor del procedimiento sólo podrá rechazar las pruebas propuestas por los interesados cuando sean manifiestamente improcedentes o innecesarias, mediante resolución motivada.

Artículo 81. Práctica de prueba

1. La Administración comunicará a los interesados, con antelación suficiente, el inicio de las actuaciones necesarias para la realización de las pruebas que hayan sido admitidas.

2. En la notificación se consignará el lugar, fecha y hora en que se practicará la prueba, con la advertencia, en su caso, de que el interesado puede nombrar técnicos para que le asistan.

3. En los casos en que, a petición del interesado, deban efectuarse pruebas cuya realización implique gastos que no deba soportar la Administración, ésta podrá exigir el anticipo de los mismos, a reserva de la liquidación definitiva, una vez practicada la prueba. La liquidación de los gastos se practicará uniendo los comprobantes que acrediten la realidad y cuantía de los mismos.

2.3.3. Informes

Artículo 82. Petición

1. A efectos de la resolución del procedimiento, se solicitarán aquellos informes que sean preceptivos por disposiciones legales, y los que se juzguen necesarios para resolver, citándose el precepto que los exija o fundamentando, en su caso, la conveniencia de reclamarlos.

2. En la petición de informe se concretará el extremo o extremos acerca de los que se solicita.

Artículo 83. Evacuación

1. Salvo disposición expresa en contrario, los informes serán facultativos y no vinculantes.

2. Los informes serán evacuados en el plazo de diez días, salvo que una disposición o el cumplimiento del resto de los plazos del procedimiento permita o exija otro plazo mayor o menor.

3. De no emitirse el informe en el plazo señalado, y sin perjuicio de la responsabilidad en que incurra el responsable de la demora, se podrán proseguir las actuaciones cualquiera que sea el carácter del informe solicitado, excepto en los supuestos de informes preceptivos que sean determinantes para la resolución del procedimiento, en cuyo caso se podrá interrumpir el plazo de los trámites sucesivos.

4. Si el informe debiera ser emitido por una Administración Pública distinta de la que tramita el procedimiento en orden a expresar el punto de vista correspondiente a sus competencias respectivas, y transcurriera el plazo sin que aquél se hubiera evacuado, se podrán proseguir las actuaciones.

El informe emitido fuera de plazo podrá no ser tenido en cuenta al adoptar la correspondiente resolución.

2.3.4. Participación de los interesados

Artículo 84. Trámite de audiencia

1. Instruidos los procedimientos, e inmediatamente antes de redactar la propuesta de resolución, se pondrán de manifiesto a los interesados o, en su caso, a sus representantes, salvo lo que afecte a las informaciones y datos a que se refiere el artículo 37.5.

2. Los interesados, en un plazo no inferior a diez días ni superior a quince, podrán alegar y presentar los documentos y justificaciones que estimen pertinentes.

3. Si antes del vencimiento del plazo los interesados manifiestan su decisión de no efectuar alegaciones ni aportar nuevos documentos o justificaciones, se tendrá por realizado el trámite.

4. Se podrá prescindir del trámite de audiencia cuando no figuren en el procedimiento ni sean tenidos en cuenta en la resolución otros hechos ni otras alegaciones y pruebas que las aducidas por el interesado.

Artículo 85. Actuación de los interesados

1. Los actos de instrucción que requieran la intervención de los interesados habrán de practicarse en la forma que resulte más cómoda para ellos y sea compatible, en la medida de lo posible, con sus obligaciones laborales o profesionales.

2. Los interesados podrán, en todo caso, actuar asistidos de asesor cuando lo consideren conveniente en defensa de sus intereses.

3. En cualquier caso, el órgano instructor adoptará las medidas necesarias para lograr el pleno respeto a los principios de contradicción y de igualdad de los interesados en el procedimiento.

Artículo 86. Información pública

1. El órgano al que corresponda la resolución del procedimiento, cuando la naturaleza de éste lo requiera, podrá acordar un período de información pública.

2. A tal efecto, se anunciará en el «Boletín Oficial del Estado», de la Comunidad Autónoma, o en el de la Provincia respectiva, a fin de que cualquier persona física o jurídica pueda examinar el procedimiento, o la parte del mismo que se acuerde.

El anuncio señalará el lugar de exhibición y determinará el plazo para formular alegaciones, que en ningún caso podrá ser inferior a veinte días.

3. La incomparecencia en este trámite no impedirá a los interesados interponer los recursos procedentes contra la resolución definitiva del procedimiento.

La comparecencia en el trámite de información pública no otorga, por sí misma, la condición de interesado. No obstante, quienes presenten alegaciones u observaciones en este trámite tienen derecho a obtener de la Administración una respuesta razonada, que podrá ser común para todas aquellas alegaciones que planteen cuestiones sustancialmente iguales.

4. Conforme a lo dispuesto en las Leyes, las Administraciones Públicas podrán establecer otras formas, medios y cauces de participación de los ciudadanos, directamente o a través de las organizaciones y asociaciones reconocidas por la Ley en el procedimiento de elaboración de las disposiciones y actos administrativos.

2.4. Finalización del procedimiento

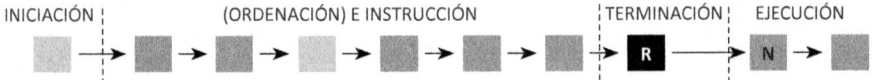

2.4.1. Introducción

La doctrina administrativa acoge la distinción entre forma normal y formas anormales de terminación del procedimiento, que es usual en la teoría del proceso. La terminación normal del procedimiento administrativo se produce por la resolución, entendida en un sentido estricto como decisión de las cuestiones en él planteadas o que derivan del mismo.

Como formas anormales, el artículo 87.1 de la LRJPAC menciona: el desistimiento; la renuncia al derecho en que se funde la solicitud, cuando tal renuncia no estuviera prohibida por el ordenamiento jurídico; y la declaración de caducidad.

A dicha enumeración, que la doctrina consideraba no exhaustiva, de los modos anormales de terminación del procedimiento, el párrafo 2 del mismo precepto añade la imposibilidad material de continuarlo por causas sobrevenidas; si bien son también posibles circunstancias jurídicas producidas durante la sustanciación del procedimiento que priven a éste de su sentido originario. Así, González Pérez menciona la extinción y transformación de los interesados, cuando el derecho o interés ejercitado son de naturaleza estrictamente personal, y determinadas reformas legislativas que priven al procedimiento de su razón de ser.

Por otra parte, la nueva Ley incorpora como novedad, en el artículo 88, la terminación convencional, que puede resultar, en algún modo, contradictoria con la idea de potestad administrativa, cuyo origen legal hace que sea indisponible para quien le está atribuida por el Derecho objetivo.

Por último debemos considerar la terminación presunta, producida por el silencio administrativo.

2.4.2. Formas de terminación del procedimiento

2.4.2.1. Resolución

Se trata de la forma normal de terminación del procedimiento. La administración está obligada a dictar resolución expresa y a notificarla salvo en los supuestos de terminación del procedimiento por pacto o convenio, así como los procedimientos relativos al ejercicio de derechos sometidos únicamente al deber de comunicación previa a la administración (art. 42).

En los casos de prescripción, renuncia del derecho, caducidad del procedimiento o desistimiento de la solicitud, así como la desaparición sobrevenida del objeto del procedimiento, la resolución consistirá en la declaración de la circunstancia que concurra en cada caso, con indicación de los hechos producidos y las normas aplicables.

El contenido de la resolución expresa se regula en el artículo 89 LRJPAC en los siguientes términos:

1. "La resolución que ponga fin al procedimiento decidirá todas las cuestiones planteadas por los interesados y aquellas otras derivadas del mismo.

   Cuando se trate de cuestiones conexas que no hubieran sido planteadas por los interesados, el órgano competente podrá pronunciarse sobre las mismas, poniéndolo antes de manifiesto a aquéllos por un plazo no superior a quince días, para que formulen las alegaciones que estimen pertinentes y aporten, en su caso, los medios de prueba.

2. En los procedimientos tramitados a solicitud del interesado, la resolución será congruente con las peticiones formuladas por éste, sin que en ningún caso pueda agravar su situación inicial y sin perjuicio de la potestad de la Administración de incoar de oficio un nuevo procedimiento, si procede (principio de "Non reformatio in peius").

3. Las resoluciones contendrán la decisión, que será motivada en los casos a que se refiere el artículo 54. Expresarán, además, los recursos que contra la misma procedan, órgano administrativo o judicial ante el que hubieran de presentarse

y plazo para interponerlos, sin perjuicio de que los interesados puedan ejercitar cualquier otro que estimen oportuno.

4. En ningún caso podrá la Administración abstenerse de resolver so pretexto de silencio, oscuridad o insuficiencia de los preceptos legales aplicables al caso, aunque podrá resolver la inadmisión de las solicitudes de reconocimiento de derechos no previstos en el Ordenamiento Jurídico.

5. La aceptación de informes o dictámenes servirá de motivación a la resolución cuando se incorporen al texto de la misma."

2.4.2.2. La terminación convencional

El artículo 88 de la LRJPAC establece al respecto:

1. Las Administraciones Públicas podrán celebrar acuerdos, pactos, convenios o contratos con personas tanto de derecho público como privado, siempre que no sean contrarios al Ordenamiento Jurídico ni versen sobre materias no susceptibles de transacción y tengan por objeto satisfacer el interés público que tienen encomendado, con el alcance, efectos y régimen jurídico específico que en cada caso prevea la disposición que lo regule, pudiendo tales actos tener la consideración de finalizadores de los procedimientos administrativos o insertarse en los mismos con carácter previo, vinculante o no, a la resolución que les ponga fin.

2. Los citados instrumentos deberán establecer como contenido mínimo la identificación de las partes intervinientes, el ámbito personal, funcional y territorial, y el plazo de vigencia debiendo publicarse o no según la naturaleza y las personas a las que estuvieran destinados.

3. Requerirán en todo caso la aprobación expresa del Consejo de Ministros los acuerdos que versen sobre materias de la competencia directa de dicho órgano.

4. Los acuerdos que se suscriban no supondrán alteración de las competencias atribuidas a los órganos administrativos ni de las responsabilidades que correspondan a las autoridades y funcionarios relativas al funcionamiento de los servicios públicos.

Además de la específica habilitación legal, el régimen de la terminación convencional se ajusta a los siguientes términos:

a) En cuanto a los requisitos subjetivos, la Ley se refiere a la aprobación expresa del Consejo de Ministros cuando los acuerdos versen sobre materias que san de su competencia.

b) Como objeto explícitamente excluido de los acuerdos, la Ley señala: la alteración de las competencias atribuidas a los órganos administrativos y las responsabilidades que correspondan a las autoridades y funcionarios relativas al funcionamiento de los servicios públicos.

c) El contenido mínimo de los instrumentos en que se formalicen es el siguiente: identificación de las partes intervinientes, ámbito personal, funcional y territorial, y el plazo de vigencia. La necesidad de su publicación está determinada por su naturaleza y personas a las que el acuerdo, pacto, convenio o contrato esté destinado.

2.4.2.3. El desistimiento y la renuncia

A tenor del artículo 90 de la LRJPAC, todo interesado podrá desistir de su solicitud o, **cuando ello no esté prohibido por el ordenamiento jurídico,** renunciar a sus derechos. Si el escrito de iniciación se hubiera formulado por dos o más interesados, el desistimiento o la renuncia sólo afectará a aquellos que la hubiesen formulado.

En cuanto a la forma y efectos de los mismos, el artículo 91 siguiente dispone que:

1. Tanto el desistimiento como la renuncia podrán hacerse por cualquier medio que permita su constancia.

2. La Administración aceptará de plano el desistimiento o la renuncia, y declarará (expresamente y no, como suele ser frecuente y fruto de la rutina burocrática, omisivamente con el simple archivo del expediente) concluso el procedimiento salvo que, habiéndose personado en el mismo terceros interesados, instasen éstos su continuación en el plazo de diez días, desde que fueron notificados del desistimiento.

3. Si la cuestión suscitada por la incoación del procedimiento entrañase interés general o fuera conveniente sustanciarla para su definición y esclarecimiento, la Administración podrá limitar los efectos del desistimiento o la renuncia al interesado y seguirá el procedimiento.

Para ver la distinción entre una y otra figura, se ha de hacer notar que, a través del desistimiento, el articular manifiesta su voluntad de abandonar un concreto procedimiento, pero conservando el derecho en que se ampara que, si no ha prescrito, puede hacer valer en otro procedimiento, mientras que, si opta por la renuncia, pierde el propio derecho, sin poderlo ejercitar en lo sucesivo.

En cualquier caso, como se expuso, producido el desistimiento o la renuncia, la Administración, lejos de la rutinaria e ilegal práctica de archivar el expediente sin más, deberá adoptar resolución declarando la forma anormal de terminación del procedimiento que se haya producido, lo que notificará a los interesados en la forma legalmente prevista.

2.4.2.4. La caducidad

Aunque dentro del art. 92 sólo se regula la caducidad de los procedimientos iniciados a solicitud del interesado, también prevé la Ley en su art. 44.2, la caducidad en los procedimientos iniciados de oficio.

Por tanto, existen 2 tipos de caducidad:

A) Procedimientos iniciados a solicitud de interesado

1. En los procedimientos iniciados a solicitud del interesado, cuando se produzca su paralización por causa imputable al mismo, la Administración le advertirá que, transcurridos tres meses, se producirá la caducidad del mismo. Consumido este plazo sin que el particular requerido realice las actividades necesarias para reanudar la tramitación, la Administración acordará el archivo de las actuaciones, notificándoselo al interesado. Contra la resolución que declare la caducidad procederán los recursos pertinentes.

2. No podrá acordarse la caducidad por la simple inactividad del interesado en la cumplimentación de trámites, siempre que no sean indispensables para dictar resolución. Dicha inactividad no tendrá otro efecto que la pérdida de su derecho al referido trámite.

3. La caducidad no producirá por sí sola la prescripción de las acciones del particular o de la Administración, pero los procedimientos caducados no interrumpirán el plazo de prescripción.

4. Podrá no ser aplicable la caducidad en el supuesto de que la cuestión suscitada afecte al interés general, o fuera conveniente suscitarla para su definición y esclarecimiento.

B) Procedimientos iniciados de oficio

El art. 44.2 LRJAP establece lo siguiente:

2. En los procedimientos en que la Administración ejercite potestades sancionadoras o, en general, de intervención, susceptibles de producir efectos desfavorables o de gravamen, se producirá la caducidad. En estos casos, la resolución que declare la caducidad ordenará el archivo de las actuaciones, con los efectos previstos en el art. 92.

En los supuestos en los que el procedimiento se hubiera paralizado por causa imputable al interesado, se interrumpirá el cómputo del plazo para resolver y notificar la resolución.

2.4.2.5. Imposibilidad material de continuarlo por causas sobrevenidas (art. 87.2)

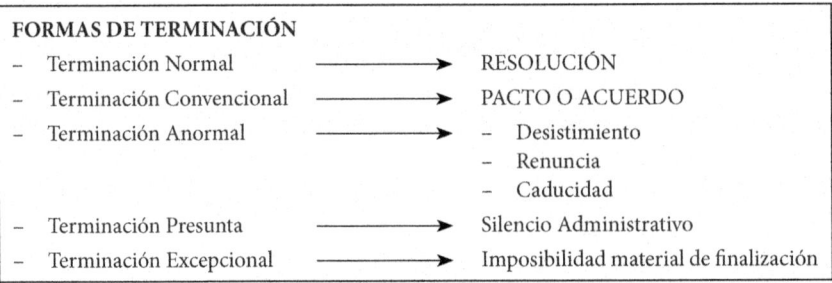

FORMAS DE TERMINACIÓN	
– Terminación Normal ⟶	RESOLUCIÓN
– Terminación Convencional ⟶	PACTO O ACUERDO
– Terminación Anormal ⟶	– Desistimiento – Renuncia – Caducidad
– Terminación Presunta ⟶	Silencio Administrativo
– Terminación Excepcional ⟶	Imposibilidad material de finalización

2. También producirá la terminación del procedimiento la imposibilidad material de continuarlo por causas sobrevenidas. La resolución que se dicte deberá ser motivada en todo caso.

2.5. La ejecución: la ejecución forzosa de los actos administrativos

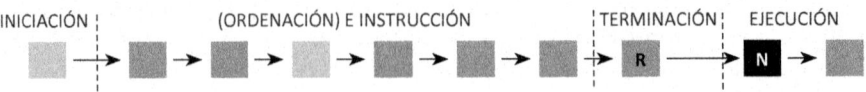

INICIACIÓN · (ORDENACIÓN) E INSTRUCCIÓN · TERMINACIÓN · EJECUCIÓN

2.5.1. Introducción

Su regulación se contiene en los art. 93 a 101 LRJPAC.

Según el artículo 94 LRJPAC, la ejecutividad hace referencia a que los actos de las Administraciones Públicas sujetos al derecho administrativo, son inmediatamente ejecutivos, salvo lo previsto en los art. 111 y 138 (suspensión de la ejecución y procedimiento sancionador respectivamente) y en aquellos casos en que una disposición establezca lo contrario o necesiten aprobación o autorización superior.

La ejecución forzosa de un acto administrativo implica llevar a su aplicación práctica, en el terreno de los hechos, la declaración que en el mismo se contiene, no obstante la resistencia, pasiva o activa, de la persona obligada a su cumplimiento. Por ejemplo, el pago de una liquidación tributaria o de una multa, el desalojo de una propiedad expropiada, la demolición de una finca declarada en ruina o de una obra abusiva.

De este modo, y enunciado en forma positiva, resulta que la ejecución forzosa de los actos administrativos mediante la coacción de la Administración es aplicable sólo a un supuesto preciso: cuando tales actos impongan a los administrados (o a otras administraciones sobre las que la Administración autora del acto ejerza supremacía, por pertenencia instrumental o por tutela) obligaciones, precisamente (de dar, de hacer, de no hacer, o de soportar), y siempre que el obligado rehúse el cumplimiento de dicha obligación. Nada más. Aquí se comprueba una vez más que la coacción administrativa es, justamente, un medio de autotutela de los derechos y competencias de la Administración, los cuales constituyen la faz activa de las obligaciones de cuya ejecución se trata.

Toda ejecución supone la realización de un derecho previamente declarado en un acto. Este acto, a su vez, ha de tener una constancia formal inequívoca y una certeza de contenido y de destinatario que dispense de la necesidad de una previa interpretación de su alcance y de su extensión y que permita pasar a su realización inmediata: ha de ser, por tanto, lo que técnicamente se llama un "título ejecutivo". Pues bien, el título de la ejecución forzosa administrativa es siempre, precisamente, un acto administrativo.

Por otra parte, la ejecución realiza el mismo cumplimiento concreto y específico que el obligado ha omitido realizar por sí; la ejecución no impone nada que no estuviese ya impuesto por el acto administrativo desatendido. En esto mismo se distingue la ejecución forzosa, por una parte, de la sanción por el incumplimiento de obligaciones y deberes; por otra, de la llamada "expropiación-sanción", que es otra fórmula de reacción frente al incumplimiento de un deber funcional afectante a una propiedad.

2.5.2. Principios

Este privilegio tan importante y discutido por un sector doctrinal, por cuanto que se atribuye auténticas funciones jurisdiccionales sin ser órgano judicial, resulta, por otra parte, imprescindible si se desea que la multiplicidad de fines que han de cumplir las Administraciones Públicas se realicen; puesto que si cada vez que los obligados al cumplimiento se resistieran al mismo y la Administración tuviera que instar el auxilio judicial, sería inviable que pudiera cumplir su cometido. Ahora bien, es un instrumento muy peligroso por el perjuicio que puede acarrear al que lo sufre, por ello, la Ley 30/1992, ha establecido unos principios o límites para su utilización que suponen para los administrados unas garantías propias de un Estado donde está consagrado el principio de legalidad.

Tales principios o límites son los siguientes:

A) **La existencia de acto administrativo como título de ejecución.**

El artículo 93.1 dispone que: "Las Administraciones Públicas no iniciarán ninguna actuación material de ejecución de resoluciones que límite derechos de los particulares sin que, previamente, haya sido adoptada la resolución que sirve de fundamento". La ejecución supone la realización de un derecho previamente declarado en un acto. Este acto formal debe imponer una obligación al o a los destinatarios. Ahora bien, en principio no se requiere la firmeza del acto.

B) **Obligación de notificación al interesado de la resolución que autorice la actuación administrativa.**

Se recoge en el artículo 93.2. Tiene que hacerlo el órgano que ordene el acto de ejecución material. Con esta notificación el afectado puede recurrir aquel acto, solicitando, asimismo, la suspensión en los casos del artículo 111 de la Ley.

C) **Previo apercibimiento al interesado.**

Es exigencia del principio de seguridad jurídica consagrado en el artículo 93 de la Constitución. De esta forma, el interesado sabe las consecuencias exactas de su incumplimiento.

D) **Que no se haya decretado la suspensión de la eficacia administrativa o jurisdiccional.**

Tanto la Ley 30/1992 como la LJCA prevén supuestos de suspensión.

E) **Debe respetarse el principio de proporcionalidad.**

Es decir, que la ejecución sea adecuada al incumplimiento y a sus consecuencias.

F) **Si fueran varios los medios se escogerá el menos restrictivo a la libertad individual.**

G) **Si fuese preciso entrar en el domicilio del afectado deberá obtenerse el consentimiento del mismo o, en su defecto, la oportuna autorización judicial.**

H) **Que el medio de ejecución forzosa venga contemplado en la normativa legal.** Todo medio de ejecución ha de hacerse valer necesariamente a través de un procedimiento formal en el que ha de ser parte necesaria el ejecutado. Una ejecución forzosa llevada a término, sin el procedimiento formal o con un cumplimiento puramente aparente del mismo, constituirá también una vía de hecho.

2.5.3. Medios de ejecución forzosa

Tal y como establecen los artículos 96 y siguientes de la LRJPAC:

Artículo 96. Medios de ejecución forzosa

1. La ejecución forzosa por las Administraciones Públicas se efectuará, respetando siempre el principio de proporcionalidad, por los siguientes medios:

a) Apremio sobre el patrimonio.

b) Ejecución subsidiaria.

c) Multa coercitiva.

d) Compulsión sobre las personas.

2. Si fueran varios los medios de ejecución admisibles se elegirá el menos restrictivo de la libertad individual.

3. Si fuese necesario entrar en el domicilio del afectado, las Administraciones Públicas deberán obtener el consentimiento del mismo o, en su defecto, la oportuna autorización judicial.

Artículo 97. Apremio sobre el patrimonio

1. Si en virtud de acto administrativo hubiera de satisfacerse cantidad líquida se seguirá el procedimiento previsto en las normas reguladoras del procedimiento recaudatorio en vía ejecutiva.

2. En cualquier caso no podrá imponerse a los administrados una obligación pecuniaria que no estuviese establecida con arreglo a una norma de rango legal.

Artículo 98. Ejecución subsidiaria

1. Habrá lugar a la ejecución subsidiaria cuando se trate de actos que por no ser personalísimos puedan ser realizados por sujeto distinto del obligado.

2. En este caso, las Administraciones Públicas realizarán el acto, por sí o a través de las personas que determinen, a costa del obligado.

3. El importe de los gastos, daños y perjuicios se exigirá conforme a lo dispuesto en el artículo anterior.

4. Dicho importe podrá liquidarse de forma provisional y realizarse antes de la ejecución, a reserva de la liquidación definitiva.

Artículo 99. Multa coercitiva

1. Cuando así lo autoricen las leyes, y en la forma y cuantía que éstas determinen, las Administraciones Públicas pueden, para la ejecución de determinados actos, imponer multas coercitivas, reiteradas por lapsos de tiempo que sean suficientes para cumplir lo ordenado, en los siguientes supuestos:

a) Actos personalísimos en que no proceda la compulsión directa sobre la persona del obligado.

b) Actos en que, procediendo la compulsión, la Administración no la estimara conveniente.

c) Actos cuya ejecución pueda el obligado encargar a otra persona.

2. La multa coercitiva es independiente de las sanciones que puedan imponerse con tal carácter y compatible con ellas.

Artículo 100. Compulsión sobre las personas

1. Los actos administrativos que impongan una obligación personalísima de no hacer o soportar podrán ser ejecutados por compulsión directa sobre las personas en los casos en que la Ley expresamente lo autorice, y dentro siempre del respeto debido a su dignidad y a los derechos reconocidos en la Constitución.

2. Si, tratándose de obligaciones personalísimas de hacer, no se realizase la prestación, el obligado deberá resarcir los daños y perjuicios, a cuya liquidación y cobro se procederá en vía administrativa.

Artículo 101. Prohibición de interdictos

No se admitirán a trámite interdictos contra las actuaciones de los órganos administrativos realizadas en materia de su competencia y de acuerdo con el procedimiento legalmente establecido.

3. OBLIGACIÓN ADMINISTRATIVA DE RESOLVER

Artículo 42. Obligación de resolver

1. La Administración está obligada a dictar resolución expresa en todos los procedimientos y a notificarla cualquiera que sea su forma de iniciación.

En los casos de prescripción, renuncia del derecho, caducidad del procedimiento o desistimiento de la solicitud, así como la desaparición sobrevenida del objeto del procedimiento, la resolución consistirá en la declaración de la circunstancia que concurra en cada caso, con indicación de los hechos producidos y las normas aplicables.

Se exceptúan de la obligación, a que se refiere el párrafo primero, los supuestos de terminación del procedimiento por pacto o convenio, así como los procedimientos relativos al ejercicio de derechos sometidos únicamente al deber de comunicación previa a la Administración.

2. El plazo máximo en el que debe notificarse la resolución expresa será el fijado por la norma reguladora del correspondiente procedimiento. Este plazo no podrá exceder de seis meses salvo que una norma con rango de Ley establezca uno mayor o así venga previsto en la normativa comunitaria europea.

3. Cuando las normas reguladoras de los procedimientos no fijen el plazo máximo, éste será de tres meses. Este plazo y los previstos en el apartado anterior se contarán:

a) En los procedimientos iniciados de oficio, desde la fecha del acuerdo de iniciación.

b) En los iniciados a solicitud del interesado, desde la fecha en que la solicitud haya tenido entrada en el registro del órgano competente para su tramitación.

4. Las Administraciones públicas deben publicar y mantener actualizadas, a efectos informativos, las relaciones de procedimientos, con indicación de los plazos máximos de duración de los mismos, así como de los efectos que produzca el silencio administrativo.

En todo caso, las Administraciones públicas informarán a los interesados del plazo máximo normativamente establecido para la resolución y notificación de los procedimientos, así como de los efectos que pueda producir el silencio administrativo, incluyendo dicha mención en la notificación o publicación del acuerdo de iniciación de oficio, o en comunicación que se les dirigirá al efecto dentro de los diez días siguientes a la recepción de la solicitud en el registro del órgano competente para su tramitación. En este último caso, la comunicación indicará además la fecha en que la solicitud ha sido recibida por el órgano competente.

5. El transcurso del plazo máximo legal para resolver un procedimiento y notificar la resolución se podrá suspender en los siguientes casos:

a) Cuando deba requerirse a cualquier interesado para la subsanación de deficiencias y la aportación de documentos y otros elementos de juicio necesarios, por el tiempo que medie entre la notificación del requerimiento y su efectivo cumplimiento por el destinatario, o en su defecto, el transcurso del plazo concedido, todo ello sin perjuicio de lo previsto en el artículo 71 de la presente Ley.

b) Cuando deba obtenerse un pronunciamiento previo y preceptivo de un órgano de las Comunidades Europeas, por el tiempo que medie entre la petición, que habrá de comunicarse a los interesados, y la notificación del pronunciamiento a la Administración instructora, que también deberá serles comunicada.

c) Cuando deban solicitarse informes que sean preceptivos y determinantes del contenido de la resolución a órgano de la misma o distinta Administración, por el tiempo que medie entre la petición, que deberá comunicarse a los interesados, y la recepción del informe, que igualmente deberá ser comunicada a los mismos. Este plazo de suspensión no podrá exceder en ningún caso de tres meses.

d) Cuando deban realizarse pruebas técnicas o análisis contradictorios o dirimentes propuestos por los interesados, durante el tiempo necesario para la incorporación de los resultados al expediente.

e) Cuando se inicien negociaciones con vistas a la conclusión de un pacto o convenio en los términos previstos en el artículo 88 de esta Ley, desde la declaración formal al respecto y hasta la conclusión sin efecto, en sus caso, de las referidas negociaciones que se constatará mediante declaración formulada por la Administración o los interesados.

6. Cuando el número de las solicitudes formuladas o las personas afectadas pudieran suponer un incumplimiento del plazo máximo de resolución, el órgano competente para resolver, a propuesta razonada del órgano instructor, o el superior jerárquico del órgano competente para resolver, a propuesta de éste, podrán habilitar los medios personales y materiales para cumplir con el despacho adecuado y en plazo.

Excepcionalmente, podrá acordarse la ampliación del plazo máximo de resolución y notificación mediante motivación clara de las circunstancias concurrentes y sólo una vez agotados todos los medios a disposición posibles.

De acordarse, finalmente, la ampliación del plazo máximo, éste no podrá ser superior al establecido para la tramitación del procedimiento.

Contra el acuerdo que resuelva sobre la ampliación de plazos, que deberá ser notificado a los interesados, no cabrá recurso alguno.

7. El personal al servicio de las Administraciones públicas que tenga a su cargo el despacho de los asuntos, así como los titulares de los órganos administrativos competentes para instruir y resolver son directamente responsables, en el ámbito de sus competencias, del cumplimiento de la obligación legal de dictar resolución expresa en plazo.

El incumplimiento de dicha obligación dará lugar a la exigencia de responsabilidad disciplinaria, sin perjuicio a la que hubiere lugar de acuerdo con la normativa vigente.

4. EFECTOS DEL SILENCIO ADMINISTRATIVO

Artículo 43. Silencio administrativo en procedimientos iniciados a solicitud de interesado

1. En los procedimientos iniciados a solicitud del interesado, el vencimiento del plazo máximo sin haberse notificado resolución expresa legitima al interesado o interesados que hubieran deducido la solicitud para entenderla estimada o desestimada por silencio administrativo, según proceda, sin perjuicio de la resolución que la Administración debe dictar en la forma prevista en el apartado 4 de este artículo.

2. Los interesados podrán entender estimadas por silencio administrativo sus solicitudes en todos los casos, salvo que una norma con rango de Ley o norma de Derecho Comunitario Europeo establezca lo contrario. Quedan exceptuados de esta previsión los procedimientos de ejercicio del derecho de petición, a que se refiere el artículo 29 de la Constitución, aquellos cuya estimación tuviera como consecuencia que se transfirieran al solicitante o a terceros facultades relativas al dominio público o al servicio público, así como los procedimientos de impugnación de actos y disposiciones, en los que el silencio tendrá efecto desestimatorio.

No obstante, cuando el recurso de alzada se haya interpuesto contra la desestimación por silencio administrativo de una solicitud por el transcurso del plazo, se entenderá estimado el mismo si, llegado el plazo de resolución, el órgano administrativo competente no dictase resolución expresa sobre el mismo.

3. La estimación por silencio administrativo tiene a todos los efectos la consideración de acto administrativo finalizado del procedimiento.

La desestimación por silencio administrativo tiene los solos efectos de permitir a los interesados la interposición del recurso administrativo o contencioso-administrativo que resulte procedente.

4. La obligación de dictar resolución expresa a que se refiere el apartado primero del artículo 42 se sujetará al siguiente régimen:

a) En los casos de estimación por silencio administrativo, la resolución expresa posterior a la producción del acto sólo podrá dictarse de ser confirmatoria del mismo.

b) En los casos de desestimación por silencio administrativo, la resolución expresa posterior al vencimiento del plazo se adoptará por la Administración sin vinculación alguna al sentido del silencio.

5. Los actos administrativos producidos por silencio administrativo se podrán hacer valer tanto ante la Administración como ante cualquier persona física o jurídica, pública o privada. Los mismos producen efectos desde el vencimiento del plazo máximo en el que debe dictarse y notificarse la resolución expresa sin que la misma se haya producido, y su existencia puede ser acreditada por cualquier medio de prueba admitido en Derecho, incluido el certificado acreditativo del silencio producido que pudiera solicitarse del órgano competente para resolver. Solicitado el certificado, éste deberá emitirse en el plazo máximo de quince días.

Artículo 44. Falta de resolución expresa en procedimientos iniciados de oficio

En los procedimientos iniciados de oficio, el vencimiento del plazo máximo establecido sin que se haya dictado y notificado resolución expresa no exime a la Administración del cumplimiento de la obligación legal de resolver, produciendo los siguientes efectos:

1. En el caso de procedimientos de los que pudiera derivarse el reconocimiento o, en su caso, la constitución de derechos u otras situaciones jurídicas individualizadas, los interesados que hubieren comparecido podrán entender desestimadas sus pretensiones por silencio administrativo.

2. En los procedimientos en que la Administración ejercite potestades sancionadoras o, en general, de intervención, susceptibles de producir efectos desfavorables o de gravamen, se producirá la caducidad. En estos casos, la resolución que declare la caducidad ordenará el archivo de las actuaciones, con los efectos previstos en el artículo 92.

En los supuestos en los que el procedimiento se hubiera paralizado por causa imputable al interesado, se interrumpirá el cómputo del plazo para resolver y notificar la resolución.

Volumen I
Parte Común

Auxiliares de Administración Local

Tema **12**

La invalidez de los actos administrativos

La invalidez de los actos administrativos Nulidad de pleno derecho y anulabilidad. La revisión de oficio. Los recursos administrativos: clases y actos impugnables. Las reclamaciones administrativas previas a la via civil y laboral.

Rodio
ediciones

Índice esquemático

1. LA INVALIDEZ DE LOS ACTOS ADMINISTRATIVOS. NULIDAD DE PLENO DERECHO ANULABILIDAD

1.1. Introducción

La invalidez en Derecho administrativo se ha construido sobre la teoría de la misma en Derecho civil, pero teniendo en cuenta las peculiaridades existentes en el ámbito de la Administración como son la autotutela o la presunción de validez de los actos administrativos.

En Derecho civil hay dos categorías de invalidez: la nulidad de pleno derecho y la anulabilidad. La nulidad de pleno derecho se produce por la vulneración de cualquier norma imperativa o prohibitiva, mientras que la anulabilidad se produce en determinados casos cuando la infracción consiste en un vicio del consentimiento o en la capacidad de quién actúa.

Ambas figuras, tienen la consecuencia común de la declaración de invalidez e ineficacia, pero se diferencian en cuanto que la nulidad de pleno derecho la puede ejercer cualquier interesado y en cualquier momento, en tanto que la anulabilidad sólo se puede alegar por los afectados por el vicio del consentimiento o la falta de capacidad y en el plazo de 4 años.

Nuestro Derecho administrativo, ha diseñado un régimen de la invalidez que se basa asimismo en dos figuras: la nulidad de pleno derecho y la anulabilidad. La diferencia fundamental con el Derecho civil es que la nulidad de pleno no opera cualquiera que haya sido la norma imperativa o prohibitiva vulnerada, sino solamente cuando dicha vulneración corresponde con alguna de las causas establecidas en el artículo 62 LRJAP. Por el contrario la anulabilidad actúa de forma residual cuando se produce una vulneración del resto de las normas del ordenamiento jurídico.

Además, aunque la nulidad de pleno de derecho en Derecho administrativo es en principio imprescriptible, lo cierto es que se tendrá que hacer valer dentro de los plazos y límites establecidos para las distintas formas de impugnación previstas en la Ley.

Por último, señalar que en Derecho administrativo se regulan las **irregularidades no invalidantes** que son, por un lado, el defecto de forma que sólo determinará la anulabilidad cuando el acto carezca de los requisitos formales indispensables para alcanzar su fin o de lugar a la indefensión de los interesados y, por otro, la realización de actuaciones administrativas fuera del tiempo establecido para ellas, que sólo implicará la anulabilidad del acto cuando así lo imponga la naturaleza del término o plazo.

El artículo 57.1. de la Ley 30/1992, de 26 de noviembre, de Régimen Jurídico de las Administraciones Públicas y del Procedimiento Administrativo Común (LRJPAC), establece que "los actos de las Administraciones Públicas sujetos al Derecho Administrativo se presumirán válidos y producirán efectos desde la fecha en que se dicten, salvo que en ellos se disponga otra cosa", es decir, se parte de una presunción de validez de los actos administrativos, de donde deriva su ejecutividad y, en su caso, ejecución forzosa.

Esta presunción de legitimación y validez del acto administrativo es *iuris tantum*, es decir, que admite prueba en contrario a través de la interposición del correspondiente recurso administrativo y, en su caso, contencioso-administrativo, por el particular afectado por el acto que entiende ilegal, pudiéndose producir, en los supuestos previstos en el artículo 111 de la LRJPAC, la suspensión de los efectos del acto.

En este contexto, no es infrecuente que el acto administrativo adolezca de vicios o no se ajuste exactamente a lo que el ordenamiento jurídico determina en cada caso, pudiéndose encontrar ante los siguientes supuestos:

a) La nulidad absoluta o de pleno derecho del acto administrativo.

b) La nulidad relativa o anulabilidad del mismo.

c) La irregularidad del acto.

Junto a ellos, por lo demás, hay autores que hablan de la inexistencia del acto, cuando carece de los requisitos necesarios para ser considerado como un acto propiamente dicho (García de Enterría, que cita, a título de ejemplo, un Decreto dictado por un particular o una pena de muerte impuesta por un Alcalde), en cuyo caso carece absolutamente de efectos, pudiendo desconocer el administrado dicho acto, sin que de su pasividad, como indica este autor, pueda derivársele perjuicio alguno material o jurídico.

En cuanto a la invalidez de las disposiciones generales, se sanciona con la nulidad la vulneración de los principios de jerarquía normativa, de reserva de ley y de irretroactividad de las disposiciones sancionadoras no favorables, como comentaré en el apartado siguiente.

1.2. Supuestos de nulidad de pleno derecho y de anulabilidad

Se regulan en el Capítulo IV, del Título V y comprende desde los art. 62 a 67.

1.2.1. Nulidad absoluta o de pleno derecho

1.2.1.1. Supuestos de nulidad

El artículo 62.1 de la LRJPAC establece:

"Los actos de las Administraciones Públicas son nulos de pleno derecho en los casos siguientes:

a) Los que lesionen los derechos y libertades susceptibles de amparo constitucional.

b) Los dictados por órgano manifiestamente incompetente por razón de la materia o del territorio.

c) Los que tengan un contenido imposible.

d) Los que sean constitutivos de infracción penal o se dicten como consecuencia de ésta.

e) Los dictados prescindiendo total y absolutamente del procedimiento establecido o de las normas que contienen las reglas esenciales de la formación de la voluntad de los órganos colegiados.

f) Los actos expresos o presuntos contrarios al ordenamiento jurídico por los que se adquieran facultades o derechos cuando se carezca de los requisitos esenciales para su adquisición.

g) Cualquier otro que se establezca expresamente en una disposición de rango legal.

También serán nulas de pleno derecho las disposiciones administrativas que vulneren la Constitución, las leyes u otras disposiciones administrativas de rango superior, las que regulen materias reservadas a la Ley, y las que establezcan la retroactividad de disposiciones sancionadoras no favorables o restrictivas de derechos individuales".

Pasemos al estudio de cada una de ellas.

A) Actos que lesionen el contenido esencial de los derechos y libertades susceptibles de amparo constitucional

La nulidad radical se reserva para los actos que lesionen, en su contenido esencial, los derechos y libertades susceptibles de amparo constitucional, esto es, los reconocidos en el artículo 14, Sección 1ª del Capítulo Segundo del Título I y artículo 30 de la Constitución, este último, por lo que se refiere a la objeción de conciencia.

B) Actos dictados por órgano manifiestamente incompetente por razón de la materia o del territorio

Se ha dicho que la incompetencia será manifiesta cuando sea notoria, evidente y aparezca de manera clara, sin que exija esfuerzo dialéctico alguno su comprobación por saltar a primera vista.

El Consejo de Estado en diversos dictámenes ha señalado que la incompetencia manifiesta no es sólo la que aparece de modo claro y patente, sino también la incompetencia grave que afecta al orden público que, por esa razón, se presenta con carácter de evidencia.

La doctrina del Tribunal Supremo ha considerado como casos de incompetencia manifiesta la falta de competencia objetiva o por razón de la materia y la falta de competencia territorial.

Se produce una incompetencia material cuando el órgano que dicta el acto no tiene competencia en esa materia. Por ejemplo, el Consejero de Obras Públicas impone una sanción en materia de salud pública que es competencia del Consejero de Sanidad.

En cambio, se produce una incompetencia territorial cuando el acto es dictado por un órgano que no tiene competencia en el territorio en que ha ocurrido el hecho que lo motiva. Por ejemplo, un delegado provincial de la Consejería de Agricultura y Medio Ambiente de Ciudad Real sanciona a un particular por una corta de árboles efectuada en Guadalajara.

Igualmente, según la propia jurisprudencia, son nulos de pleno derecho los actos de la Administración que se salen del ámbito administrativo propiamente dicho, invadiendo el campo reservado a otros órganos del Estado.

Con arreglo al precepto que comentamos, la incompetencia jerárquica no produce la nulidad radical del acto dictado. La jurisprudencia así lo había venido entendiendo ya que en estos casos es posible la convalidación del acto por su superior jerárquico.

Sin embargo, la doctrina ha señalado que los supuestos más graves de incompetencia jerárquica, en los que la distancia jerárquica entre el órgano que dicta el acto y el que sería competente para ello es absolutamente insalvable (como el acto competencia de Ministro que se dicta por un Jefe de Negociado) habrían de calificarse como actos dictados por órgano manifiestamente incompetente.

C) Actos que tengan un contenido imposible

La imposibilidad que determina la calificación del acto como nulo de pleno derecho ha de ser imposibilidad física o material, pero no la imposibilidad legal, pues de admitirse esta última podría llegarse a considerar nulo de pleno derecho todo acto que fuera contra una ley, y ello sería contrario a la intención del legislador, que determina taxativamente los casos de nulidad de pleno derecho.

Será un acto de contenido imposible la orden de un Alcalde prohibiendo que los perros ladren de noche o la orden de demoler un edificio que ni siquiera se ha empezado a levantar.

D) Actos que sean constitutivos de infracción penal o se dicten como consecuencia de ésta

La referencia a la infracción penal en vez de a los delitos, como antes se contenía en el artículo 47.1.b) de la LPA, no supone innovación alguna, pues ya antes en este apartado se incluían todos los supuestos de infracción penal, ya fuera tipificada como delito o como falta y ya lo estuviera en el Código Penal o en leyes especiales, con exclusión de las infracciones administrativas o disciplinarias.

Por lo demás, en este apartado se comprenden tanto los actos que en sí mismos constituyen un delito (certificación falsa expedida por un Alcalde), como aquellos actos que, sin ser delito en sí mismos, están impuestos mediante un acto delictivo (una licencia conseguida mediante cohecho del funcionario encargado de su otorgamiento).

E) Actos dictados prescindiendo total y absolutamente del procedimiento legalmente establecido

En este supuesto se han de comprender no sólo los casos en que, efectivamente, se ha prescindido de todo procedimiento (lo que será muy difícil, pues siempre habrá habido algún trámite), sino también aquellos en que:

- La Administración ha observado un procedimiento, pero no "el concreto procedimiento previsto por la ley para ese supuesto". Así, por ejemplo, cuando para la celebración de un contrato de obra se emplea el procedimiento de concurso en vez del de subasta, que era el procedente. O se otorga una licencia por el procedimiento ordinario, cuando el previsto era el de actividades molestas, etc.

- Se emplea el procedimiento legalmente establecido, pero se omiten los trámites **sustanciales** del mismo. Así, por ejemplo, si toma la Administración posesión de un bien expropiado, sin que previamente se haya declarado la utilidad pública o el interés social en el expediente expropiatorio o se haya decretado la necesidad de ocupación y realización del previo pago o depósito. O el Ministerio de Fomento procede a la aprobación de un Plan de Ordenación elaborado por el Ayuntamiento de una capital, sin que dicho Plan hubiese sido aprobado inicialmente por dicho Ayuntamiento y sometido a información pública.

En un primer momento la Jurisprudencia realizó una interpretación literal de esta causa de nulidad de pleno derecho, identificándola con la falta total y absoluta de procedimiento, pero posteriormente el Tribunal Supremo la ha asimilado con la ausencia de trámites esenciales, siempre que sean de tal naturaleza que su falta impida identificar el procedimiento, llegando a tipificar de nulidad un acto en el que se ha omitido el informe del Consejo de Estado cuando este era preceptivo.

F) Actos dictados prescindiendo de las normas que contienen las reglas esenciales para la formación de la voluntad de los órganos colegiados

No todos los defectos apreciados en el funcionamiento de los órganos colegiados originan la nulidad radical de los acuerdos adoptados por aquéllos, sino sólo los que se tomen prescindiendo de las reglas esenciales para la formación de su voluntad. La jurisprudencia siempre ha venido considerando así las reglas que se contienen en los cuatro primeros párrafos del artículo 26 de la LRJPAC, esto es, composición del órgano, convocatoria y determinación del orden del día, quórum de asistencia y votación.

G) Actos expresos o presuntos contrarios al ordenamiento jurídico por los que se adquieran facultades o derechos cuando se carezca de los requisitos esenciales para su adquisición

La enunciación del supuesto, que es una novedad de la LRJPAC, expresa una redundancia, porque si el acto administrativo otorga facultades o derechos cuando se carece de los requisitos esenciales para su adquisición, él mismo será, lógicamente, contrario al ordenamiento jurídico.

La delimitación, sin embargo, de cuáles sean esos requisitos esenciales para la adquisición de un derecho y su diferenciación de aquellos otros no esenciales pero también necesarios para su adquisición es algo que se presta difícilmente a la formulación de reglas generales y que se irá perfilando con los ejemplos que ofrezca la variada casuística del foro.

H) Actos cuya nulidad se establezca expresamente en una disposición de rango legal

Así lo establece por ejemplo el artículo 22 de la Ley de Contratos de las Administraciones Públicas que sanciona con nulidad de pleno derecho la falta de capacidad, solvencia o la concurrencia de alguna de las causas de prohibición en el contratista, el artículo 103.4 de la Ley de la Jurisdicción Contencioso-Administrativa que establece que serán nulos de pleno derecho los actos y disposiciones contrarios a los pronunciamientos de las sentencias, que se dicten con la finalidad de eludir su cumplimiento o el artículo 36 de la Ley General de Subvenciones que castiga con nulidad las subvenciones concedidas con carencia o insuficiencia de crédito.

1.2.1.2. El régimen jurídico de la nulidad

Los efectos que acarrea la incidencia de un vicio de nulidad de pleno derecho son sólo similares a los que tienen lugar en el ámbito del Derecho privado y, en la práctica, se reducen a dos:

a) En primer lugar, los actos nulos no son convalidantes mediante la subsanación ulterior de los vicios de que adolezcan. Así se deduce de lo dispuesto en el artículo 67.1 LRJPAC, *a sensu contrario,* según el cual "la Administración podrá convalidar los actos anulables, subsanando los vicios de que adolezcan.

b) En segundo lugar, los actos nulos son sanables parcialmente por el transcurso del tiempo (imprescriptibilidad relativa). Este efecto es diverso según se trate de la impugnación del acto en vía de recurso o de revisión de oficio: la impugnación de un acto en vía de recurso se encuentra sometida a los mismos plazos de caducidad que la impugnación de los actos anulables, de tal forma que la ausencia de interposición del recurso en tiempo hábil los hace igualmente inatacables; en cambio, la revisión de oficio de los actos nulos puede hacerse en cualquier momento, sin sujeción a plazo alguno.

1.2.2. Supuestos de anulabilidad

1.2.2.1. Conceptos generales

La LRJPAC continúa el criterio de la LPA de mantener la anulabilidad como categoría general de invalidez de los actos administrativos puesto que cualquier infracción del ordenamiento jurídico que no esté expresamente sancionada con la nulidad ha de considerarse anulable. En los párrafos 2 y 3 del artículo 63 se regulan las circunstancias en que determinadas infracciones no dan lugar a la invalidez del acto (las irregularidades no invalidantes), por lo que la anulabilidad se sitúa en un nivel intermedio entre aquéllas y la nulidad radical.

El citado artículo dice así:

1. "Son anulables los actos de la Administración que incurran en cualquier infracción del ordenamiento jurídico, incluso la desviación de poder.

2. No obstante, el defecto de forma sólo determinará la anulabilidad cuando el acto carezca de los requisitos formales indispensables para alcanzar su fin o dé lugar a indefensión de los interesados.

3. La realización de actuaciones administrativas fuera del tiempo establecido para ellas, sólo implicará la anulabilidad del acto cuando así lo imponga la naturaleza del término o plazo".

1.2.2.2. Plazo de ejercicio de la acción de anulabilidad y prescripción del derecho material

El artículo 48 de la LPA que es el antecedente inmediato del artículo 63.1 de la LR-JPAC prescribía que la anulación tendría lugar "utilizando los medios de fiscalización que se regulan en el Título V", esto es por la revisión de oficio por la Administración o por el ejercicio con éxito por los administrados de los recursos administrativos pertinentes o del recurso contencioso-administrativo.

En interpretación de este precepto la jurisprudencia exigió a los administrados en un primer momento el ejercicio de dichos medios de impugnación en los plazos establecidos por la ley, entendiendo que el acto anulable no impugnado en tiempo oportuno quedaba firme y no podía volver a intentarse su anulación, en virtud de lo dispuesto en el artículo 28 de la LJCA. Sin embargo, existe jurisprudencia más matizada que considera que cuando la ley otorga a los interesados un plazo determinado para el ejercicio de un derecho, su denegación por la Administración no impide su posterior petición, aunque el acto denegatorio haya quedado firme, siempre que se realice antes de transcurrido el plazo legalmente concedido.

El artículo 63.1 de la LRJPAC reproduce el anterior artículo 48.1 de la LPA, con la sola excepción de la expresión comentada, lo que ha de servir para consagrar ya, sin ningún género de titubeo, la anterior línea jurisprudencial.

1.2.2.3. La desviación de poder como supuesto de anulabilidad

La LRJPAC mantiene la desviación de poder como causa de anulabilidad no obstante la crítica que la doctrina ha realizado de tal caracterización. Como observa T.R. Fernández, no es lo mismo en la desviación de poder, que el fin perseguido sea realmente un fin público, aunque diferente del fijado por la norma, que sea un fin privado del agente. En este último caso hay algo más que una desviación de poder, determinante de la anulabilidad del acto; hay, en efecto, una verdadera apropiación de la organización y de sus instrumentos por el agente en su exclusivo beneficio particular, una usurpación de poderes administrativos indigna de toda protección y cuya depuración no puede quedar al arbitrio del particular concretamente afectado por el acto producido.

Para entender el concepto de desviación de poder, hay que acudir directamente al fin como elemento del acto administrativo que responde a que la Administración ha de someterse, en todo caso, a una especie de regla de conducta: la necesidad de perseguir el interés público en cada una de sus actuaciones. De ahí el gran acierto de la Constitución al determinar que los tribunales controlarán el sometimiento de la actuación administrativa "a los fines que la justifican" (art. 106.1 de la Constitución). Por esa vía, el fin se erige en un nuevo elemento nada menos que de rango constitucional, del acto administrativo: éste deberá enderezarse al logro de aquella finalidad que determinó el otorgamiento de la potestad ejercitada.

Y es precisamente cuando se ejercen potestades administrativas para fines distintos de los fijados por el ordenamiento jurídico, en el momento en que se produce la desviación de poder que hace que los actos sean anulables.

1.2.3. Diferencias entre la nulidad absoluta y la nulidad relativa o anulabilidad

La generalidad de la doctrina y la jurisprudencia, basándose en la propia LRJPAC, han señalado las siguientes:

a) En la nulidad absoluta el vicio que la provea tiene una trascendencia *erga omnes*, por lo que cualquier persona puede impugnar el acto y los propios Tribunales, aunque no se alegue este vicio, si lo detectan deben declararlo.

   En los supuestos de anulabilidad, el interesado ha de presentar contra el acto que entiende ilegal los recursos procedentes en los plazos realmente cortos, previstos en la ley, de forma que, si no lo hace, el acto queda firme e inatacable.

   Por su parte, la Administración en base al artículo 67.1. de la LRJPAC puede convalidar el acto, a través de la subsanación de los vicios de que adolezca.

b) En la nulidad absoluta, los efectos de la declaración –por la propia Administración o por la Jurisdicción Contencioso-Administrativa– se retrotraen al momento en que se dictó el acto, es decir, tiene dicha declaración efectos *ex tunc*, mientras que la anulabilidad tiene efectos desde el momento en que se declara, es decir, efectos *ex nunc*, manteniéndose, por lo tanto, todos los efectos o consecuencias del acto surgido desde que se dictó hasta que es objeto de anulación.

c) El acto nulo de pleno derecho no puede ser sanado por confirmación o prescripción. El acto anulable sí puede ser sanado y, así, transcurrido el plazo para el ejercicio de la correspondiente acción sin ejercitarla, el vicio de que adoleciera queda purgado.

1.2.4. Irregularidades no invalidantes

1.2.4.1. Los vicios de forma

Según el art. 63.2 LRJPAC "los vicios de forma sólo determinarán la anulabilidad cuando el acto carezca de los requisitos formales indispensables para alcanzar su fin o den lugar a la indefensión de los interesados".

En este precepto la LRJPAC se está refiriendo a las infracciones procedimentales cometidas durante la tramitación del procedimiento para la elaboración del acto administrativo.

En principio, las infracciones procedimentales, por sí solas, no tienen poder invalidatorio del acto administrativo dictado en tal procedimiento, sino que es preciso, además, como se deduce del precepto antes transcrito, que la infracción procedimental consista en "la omisión de los requisitos formales indispensables, es decir, de trámites indispensables que hagan que el acto no pueda alcanzar su fin o produzca indefensión a los interesados.

Así pues, sintetizando: no todo vicio de procedimiento determina por sí mismo la anulabilidad del acto, sino "la omisión de trámites esenciales o que produzcan indefensión a los interesados". La omisión de todos los trámites esenciales determinará no la anulabilidad del acto sino su nulidad de pleno derecho.

Ahora bien, la jurisprudencia del Tribunal Supremo, en línea con la doctrina, ha venido reduciendo, progresivamente, los supuestos en que la infracción del procedimiento puede tener eficacia invalidatoria del acto administrativo. Y así, ha declarado que:

- Sólo es procedente la anulación de un acto en el supuesto de que las infracciones procedimentales cometidas en su elaboración supongan una disminución efectiva, real y trascendente de garantías, incidiendo en la resolución de fondo, de forma que puedan alterar su sentido, no siendo posible por el Tribunal averiguar si la decisión contenida en tal acto es o no conforme a Derecho.

- No es, en cambio, procedente la anulación de un acto por omisión de un trámite preceptivo cuando:

  a) Aun cumpliendo este trámite, se pueda prever lógicamente que volvería a producirse un acto administrativo igual al que se pretende anular.

  b) Cuando la omisión de un trámite preceptivo no causa indefensión al interesado, no existiendo tal indefensión, cuando, a pesar de la omisión del trámite, el interesado ha tenido ocasión de alegar a lo largo del procedimiento administrativo o en la vía del recurso administrativo interpuesto contra el acto o en la vía del recurso jurisdiccional, todo lo que la omisión de dichos trámites le impidió alegar. (SSTS 6 de julio de 1988 y 17 de junio de 1991).

Cabe preguntarnos ahora, ¿cuáles son los efectos de la anulación del acto? Cuando la anulación de un acto está motivada por una infracción cometida en la elaboración del mismo, será preciso retrotraer el procedimiento al momento en que se cometió la infracción, para que, una vez observado el trámite omitido, continúe de nuevo el procedimiento hasta dictar un nuevo acto que sustituya al anulado.

La retroacción de actuaciones no supone necesariamente la declaración de nulidad de todo lo actuado a partir del momento en que se cometió la infracción procedimental, pues como señala el artículo 66 de la LRJPAC, "el órgano que declare la nulidad o anule las actuaciones dispondrá siempre la conservación de aquellos actos y trámites cuyo contenido se hubiera mantenido igual de no haberse cometido la infracción".

1.2.4.2. La realización de actuaciones administrativas fuera del tiempo establecido para ellas

Según el artículo 63.3. LRJPAC, "la realización de actuaciones administrativas fuera del plazo establecido para ellas sólo implicará la anulabilidad del acto cuando así lo imponga la naturaleza del término o plazo".

Este supuesto es sustancialmente similar al de los vicios de forma, y expresa un discutible principio de relativización general del deber de cumplimiento de los plazos por parte de la Administración. La eficacia invalidante de la infracción de las normas relativas a plazos se halla más restringida aún que en el caso de los vicios de forma, y de modo bastante poco preciso, puesto que decir que la anulabilidad concurre "cuando así lo imponga la naturaleza del término o plazo" equivale, de hecho, a introducir una distinción vaga e insegura entre plazos importantes y menos importantes. Dentro de los primeros se incluyen, ciertamente, todos aquellos en los que la Ley anuda a su transcurso una consecuencia jurídica de producción automática o un efecto de cierre (por ejemplo el de caducidad por inactividad de la Administración) así como, en general, los integrantes de procedimientos de concurrencia competitiva, en la medida que puedan otorgar ventajas comparativas desiguales a los diversos aspirantes; pero, salvo en estos casos, la fuerza anulatoria de este concreto vicio queda sumido en la mayor de las oscuridades, a reserva de su determinación empírica por vía jurisprudencial.

1.3. El principio de conservación del acto administrativo: transmisibilidad, conservación y convalidación

1.3.1. Transmisibilidad

A tenor del artículo 64 de la LRJPAC, la nulidad o anulabilidad de un acto no implicará la de los sucesivos en el procedimiento que sean independientes del primero.

Y la nulidad o anulabilidad en parte del acto administrativo no implicará la de las partes del mismo independientes de aquélla salvo que la parte viciada sea de tal importancia que sin ella el acto administrativo no hubiera sido dictado.

1.3.2. Conversión

Conforme al artículo 65 LRJPAC, que trata de la conversión de actos viciados, "los actos nulos o anulables que, sin embargo, contengan los elementos constitutivos de otro distinto producirán los efectos de éste".

La LRJPAC en su artículo 65 admite la conversión tanto de los actos nulos como de los anulables. Aquí estamos ante un supuesto distinto al de la convalidación (que se explicará más adelante). En la convalidación se mantiene el acto inválido, una vez limpiado del defecto de que adolecía. En la conversión se da vida a otro acto distinto.

1.3.3. Conservación

En cuanto a la conservación de actos y trámites, dispone el artículo 66 que "el órgano que declare la nulidad o anule las actuaciones dispondrá siempre la conservación de aquellos actos y trámites cuyo contenido se hubiera mantenido igual de no haberse cometido la infracción".

La conservación de los actos y trámites es una manifestación más del principio de economía procesal, al igual que sucede con la conversión y la convalidación, si bien se diferencia de esta última en que mientras la convalidación se aplica solo a los actos anulables, la conservación entra en juego también respecto de los actos nulos de pleno derecho.

1.3.4. Convalidación

En concreto, a la convalidación se refiere el artículo 67 de la LRJPAC, a cuyo tenor:

1. La Administración podrá convalidar los **actos anulables**, subsanando los vicios de que adolezcan.

2. El acto de convalidación producirá efecto desde su fecha, salvo lo dispuesto anteriormente para la retroactividad de los actos administrativos (sobre lo que habrá que estar a lo dispuesto en el art. 57.3 de la LRJPAC, según el cual "excepcionalmente, podrá otorgarse eficacia retroactiva a los actos cuando se dicten en sustitución de actos anulados, y, asimismo, cuando produzcan efectos favorables al interesado, siempre que los supuestos de hecho necesarios existieran ya en la fecha a que se retrotraiga la eficacia del acto y ésta no lesione derechos o intereses legítimos de otras personas").

3. Si el vicio consistiera en incompetencia no determinante de nulidad [recuérdese que la incompetencia funcional o territorial hace incurrir al acto en nulidad de pleno derecho, en base al art. 62.1.b) de la LRJPAC, por lo que aquí se está hablando de la incompetencia jerárquica], la convalidación podrá realizarse por el órgano competente cuando sea superior jerárquico del que dictó el acto viciado.

4. Si el vicio consistiese en la falta de alguna autorización, podrá ser convalidado el acto mediante el otorgamiento de la misma por el órgano competente.

2. LA REVISIÓN DE OFICIO

La Administración al margen de los recursos que se puedan interponer contra sus actos no puede revocarlos de oficio sino siguiendo un procedimiento tasado tal y como establecen los artículos 102 al 106 de la LRJPAC:

Artículo 102. Revisión de disposiciones y actos nulos

1. Las Administraciones públicas, en cualquier momento, por iniciativa propia o a solicitud de interesado, y previo dictamen favorable del Consejo de Estado u órgano consultivo equivalente de la Comunidad Autónoma, si lo hubiere, declararán de oficio la nulidad de los actos administrativos que hayan puesto fin a la vía administrativa o que no hayan sido recurridos en plazo, en los supuestos previstos en el artículo 62.1.

2. Asimismo, en cualquier momento, las Administraciones públicas de oficio, y previo dictamen favorable del Consejo de Estado u órgano consultivo equivalente de la Comunidad Autónoma si lo hubiere, podrán declarar la nulidad de las disposiciones administrativas en los supuestos previstos en el artículo 62.2.

3. El órgano competente para la revisión de oficio podrá acordar motivadamente la inadmisión a trámite de las solicitudes formuladas por los interesados, sin necesidad de recabar dictamen del Consejo de Estado u órgano consultivo de la Comunidad Autónoma, cuando las mismas no se basen en alguna de las causas de nulidad del artículo 62 o carezcan manifiestamente de fundamento, así como en el supuesto de que se hubieran desestimado en cuanto al fondo otras solicitudes sustancialmente iguales.

4. Las Administraciones públicas, al declarar la nulidad de una disposición o acto, podrán establecer, en la misma resolución, las indemnizaciones que proceda reconocer a los interesados, si se dan las circunstancias previstas en los artículos 139.2 y 141.1 de esta Ley; sin perjuicio de que, tratándose de una disposición, subsistan los actos firmes dictados en aplicación de la misma.

5. Cuando el procedimiento se hubiera iniciado de oficio, el transcurso del plazo de tres meses desde su inicio sin dictarse resolución producirá la caducidad del mismo. Si el procedimiento se hubiera iniciado a solicitud de interesado, se podrá entender la misma desestimada por silencio administrativo.

Artículo 103. Declaración de lesividad de actos anulables

1. Las Administraciones públicas podrán declarar lesivos para el interés público los actos favorables para los interesados que sean anulables conforme a lo dispuesto en el artículo 63 de esta Ley, a fin de proceder a su ulterior impugnación ante el orden jurisdiccional contencioso-administrativo.

2. La declaración de lesividad no podrá adoptarse una vez transcurridos cuatro años desde que se dictó el acto administrativo y exigirá la previa audiencia de cuantos aparezcan como interesados en el mismo, en los términos establecidos por el artículo 84 de esta Ley.

3. Transcurrido el plazo de seis meses desde la iniciación del procedimiento sin que se hubiera declarado la lesividad se producirá la caducidad del mismo.

4. Si el acto proviniera de la Administración General del Estado o de las Comunidades Autónomas, la declaración de lesividad se adoptará por el órgano de cada Administración competente en la materia.

5. Si el acto proviniera de las entidades que integran la **Administración Local,** la declaración de lesividad se adoptará **por el Pleno de la Corporación** o, en defecto de éste, por el órgano colegiado superior de la entidad.

Artículo 104. Suspensión

Iniciado el procedimiento de revisión de oficio, el órgano competente para resolver podrá suspender la ejecución del acto, cuando ésta pudiera causar perjuicios de imposible o difícil reparación.

Artículo 105. Revocación de actos y rectificación de errores

1. Las Administraciones públicas podrán revocar en cualquier momento sus actos de gravamen o desfavorables, siempre que tal revocación no constituya dispensa o

exención no permitida por las leyes, o sea contraria al principio de igualdad, al interés público o al ordenamiento jurídico.

2. Las Administraciones públicas podrán, asimismo, rectificar en cualquier momento, de oficio o a instancia de los interesados, los errores materiales, de hecho o aritméticos existentes en sus actos.

Artículo 106. Límites de la revisión

Las facultades de revisión no podrán ser ejercitadas cuando por prescripción de acciones, por el tiempo transcurrido o por otras circunstancias, su ejercicio resulte contrario a la equidad, a la buena fe, al derecho de los particulares o a las leyes.

3. LOS RECURSOS ADMINISTRATIVOS: CLASES Y ACTOS IMPUGNABLES

Como se dijo, la presunción de validez de los actos administrativos es *iuris tantum*, es decir, que admite prueba en contrario por parte del interesado cuando entable el correspondiente recurso administrativo y, en su caso, contencioso-administrativo, de forma que, si demuestra que la Administración ha incurrido en ilegalidad al dictar el acto, éste debe ser anulado.

A este fin, y al margen de los supuestos de la revisión de oficio, la Ley ha concedido al particular diversos cauces para poder llegar a esta anulación, que no son otros que los recursos administrativos o, en su caso, el acceso a los órganos jurisdiccionales para conseguir una satisfacción a sus pretensiones, a través del recurso contencioso-administrativo.

Para GARCÍA DE ENTERRÍA, los recursos administrativos son "actos del administrado mediante los que este pide a la propia Administración la revocación o reforma de un acto suyo o de una disposición de carácter general de rango inferior a la Ley en base a su título jurídico específico".

Siguiendo al autor citado, puede señalarse que el recurso administrativo es una garantía para los afectados por la resolución administrativa, en cuanto les aseguran la posibilidad de reaccionar contra ella y, eventualmente, de eliminar el perjuicio que comporta, alcanzando a todo tipo de actos administrativos.

3.1. Principios generales

Artículo 107. Objeto y clases

1. Contra las resoluciones y los actos de trámite, si estos últimos deciden directa o indirectamente el fondo del asunto, determinan la imposibilidad de continuar el procedimiento, producen indefensión o perjuicio irreparable a derechos e intereses legítimos, podrán interponerse por los interesados los recursos de alzada y potestativo de reposición, que cabrá fundar en cualquiera de los motivos de nulidad o anulabilidad previstos en los artículos 62 y 63 de esta Ley.

La oposición a los restantes actos de trámite podrá alegarse por los interesados para su consideración en la resolución que ponga fin al procedimiento.

2. Las Leyes podrán sustituir el recurso de alzada, en supuestos o ámbitos sectoriales determinados, y cuando la especificidad de la materia así lo justifique, por otros procedimientos de impugnación, reclamación, conciliación, mediación y arbitraje, ante órganos colegiados o comisiones específicas no sometidas a instrucciones jerárquicas, con respecto a los principios, garantías y plazos que la presente Ley reconoce a los ciudadanos y a los interesados en todo procedimiento administrativo.

En las mismas condiciones, el recurso de reposición podrá ser sustituido por los procedimientos a que se refiere el párrafo anterior, respetando su carácter potestativo para el interesado.

La aplicación de estos procedimientos en el ámbito de la Administración Local no podrá suponer el desconocimiento de las facultades resolutorias reconocidas a los órganos representativos electos establecidos por la Ley.

3. Contra las disposiciones administrativas de carácter general no cabrá recurso en vía administrativa.

Los recursos contra un acto administrativo que se funden únicamente en la nulidad de alguna disposición administrativa de carácter general podrán interponerse directamente ante el órgano que dictó dicha disposición.

4. Las reclamaciones económico-administrativas se ajustarán a los procedimientos establecidos por su legislación específica.

Artículo 108. Recurso extraordinario de revisión

Contra los actos firmes en vía administrativa, sólo procederá el recurso extraordinario de revisión, cuando concurra alguna de las circunstancias previstas en el artículo 118.1.

Artículo 109. Fin de la vía administrativa

Ponen fin a la vía administrativa:

a) Las resoluciones de los recursos de alzada.

b) Las resoluciones de los procedimientos de impugnación a que se refiere el artículo 107.2.

c) Las resoluciones de los órganos administrativos que carezcan de superior jerárquico, salvo que una Ley establezca lo contrario.

d) Las demás resoluciones de órganos administrativos cuando una disposición legal o reglamentaria así lo establezca.

e) Los acuerdos, pactos, convenios o contratos que tengan la consideración de finalizadores del procedimiento.

Artículo 110. Interposición del recurso

1. La interposición del recurso deberá expresar:

a) El nombre y apellidos del recurrente, así como la identificación del mismo.

b) El acto que se recurre y la razón de su impugnación.

c) Lugar, fecha, firma del recurrente, identificación del medio y, en su caso, del lugar que se señale a efectos de notificaciones.

d) Órgano, centro o unidad administrativa al que se dirige.

e) Las demás particularidades exigidas, en su caso, por las disposiciones específicas.

2. El error en la calificación del recurso por parte del recurrente no será obstáculo para su tramitación, siempre que se deduzca su verdadero carácter.

3. Los vicios y defectos que hagan anulable un acto no podrán ser alegados por quienes los hubieren causado.

Artículo 111. Suspensión de la ejecución

1. La interposición de cualquier recurso, excepto en los casos en que una disposición establezca lo contrario, no suspenderá la ejecución del acto impugnado.

2. No obstante lo dispuesto en el apartado anterior, el órgano a quien competa resolver el recurso, previa ponderación, suficientemente razonada, entre el perjuicio que causaría al interés público o a terceros la suspensión y el perjuicio que se causa al recurrente como consecuencia de la eficacia inmediata del acto recurrido, podrá suspender de oficio o a solicitud del recurrente, la ejecución del acto impugnado, cuando concurra alguna de las siguientes circunstancias:

a) Que la ejecución pudiera causar perjuicios de imposible o difícil reparación.

b) Que la impugnación se fundamente en alguna de las causas de nulidad de pleno derecho previstas en el artículo 62.1 de esta Ley.

3. La ejecución del acto impugnado se entenderá suspendida si transcurridos treinta días desde que la solicitud de suspensión haya tenido entrada en el registro del órgano competente para decidir sobre la misma, éste no ha dictado resolución expresa al respecto. En estos casos no será de aplicación lo establecido en el artículo 42.4, segundo párrafo de esta Ley.

4. Al dictar el acuerdo de suspensión podrán adoptarse las medidas cautelares que sean necesarias para asegurar la protección del interés público o de terceros y la eficacia de la resolución o el acto impugnado.

Cuando de la suspensión puedan derivarse perjuicios de cualquier naturaleza, aquélla sólo producirá efectos previa prestación de caución o garantía suficiente para responder de ellos, en los términos establecidos reglamentariamente.

La suspensión podrá prolongarse después de agotada la vía administrativa cuando exista medida cautelar y los efectos de ésta se extiendan a la vía contencioso-administrativa. Si el interesado interpusiera recurso contencioso-administrativo, solicitando la suspensión del acto objeto del proceso, se mantendrá la suspensión hasta que se produzca el correspondiente pronunciamiento judicial sobre la solicitud.

5. Cuando el recurso tenga por objeto la impugnación de un acto administrativo que afecte a una pluralidad indeterminada de personas, la suspensión de su eficacia habrá de ser publicada en el periódico oficial en que aquél se insertó.

Artículo 112. Audiencia de los interesados

1. Cuando hayan de tenerse en cuenta nuevos hechos o documentos no recogidos en el expediente originario, se pondrán de manifiesto a los interesados para que, en un

plazo no inferior a diez días ni superior a quince, formulen las alegaciones y presenten los documentos y justificantes que estimen procedentes.

No se tendrán en cuenta en la resolución de los recursos, hechos, documentos o alegaciones del recurrente, cuando habiendo podido aportarlos en el trámite de alegaciones no lo haya hecho.

2. Si hubiera otros interesados se les dará, en todo caso, traslado del recurso para que en el plazo antes citado, aleguen cuanto estimen procedente.

3. El recurso, los informes y las propuestas no tienen el carácter de documentos nuevos a los efectos de este artículo. Tampoco lo tendrán los que los interesados hayan aportado al expediente antes de recaer la resolución impugnada.

Artículo 113. Resolución

1. La resolución del recurso estimará en todo o en parte o desestimará las pretensiones formuladas en el mismo o declarará su inadmisión.

2. Cuando existiendo vicio de forma no se estime procedente resolver sobre el fondo se ordenará la retroacción del procedimiento al momento en el que el vicio fue cometido salvo lo dispuesto en el artículo 67.

3. El órgano que resuelva el recurso decidirá cuantas cuestiones, tanto de forma como de fondo, plantee el procedimiento, hayan sido o no alegadas por los interesados. En este último caso se les oirá previamente. No obstante, la resolución será congruente con las peticiones formuladas por el recurrente, sin que en ningún caso pueda agravarse su situación inicial.

3.2. Recurso de alzada

Artículo 114. Objeto

1. Las resoluciones y actos a que se refiere el artículo 107.1, cuando no pongan fin a la vía administrativa, podrán ser recurridos en alzada ante el órgano superior jerárquico del que los dictó. A estos efectos, los Tribunales y órganos de selección del personal al servicio de las Administraciones Públicas y cualesquiera otros que, en el seno de éstas, actúen con autonomía funcional, se considerarán dependientes del órgano al que estén adscritos o, en su defecto, del que haya nombrado al presidente de los mismos.

2. El recurso podrá interponerse ante el órgano que dictó el acto que se impugna o ante el competente para resolverlo.

Si el recurso se hubiera interpuesto ante el órgano que dictó el acto impugnado, éste deberá remitirlo al competente en el plazo de diez días, con su informe y con una copia completa y ordenada del expediente.

El titular del órgano que dictó el acto recurrido será responsable directo del cumplimiento de lo previsto en el párrafo anterior.

Artículo 115. Plazos

1. El plazo para la interposición del recurso de alzada será de un mes, si el acto fuera expreso.

Si no lo fuera, el plazo será de tres meses y se contará, para el solicitante y otros posibles interesados, a partir del día siguiente a aquel en que, de acuerdo con su normativa específica, se produzcan los efectos del silencio administrativo.

Transcurridos dichos plazos sin haberse interpuesto el recurso, la resolución será firme a todos los efectos.

2. El plazo máximo para dictar y notificar la resolución será de tres meses. Transcurrido este plazo sin que recaiga resolución, se podrá entender desestimado el recurso, salvo en el supuesto previsto en el artículo 43.2, segundo párrafo.

3. Contra la resolución de un recurso de alzada no cabrá ningún otro recurso administrativo, salvo el recurso extraordinario de revisión en los casos establecidos en el artículo 118.1.

3.3. Recurso potestativo de reposición

Artículo 116. Objeto y naturaleza

1. Los actos administrativos que pongan fin a la vía administrativa podrán ser recurridos potestativamente en reposición ante el mismo órgano que los hubiera dictado o ser impugnados directamente ante el orden jurisdiccional contencioso-administrativo.

2. No se podrá interponer recurso contencioso-administrativo hasta que sea resuelto expresamente o se haya producido la desestimación presunta del recurso de reposición interpuesto.

Artículo 117. Plazos

1. El plazo para la interposición del recurso de reposición será de un mes, si el acto fuera expreso. Si no lo fuera, el plazo será de tres meses y se contará, para el solicitante y otros posibles interesados, a partir del día siguiente a aquel en que, de acuerdo con su normativa específica, se produzca el acto presunto. Transcurridos dichos plazos, únicamente podrá interponerse recurso contencioso-administrativo, sin perjuicio, en su caso, de la procedencia del recurso extraordinario de revisión.

2. El plazo máximo para dictar y notificar la resolución del recurso será de un mes.

3. Contra la resolución de un recurso de reposición no podrá interponerse de nuevo dicho recurso.

3.4. Recurso extraordinario de revisión

Artículo 118. Objeto y plazos

1. Contra los actos firmes en vía administrativa podrá interponerse el recurso extraordinario de revisión ante el órgano administrativo que los dictó, que también será el competente para su resolución, cuando concurra alguna de las circunstancias siguientes:

1.ª Que al dictarlos se hubiera incurrido en error de hecho, que resulte de los propios documentos incorporados al expediente.

2.ª Que aparezcan documentos de valor esencial para la resolución del asunto que, aunque sean posteriores, evidencien el error de la resolución recurrida.

3.ª Que en la resolución hayan influido esencialmente documentos o testimonios declarados falsos por sentencia judicial firme, anterior o posterior a aquella resolución.

4.ª Que la resolución se hubiese dictado como consecuencia de prevaricación, cohecho, violencia, maquinación fraudulenta u otra conducta punible y se haya declarado así en virtud de sentencia judicial firme.

2. El recurso extraordinario de revisión se interpondrá cuando se trate de la causa primera, dentro del plazo de cuatro años siguientes a la fecha de la notificación de la resolución impugnada. En los demás casos, el plazo será de tres meses a contar desde el conocimiento de los documentos o desde que la sentencia judicial quedó firme.

3. Lo establecido en el presente artículo no perjudica el derecho de los interesados a formular la solicitud y la instancia a que se refieren los artículos 102 y 105.2 de la presente Ley ni su derecho a que las mismas se substancien y resuelvan.

Artículo 119. Resolución

1. El órgano competente para la resolución del recurso podrá acordar motivadamente la inadmisión a trámite, sin necesidad de recabar dictamen del Consejo de Estado u órgano consultivo de la Comunidad Autónoma, cuando el mismo no se funde en alguna de las causas previstas en el apartado 1 del artículo anterior o en el supuesto de que se hubiesen desestimado en cuanto al fondo otros recursos sustancialmente iguales.

2. El órgano al que corresponde conocer del recurso extraordinario de revisión debe pronunciarse no sólo sobre la procedencia del recurso, sino también, en su caso, sobre el fondo de la cuestión resuelta por el acto recurrido.

3. Transcurrido el plazo de tres meses desde la interposición del recurso extraordinario de revisión sin haberse dictado y notificado la resolución, se entenderá desestimado, quedando expedita la vía jurisdiccional contencioso-administrativa.

4. RECLAMACIONES PREVIAS AL EJERCICIO DE ACCIONES CIVILES Y LABORALES

Vienen reguladas en los artículos del 120 al 126 de la LRJPAC que establecen:

a) Disposiciones Generales

Artículo 120. Naturaleza

1. La reclamación en vía administrativa es requisito previo al ejercicio de acciones fundadas en derecho privado o laboral contra cualquier Administración Pública, salvo los supuestos en que dicho requisito esté exceptuado por una disposición con rango de Ley.

2. Dicha reclamación se tramitará y resolverá por las normas contenidas en este Título y, por aquellas que, en cada caso, sean de aplicación, y en su defecto, por las generales de esta Ley.

Artículo 121. Efectos

1. Si planteada una reclamación ante las Administraciones Públicas, ésta no ha sido resuelta y no ha transcurrido el plazo en que deba entenderse desestimada, no podrá deducirse la misma pretensión ante la jurisdicción correspondiente.

2. Planteada la reclamación previa se interrumpirán los plazos para el ejercicio de las acciones judiciales, que volverán a contarse a partir de la fecha en que se haya practicado la notificación expresa de la resolución o, en su caso, desde que se entienda desestimada por el transcurso del plazo.

b) Reclamaciones previas a la vía civil

Artículo 122. Iniciación

1. La reclamación se dirigirá al órgano competente de la Administración Pública de que se trate.

2. En la Administración General del Estado se planteará ante el Ministro del Departamento que por razón de la materia objeto de la reclamación sea competente. Las reclamaciones podrán presentarse en cualquiera de los lugares previstos por esta Ley para la presentación de escritos o solicitudes.

Artículo 123. Instrucción

1. El órgano ante el que se haya presentado la reclamación la remitirá en el plazo de cinco días al órgano competente en unión de todos los antecedentes del asunto.

2. El órgano competente para resolver podrá ordenar que se complete el expediente con los antecedentes, informes, documentos y datos que resulten necesarios.

Artículo 124. Resolución

1. Resuelta la reclamación por el Ministro u órgano competente, se notificará al interesado.

2. Si la Administración no notificara su decisión en el plazo de tres meses, el interesado podrá considerar desestimada su reclamación al efecto de formular la correspondiente demanda judicial.

c) Reclamaciones previas a la vía laboral

Artículo 125. Tramitación

1. La reclamación deberá dirigirse al Jefe administrativo o Director del establecimiento u Organismo en que el trabajador preste sus servicios.

2. Transcurrido un mes sin haberle sido notificada resolución alguna, el trabajador podrá considerar desestimada la reclamación a los efectos de la acción judicial laboral.

Artículo 126. Reclamaciones del personal civil no funcionario de la Administración Militar

Las reclamaciones que formule el personal civil no funcionario al servicio de la Administración Militar se regirán por sus disposiciones específicas.

Volumen I
Parte Común

Auxiliares de Administración Local

Tema **13**

La administración electrónica

La administracion electrónica.
Concepto y definiciones.
La sede electrónica. Identificación
y autenticación. El registro electrónico.
La notificación electrónica.
Expediente y archivo electrónico.

Rodio
ediciones

Índice esquemático

1. INTRODUCCIÓN

Ya desde la publicación de la Ley 30/1992 de Régimen Jurídico de las Administraciones Públicas del Procedimiento Administrativo Común (LRJPAC), se establecía en su artículo 45 el impulso al empleo de las técnicas y medios electrónicos informáticos telemáticos, por parte de la administración. Posteriormente en el año 2001 se modificó dicha Ley, para introducir en la misma, aspectos relativos a la posibilidad de utilizar las notificaciones electrónicas. Poco a poco se empezó a trabajar en la posibilidad de relacionarnos con los ciudadanos por medios telemáticos.

Pero ha sido la publicación de la **Ley 11/2007 de 22 de junio de acceso electrónico de los ciudadanos a los Servicios Públicos (LAECSP)**, la que ha dado un impulso definitivo a este proyecto de modernización de las administraciones públicas españolas. Y esto ha sido así, porque como dice su exposición de motivos, se ha pasado del "podrán" al "deberán". Lo que antes era una mera posibilidad, ha se ha convertido en una obligación, ya que la ley comienza por declarar que es un derecho de los ciudadanos, relacionarse con la administración por medios telemáticos: Y lo que es un derecho de los ciudadanos, se convierte automáticamente en una obligación de la administración.

Desde entonces, se han multiplicado las sedes electrónicas de la casi totalidad de administraciones públicas españolas, los registros electrónicos, se han comenzado a tramitar expedientes por medios electrónicos, y en el ámbito de las relaciones administrativas, se ha convertido en normal, que la transmisión de información y datos, se hace sólo por medios telemáticos, todo lo cual justifica la aparición de este tema en los temarios de oposición para acceder a la administración pública.

2. CONCEPTO DE ADMINISTRACIÓN ELECTRÓNICA Y DEFINICIONES

En general el término de administración electrónica, hace referencia a la incorporación de las tecnologías de la información y comunicación (TIC) al trabajo de las administraciones públicas, tanto para su trabajo y organización interna, como y más importante como medio de relacionarse con los ciudadanos.

La Comisión Europea ha dado la siguiente definición: *"La administración electrónica es el uso de las TIC en las administraciones públicas, combinado con cambios organizativos y nuevas aptitudes, con el fin de mejorar los servicios públicos y los procesos democráticos y reforzar el apoyo a las políticas públicas".*

A tal efecto el artículo 1 de la Ley 11/2007 LAECSP establece: "1. La presente Ley reconoce **el derecho de los ciudadanos a relacionarse con las Administraciones Públicas por medios electrónicos** y regula los aspectos básicos de la utilización de las tecnologías de la información en la actividad administrativa, en las relaciones entre las Administraciones Públicas, así como en las relaciones de los ciudadanos con las mismas con la finalidad de garantizar sus derechos, un tratamiento común ante ellas y la validez y eficacia de la actividad administrativa en condiciones de seguridad jurídica.

Las Administraciones Públicas utilizarán las tecnologías de la información de acuerdo con lo dispuesto en la presente Ley, asegurando la disponibilidad, el acceso, la integridad, la autenticidad, la confidencialidad y la conservación de los datos, informaciones y servicios que gestionen en el ejercicio de sus competencias."

El ámbito de aplicación de la ley es lógicamente a todas las administraciones públicas, Estado, Comunidades Autónomas y Administración Local.

Son Fines de LAECSP los siguientes:

1. Facilitar el ejercicio de derechos y el cumplimiento de deberes por medios electrónicos.

2. Facilitar el acceso por medios electrónicos de los ciudadanos a la información y al procedimiento administrativo, con especial atención a la eliminación de las barreras que limiten dicho acceso.

3. Crear las condiciones de confianza en el uso de los medios electrónicos, estableciendo las medidas necesarias para la preservación de la integridad de los derechos fundamentales, y en especial los relacionados con la intimidad y la protección de datos de carácter personal, por medio de la garantía de la seguridad de los sistemas, los datos, las comunicaciones, y los servicios electrónicos.

4. Promover la proximidad con el ciudadano y la transparencia administrativa, así como la mejora continuada en la consecución del interés general.

5. Contribuir a la mejora del funcionamiento interno de las Administraciones Públicas, incrementando la eficacia y la eficiencia de las mismas mediante el uso de las tecnologías de la información, con las debidas garantías legales en la realización de sus funciones.

6. Simplificar los procedimientos administrativos y proporcionar oportunidades de participación y mayor transparencia, con las debidas garantías legales.

7. Contribuir al desarrollo de la sociedad de la información en el ámbito de las Administraciones Públicas y en la sociedad en general.

La Ley establece una serie de definiciones que se elevan a la categoría de norma, ya que aunque figuran en un anexo a la misma, se regulan en el artículo 5, que establece que los términos que en la Ley se emplean, tendrán el sentido que se establece en el anexo, que son las siguientes:

a) **Actuación administrativa automatizada**: Actuación administrativa producida por un sistema de información adecuadamente programado sin necesidad de intervención de una persona física en cada caso singular. Incluye la producción de actos de trámite o resolutorios de procedimientos, así como de meros actos de comunicación.

b) **Aplicación:** Programa o conjunto de programas cuyo objeto es la resolución de un problema mediante el uso de informática.

c) **Aplicación de fuentes abiertas**: Aquella que se distribuye con una licencia que permite la libertad de ejecutarla, de conocer el código fuente, de modificarla o mejorarla y de redistribuir copias a otros usuarios.

d) **Autenticación:** Acreditación por medios electrónicos de la identidad de una persona o ente, del contenido de la voluntad expresada en sus operaciones, transacciones y documentos, y de la integridad y autoría de estos últimos.

e) **Canales:** Estructuras o medios de difusión de los contenidos y servicios; incluyendo el canal presencial, el telefónico y el electrónico, así como otros que existan en la actualidad o puedan existir en el futuro (dispositivos móviles, TDT, etc).

f) **Certificado electrónico:** Según el artículo 6 de la Ley 59/2003, de 19 de diciembre, de Firma Electrónica, «Documento firmado electrónicamente por un prestador de servicios de certificación que vincula unos datos de verificación de firma a un firmante y confirma su identidad».

g) **Certificado electrónico reconocido:** Según el artículo 11 de la Ley 59/2003, de 19 de diciembre, de Firma Electrónica: «Son certificados reconocidos los certificados electrónicos expedidos por un prestador de servicios de certificación que cumpla los requisitos establecidos en esta Ley en cuanto a la comprobación de la identidad y demás circunstancias de los solicitantes y a la fiabilidad y las garantías de los servicios de certificación que presten».

h) **Ciudadano:** Cualesquiera personas físicas, personas jurídicas y entes sin personalidad que se relacionen, o sean susceptibles de relacionarse, con las Administraciones Públicas.

i) **Dirección electrónica:** Identificador de un equipo o sistema electrónico desde el que se provee de información o servicios en una red de comunicaciones.

j) **Documento electrónico:** Información de cualquier naturaleza en forma electrónica, archivada en un soporte electrónico según un formato determinado y susceptible de identificación y tratamiento diferenciado.

k) **Estándar abierto:** Aquel que reúna las siguientes condiciones:

  ▷ Sea público y su utilización sea disponible de manera gratuita o a un coste que no suponga una dificultad de acceso.

  ▷ Su uso y aplicación no esté condicionado al pago de un derecho de propiedad intelectual o industrial.

l) **Firma electrónica:** Según el artículo 3 de la Ley 59/2003, de 19 de diciembre, de Firma Electrónica, «conjunto de datos en forma electrónica, consignados junto a otros o asociados con ellos, que pueden ser utilizados como medio de identificación del firmante».

m) **Firma electrónica avanzada:** Según el artículo 3 de la Ley 59/2003, de 19 de diciembre, de Firma Electrónica, «firma electrónica que permite identificar al firmante y detectar cualquier cambio ulterior de los datos firmados, que está vinculada al firmante de manera única y a los datos a que se refiere y que ha sido creada por medios que el firmante puede mantener bajo su exclusivo control».

n) **Firma electrónica reconocida:** Según el artículo 3 de la Ley 59/2003, de 19 de diciembre, de Firma Electrónica, «firma electrónica avanzada basada en un certificado reconocido y generada mediante un dispositivo seguro de creación de firma».

o) **Interoperabilidad:** Capacidad de los sistemas de información, y por ende de los procedimientos a los que éstos dan soporte, de compartir datos y posibilitar el intercambio de información y conocimiento entre ellos.

p) **Medio electrónico:** Mecanismo, instalación, equipo o sistema que permite producir, almacenar o transmitir documentos, datos e informaciones; incluyendo cualesquiera redes de comunicación abiertas o restringidas como Internet, telefonía fija y móvil u otras.

q) **Punto de acceso electrónico:** Conjunto de páginas web agrupadas en un dominio de Internet cuyo objetivo es ofrecer al usuario, de forma fácil e integrada, el acceso a una serie de recursos y de servicios dirigidos a resolver necesidades específicas de un grupo de personas o el acceso a la información y servicios de a una institución pública.

r) **Sistema de firma electrónica:** Conjunto de elementos intervinientes en la creación de una firma electrónica. En el caso de la firma electrónica basada en certificado electrónico, componen el sistema, al menos, el certificado electrónico, el soporte, el lector, la aplicación de firma utilizada y el sistema de interpretación y verificación utilizado por el receptor del documento firmado.

s) **Sellado de tiempo:** Acreditación a cargo de un tercero de confianza de la fecha y hora de realización de cualquier operación o transacción por medios electrónicos.

t) **Espacios comunes o ventanillas únicas:** Modos o canales (oficinas integradas, atención telefónica, páginas en Internet y otros) a los que los ciudadanos pueden dirigirse para acceder a las informaciones, trámites y servicios públicos determinados por acuerdo entre varias Administraciones.

u) **Actividad de servicio:** Cualquier actividad económica por cuenta propia, prestada normalmente a cambio de una remuneración.

v) **Prestador de actividad de servicio:** Cualquier persona física o jurídica que ofrezca o preste una actividad de servicio.

3. LA SEDE ELECTRÓNICA

Si la sede física es el sitio donde se encuentra el edificio físico de la administración (Por ejemplo la Casa Consistorial) adonde pueden acudir los ciudadanos para resolver y tramitar sus expedientes, la sede electrónica será el sitio virtual en Internet, al que los ciudadanos puedan acceder a resolver vía internet sus problemas. Si la sede física es: C/Plaza Mayor nº1. La sede electrónica será: WWW.AyuntamientoZZ.es.

La LAECSP lo define en su artículo 10 así: 1. **La sede electrónica es aquella dirección electrónica disponible para los ciudadanos a través de redes de telecomunicaciones cuya titularidad, gestión y administración corresponde a una Administración Pública, órgano o entidad administrativa en el ejercicio de sus competencias.**

2. El establecimiento de una sede electrónica conlleva la responsabilidad del titular respecto de la integridad, veracidad y actualización de la información y los servicios a los que pueda accederse a través de la misma.

3. Cada Administración Pública determinará las condiciones e instrumentos de creación de las sedes electrónicas, con sujeción a los principios de publicidad oficial, responsabilidad, calidad, seguridad, disponibilidad, accesibilidad, neutralidad

e interoperabilidad. En todo caso deberá garantizarse la identificación del titular de la sede, así como los medios disponibles para la formulación de sugerencias y quejas.

4. Las sedes electrónicas dispondrán de sistemas que permitan el establecimiento de comunicaciones seguras siempre que sean necesarias.

5. La publicación en las sedes electrónicas de informaciones, servicios y transacciones respetará los principios de accesibilidad y usabilidad de acuerdo con las normas establecidas al respecto, estándares abiertos y, en su caso, aquellos otros que sean de uso generalizado por los ciudadanos.

La Ley es parca, en concretar cómo crear la sede electrónica, cuestión que ha desarrollado el **Real Decreto 1671/2009 de 6 de noviembre por el que se aprobó el reglamento de desarrollo parcial de la Ley, al que nos referiremos como RAECSP** que en su artículo 6 dispone el siguiente contenido mínimo para las sedes electrónicas:

1. Toda **sede electrónica dispondrá del siguiente contenido mínimo:**

   a) Identificación de la sede, así como del órgano u órganos titulares y de los responsables de la gestión y de los servicios puestos a disposición en la misma y, en su caso, de las subsedes de ella derivadas.

   b) Información necesaria para la correcta utilización de la sede incluyendo el mapa de la sede electrónica o información equivalente, con especificación de la estructura de navegación y las distintas secciones disponibles, así como la relacionada con propiedad intelectual.

   c) Servicios de asesoramiento electrónico al usuario para la correcta utilización de la sede.

   d) Sistema de verificación de los certificados de la sede, que estará accesible de forma directa y gratuita.

   e) Relación de sistemas de firma electrónica que, conforme a lo previsto en este real decreto, sean admitidos o utilizados en la sede.

   f) Normas de creación del registro o registros electrónicos accesibles desde la sede.

   g) Información relacionada con la protección de datos de carácter personal, incluyendo un enlace con la sede electrónica de la Agencia Española de Protección de Datos.

2. Las **sedes electrónicas dispondrán de los siguientes servicios a disposición de los ciudadanos:**

   a) Relación de los servicios disponibles en la sede electrónica.

   b) Carta de servicios y carta de servicios electrónicos.

   c) Relación de los medios electrónicos a los que se refiere el artículo 27.4 de la Ley 11/2007, de 22 de junio.

   d) Enlace para la formulación de sugerencias y quejas ante los órganos que en cada caso resulten competentes.

   e) Acceso, en su caso, al estado de tramitación del expediente.

   f) En su caso, publicación de los diarios o boletines.

g) En su caso, publicación electrónica de actos y comunicaciones que deban publicarse en tablón de anuncios o edictos, indicando el carácter sustitutivo o complementario de la publicación electrónica.

h) Verificación de los sellos electrónicos de los órganos u organismos públicos que abarque la sede.

i) Comprobación de la autenticidad e integridad de los documentos emitidos por los órganos u organismos públicos que abarca la sede que hayan sido autenticados mediante código seguro de verificación.

j) Indicación de la fecha y hora oficial a los efectos previstos en el artículo 26.1 de la Ley 11/2007, de 22 de junio.

Además el mismo Reglamento establece, que se realizarán a través de sedes electrónicas todas las actuaciones, procedimientos y servicios que requieran la autenticación de la Administración Pública o de los ciudadanos por medios electrónicos.

A tal efecto se podrán crear una o varias sedes electrónicas derivadas de una sede electrónica. Las sedes electrónicas derivadas, o subsedes, deberán resultar accesibles desde la dirección electrónica de la sede principal, sin perjuicio de que sea posible el acceso electrónico directo. Las sedes electrónicas derivadas deberán cumplir los mismos requisitos que las sedes electrónicas principales, salvo en lo relativo a la publicación de la orden o resolución por la que se crea, que se realizará a través de la sede de la que dependan. Su ámbito de aplicación comprenderá órgano u órganos con rango, al menos, de subdirección general.

Por último decir que el establecimiento de una sede electrónica conlleva la responsabilidad del titular respecto a la integridad, veracidad y actualización de la información que se incluya en la misma, y a tal efecto el artículo 7 del RAECSP establece:

El establecimiento de una sede electrónica conllevará la responsabilidad del titular respecto de la integridad, veracidad y actualización de la información y los servicios a los que pueda accederse a través de la misma. El titular de la sede electrónica que contenga un enlace o vínculo a otra cuya responsabilidad corresponda a distinto órgano o Administración Pública no será responsable de la integridad, veracidad ni actualización de esta última. La sede establecerá los medios necesarios para que el ciudadano conozca si la información o servicio al que accede corresponde a la propia sede o a un punto de acceso que no tiene el carácter de sede o a un tercero.

4. IDENTIFICACIÓN Y AUTENTICACIÓN

El artículo 13 de la LAECSP establece que las Administraciones Públicas admitirán, en sus relaciones por medios electrónicos, **sistemas de firma electrónica que sean conformes a lo establecido en la Ley 59/2003, de 19 de diciembre, de Firma Electrónica** y resulten adecuados para garantizar la identificación de los participantes y, en su caso, la autenticidad e integridad de los documentos electrónicos.

A tal efecto **los ciudadanos podrán utilizar los siguientes sistemas de firma electrónica para relacionarse con las Administraciones Públicas**, de acuerdo con lo que cada Administración determine:

a) En todo caso, los sistemas de firma electrónica incorporados al Documento Nacional de Identidad, para personas físicas.

b) Sistemas de firma electrónica avanzada, incluyendo los basados en certificado electrónico reconocido, admitidos por las Administraciones Públicas.

c) Otros sistemas de firma electrónica, como la utilización de claves concertadas en un registro previo como usuario, la aportación de información conocida por ambas partes u otros sistemas no criptográficos, en los términos y condiciones que en cada caso se determinen.

Las Administraciones Públicas podrán utilizar los siguientes **sistemas para su identificación electrónica y para la autenticación de los documentos** electrónicos que produzcan:

a) Sistemas de firma electrónica basados en la utilización de certificados de dispositivo seguro o medio equivalente que permita identificar la sede electrónica y el establecimiento con ella de comunicaciones seguras.

b) Sistemas de firma electrónica para la actuación administrativa automatizada.

c) Firma electrónica del personal al servicio de las Administraciones Públicas.

d) Intercambio electrónico de datos en entornos cerrados de comunicación, conforme a lo específicamente acordado entre las partes.

Las **sedes electrónicas utilizarán, para identificarse y garantizar una comunicación segura con las mismas, sistemas de firma electrónica basados en certificados de dispositivo seguro** o medio equivalente.

Para la identificación y la autenticación del ejercicio de la competencia en la actuación administrativa automatizada, cada Administración Pública podrá determinar los **supuestos de utilización de los siguientes sistemas de firma electrónica:**

a) **Sello electrónico de Administración Pública**, órgano o entidad de derecho público, basado en certificado electrónico que reúna los requisitos exigidos por la legislación de firma electrónica.

b) **Código seguro de verificación** vinculado a la Administración Pública, órgano o entidad y, en su caso, a la persona firmante del documento, permitiéndose en todo caso la comprobación de la integridad del documento mediante el acceso a la sede electrónica correspondiente.

Los certificados electrónicos a los que se hace referencia en el apartado a) incluirán el número de identificación fiscal y la denominación correspondiente, pudiendo contener la identidad de la persona titular en el caso de los sellos electrónicos de órganos administrativos.

La relación de sellos electrónicos utilizados por cada Administración Pública, incluyendo las características de los certificados electrónicos y los prestadores que los expiden, deberá ser pública y accesible por medios electrónicos. Además, cada Administración Pública adoptará las medidas adecuadas para facilitar la verificación de sus sellos electrónicos.

Respecto a la firma electrónica del personal al servicio de las Administraciones Públicas la LAECSP contiene las siguientes previsiones:

La identificación y autenticación del ejercicio de la competencia de la Administración Pública, órgano o entidad actuante, cuando utilice medios electrónicos, se realizará mediante firma electrónica del personal a su servicio, de acuerdo con lo dispuesto en los siguientes apartados.

Cada Administración Pública podrá proveer a su personal de sistemas de firma electrónica, los cuales podrán identificar de forma conjunta al titular del puesto de trabajo o cargo y a la Administración u órgano en la que presta sus servicios.

La firma electrónica basada en el Documento Nacional de Identidad podrá utilizarse a los efectos de este artículo.

Los documentos electrónicos transmitidos en entornos cerrados de comunicaciones establecidos entre Administraciones Públicas, órganos y entidades de derecho público, serán considerados válidos a efectos de autenticación e identificación de los emisores y receptores en las condiciones establecidas en el presente artículo.

Cuando los participantes en las comunicaciones pertenezcan a una misma Administración Pública, ésta determinará las condiciones y garantías por las que se regirá que, al menos, comprenderá la relación de emisores y receptores autorizados y la naturaleza de los datos a intercambiar.

Cuando los participantes pertenezcan a distintas administraciones, las condiciones y garantías citadas en el apartado anterior se establecerán mediante convenio.

En todo caso deberá garantizarse la seguridad del entorno cerrado de comunicaciones y la protección de los datos que se transmitan.

5. DE LOS REGISTROS ELECTRÓNICOS

La LAECSP establece que las Administraciones Públicas crearán registros electrónicos para la recepción y remisión de solicitudes, escritos y comunicaciones.

Los **registros electrónicos podrán admitir:**

a) Documentos electrónicos normalizados correspondientes a los servicios, procedimientos y trámites que se especifiquen conforme a lo dispuesto en la norma de creación del registro, cumplimentados de acuerdo con formatos preestablecidos.

b) Cualquier solicitud, escrito o comunicación distinta de los mencionados en el apartado anterior dirigido a cualquier órgano o entidad del ámbito de la administración titular del registro.

En cada Administración Pública existirá, al menos, un sistema de registros electrónicos suficiente para recibir todo tipo de solicitudes, escritos y comunicaciones dirigidos a dicha Administración Pública. Las Administraciones Públicas podrán, mediante convenios de colaboración, habilitar a sus respectivos registros para la recepción de las solicitudes, escritos y comunicaciones de la competencia de otra Administración que se determinen en el correspondiente convenio.

En el ámbito de la Administración General del Estado se automatizarán las oficinas de registro físicas a las que se refiere el artículo 38 de la Ley 30/1992, de Régimen Jurídico de las Administraciones Públicas y del Procedimiento Administrativo Común, a fin de garantizar la interconexión de todas sus oficinas y posibilitar el acceso por medios electrónicos a los asientos registrales y a las copias electrónicas de los documentos presentados.

Creación y funcionamiento: Las disposiciones de creación de registros electrónicos se publicarán en el Diario Oficial correspondiente y su texto íntegro deberá estar disponible para consulta en la sede electrónica de acceso al registro. En todo caso, las disposiciones de creación de registros electrónicos especificarán el órgano o unidad responsable de su gestión, así como la fecha y hora oficial y los días declarados como inhábiles a los efectos previstos en el artículo siguiente.

En la sede electrónica de acceso al registro figurará la relación actualizada de las solicitudes, escritos y comunicaciones que pueden presentarse en el mismo así como, en su caso, la posibilidad de presentación de solicitudes, escritos y comunicaciones distintos de los anteriores.

Los registros electrónicos emitirán automáticamente un recibo consistente en una copia autenticada del escrito, solicitud o comunicación de que se trate, incluyendo la fecha y hora de presentación y el número de entrada de registro.

Podrán aportarse documentos que acompañen a la correspondiente solicitud, escrito o comunicación, siempre que cumplan los estándares de formato y requisitos de seguridad que se determinen en los Esquemas Nacionales de Interoperabilidad y de Seguridad. Los registros electrónicos generarán recibos acreditativos de la entrega de estos documentos que garanticen la integridad y el no repudio de los documentos aportados.

Cómputo de plazos: Los registros electrónicos se regirán a efectos de cómputo de los plazos imputables tanto a los interesados como a las Administraciones Públicas por la fecha y hora oficial de la sede electrónica de acceso, que deberá contar con las medidas de seguridad necesarias para garantizar su integridad y figurar visible.

Los registros electrónicos **permitirán la presentación de solicitudes, escritos y comunicaciones todos los días del año durante las veinticuatro horas**. A los efectos del cómputo de plazo fijado en **días hábiles o naturales**, y en lo que se refiere a cumplimiento de plazos por los interesados, la presentación en un día inhábil se entenderá realizada en la primera hora del primer día hábil siguiente, salvo que una norma permita expresamente la recepción en día inhábil.

El inicio del cómputo de los plazos que hayan de cumplir los órganos administrativos y entidades de derecho público vendrá determinado por la fecha y hora de presentación en el propio registro o, en el caso previsto en el apartado 2.b del artículo 24, por la fecha y hora de entrada en el registro del destinatario. En todo caso, la fecha efectiva de inicio del cómputo de plazos deberá ser comunicada a quien presentó el escrito, solicitud o comunicación.

Cada sede electrónica en la que esté disponible un registro electrónico determinará, atendiendo al ámbito territorial en el que ejerce sus competencias el titular de aquella, los días que se considerarán inhábiles a los efectos de los apartados anteriores. En todo caso, no será de aplicación a los registros electrónicos lo dispuesto en el artículo 48.5 de la Ley 30/1992, de Régimen Jurídico de las Administraciones Públicas y del Procedimiento Administrativo Común, que como hemos visto en temas anteriores establecía:

"Cuando un día fuese hábil en el municipio o Comunidad Autónoma en que residiese el interesado, e inhábil en la sede del órgano administrativo, o a la inversa, se considerará inhábil en todo caso."

6. LA NOTIFICACIÓN ELECTRÓNICA

La regulación de la notificación electrónica que se contenía en la LRJPAC en el artículo 59.3, ha quedado desplazada por la regulación más minuciosa que efectúa la actual LAECSP y su reglamento, de la siguiente forma.

6.1. La voluntariedad en la elección del medio de notificación

La LAECSP atribuye a los ciudadanos en su artículo 27.1 la libertad de elección de la manera de comunicarse con las AAPP, sea o no por medios electrónicos, limitando a éstas la utilización de estos medios a los supuestos en que los ciudadanos así lo hayan solicitado o consentido expresamente. En sintonía con esta previsión, el artículo 28.2 LAECSP exige que para que la notificación se practique utilizando algún medio electrónico se requerirá que el interesado haya señalado dicho medio como preferente o haya consentido su utilización.

Los artículos 27 y 28 de la LAECSP establecen:

Artículo 27 Comunicaciones electrónicas

1. Los ciudadanos podrán elegir en todo momento la manera de comunicarse con las Administraciones Públicas, sea o no por medios electrónicos, excepto en aquellos casos en los que de una norma con rango de Ley se establezca o infiera la utilización de un medio no electrónico. La opción de comunicarse por unos u otros medios no vincula al ciudadano, que podrá, en cualquier momento, optar por un medio distinto del inicialmente elegido.

2. Las Administraciones Públicas utilizarán medios electrónicos en sus comunicaciones con los ciudadanos siempre que así lo hayan solicitado o consentido expresamente. La solicitud y el consentimiento podrán, en todo caso, emitirse y recabarse por medios electrónicos.

3. Las comunicaciones a través de medios electrónicos serán válidas siempre que exista constancia de la transmisión y recepción, de sus fechas, del contenido íntegro de las comunicaciones y se identifique fidedignamente al remitente y al destinatario de las mismas.

4. Las Administraciones publicarán, en el correspondiente Diario Oficial y en la propia sede electrónica, aquellos medios electrónicos que los ciudadanos pueden utilizar en cada supuesto en el ejercicio de su derecho a comunicarse con ellas.

5. Los requisitos de seguridad e integridad de las comunicaciones se establecerán en cada caso de forma apropiada al carácter de los datos objeto de aquellas, de acuerdo con criterios de proporcionalidad, conforme a lo dispuesto en la legislación vigente en materia de protección de datos de carácter personal.

6. Reglamentariamente, las Administraciones Públicas podrán establecer la obligatoriedad de comunicarse con ellas utilizando sólo medios electrónicos, cuando los interesados se correspondan con personas jurídicas o colectivos de personas físicas que por razón de su capacidad económica o técnica, dedicación profesional u otros motivos acreditados tengan garantizado el acceso y disponibilidad de los medios tecnológicos precisos.

7. Las Administraciones Públicas utilizarán preferentemente medios electrónicos en sus comunicaciones con otras Administraciones Públicas. Las condiciones que regirán estas comunicaciones se determinarán entre las Administraciones Públicas participantes.

Artículo 28 Práctica de la notificación por medios electrónicos

1. Para que la notificación se practique utilizando algún medio electrónico se requerirá que el interesado haya señalado dicho medio como preferente o haya consentido su utilización, sin perjuicio de lo dispuesto en el artículo 27.6. Tanto la indicación de la preferencia en el uso de medios electrónicos como el consentimiento citados anteriormente podrán emitirse y recabarse, en todo caso, por medios electrónicos.

2. El sistema de notificación permitirá acreditar la fecha y hora en que se produzca la puesta a disposición del interesado del acto objeto de notificación, así como la de acceso a su contenido, momento a partir del cual la notificación se entenderá practicada a todos los efectos legales.

3. Cuando, existiendo constancia de la puesta a disposición transcurrieran diez días naturales sin que se acceda a su contenido, se entenderá que la notificación ha sido rechazada con los efectos previstos en el artículo 59.4 de la Ley 30/1992 de Régimen Jurídico y del Procedimiento Administrativo Común y normas concordantes, salvo que de oficio o a instancia del destinatario se compruebe la imposibilidad técnica o material del acceso.

4. Durante la tramitación del procedimiento el interesado podrá requerir al órgano correspondiente que las notificaciones sucesivas no se practiquen por medios electrónicos, utilizándose los demás medios admitidos en el artículo 59 de la Ley 30/1992, de Régimen Jurídico y del Procedimiento Administrativo Común, excepto en los casos previstos en el artículo 27.6 de la presente Ley.

5. Producirá los efectos propios de la notificación por comparecencia el acceso electrónico por los interesados al contenido de las actuaciones administrativas correspondientes, siempre que quede constancia de dichos acceso.

6.2. El sistema de notificación electrónica

La LAECSP contempla dos posibles sistemas de notificación: la dirección electrónica habilitada o dirección electrónica única y la notificación mediante comparecencia. Junto a esos sistemas el RAECSP incorpora un tercero: la notificación en dirección de correo electrónico, dejando abierto incluso la utilización de otros medios.

1. Dirección electrónica única: Asociada a la dirección, su titular dispondrá de un buzón electrónico en el que recibirá las notificaciones de los organismos y procedimientos correspondientes. Las notificaciones no se envían, por tanto, a ninguna cuenta de correo electrónico particular. Cada Administración puede asignar sus propias direcciones con los siguientes requisitos para su implantación y efectos conforme el artículo 28.2 LAECSP:

a) El sistema de notificación permitirá acreditar la fecha y hora en que se produzca la puesta a disposición del interesado del acto objeto de notificación, así como la de acceso a su contenido, momento a partir del cual la notificación se entenderá practicada a todos los efectos legales.

b) Cuando, existiendo constancia de la puesta a disposición transcurrieran diez días naturales sin que se acceda a su contenido, se entenderá que la notificación ha sido rechazada con los efectos previstos en el artículo 59.4 de la Ley 30/1992 de Régimen Jurídico y del Procedimiento Administrativo Común y normas concordantes, salvo que de oficio o a instancia del destinatario se compruebe la imposibilidad técnica o material del acceso.

A la vista de lo expuesto, cuando se utilice este sistema de notificación nos evitaremos tener que realizar un segundo intento de notificación por medios electrónicos tres días después y en hora distinta como sucede en las notificaciones convencionales postales. Esto es así porque en este caso el interesado ha tenido a su disposición la notificación durante diez días naturales en su domicilio virtual, cosa que no sucede en el domicilio físico cuando no hay nadie en el mismo –de ahí que se produzca un nuevo intento dentro de los tres días siguientes y en hora distinta–. Por la misma razón tampoco se prevé la publicación sustitutiva en boletines.

Una cuestión interesante que no aclara la LAECSP es si una vez la notificación se entienda rechazada, el sistema de notificación deberá proceder a suprimir o eliminar el mensaje electrónico que la contiene de la DEU del interesado, pero parece razonable que en aras de una mayor transparencia en el procedimiento administrativo el acto o resolución permanezca a disposición del interesado en su buzón electrónico–DEU aun a pesar de entenderse practicada la notificación por el rechazo. Esta medida podría ser muy positiva desde la perspectiva de las garantías del interesado en los procedimientos administrativos electrónicos por lo que este autor propone el mantenimiento de las notificaciones electrónicas en la dirección electrónica de los interesados al menos hasta que haya transcurrido el plazo de interposición de recursos administrativos o, en su caso, contenciosos.

2. Comparecencia electrónica: La LAECSP en el apartado 5 del artículo 28 dispone que esta modalidad de notificación producirá los efectos propios de la notificación por comparecencia cuando se produzca el acceso electrónico, por los interesados al contenido de las actuaciones administrativas correspondientes, siempre que quede constancia de dichos accesos. Parece admitir que la mera consulta electrónica del expediente surta los efectos de la notificación.

Esta previsión legal es demasiado genérica y la aplicación literal de dicho precepto podría dar lugar a supuestos de indefensión para los interesados en el procedimiento, posiblemente por ello su regulación se vio completada posteriormente por el RECSP en su artículo 40:

"1. La notificación por comparecencia electrónica consiste en el acceso por el interesado, debidamente identificado, al contenido de la actuación administrativa correspondiente a través de la sede electrónica del órgano u organismo público actuante.

2. Para que la comparecencia electrónica produzca los efectos de notificación de acuerdo con el artículo 28.5 de la LAECSP, se requerirá que reúna las siguientes condiciones:

a) Con carácter previo al acceso a su contenido, el interesado deberá visualizar un aviso del carácter de notificación de la actuación administrativa que tendrá dicho acceso.

b) El sistema de información correspondiente dejará constancia de dicho acceso con indicación de fecha y hora."

A destacar en este apartado la regulación de este medio de notificación por parte de la AEAT mediante la Orden EHA71843/2011, de 30 de junio, por la que se regula la publicación de anuncios en la Sede Electrónica de la Agencia Estatal de Administración Tributaria para la notificación por comparecencia y que contiene una regulación específica para la misma.

3. Notificación mediante recepción en dirección de correo electrónico: De acuerdo con el artículo 39 RAECSP se podrá acordar la práctica de notificaciones en las direcciones de correo electrónico que los ciudadanos elijan siempre que se genere automáticamente y con independencia de la voluntad del destinatario un acuse de recibo que deje constancia de su recepción y que se origine en el momento del acceso al contenido de la notificación.

Esta modalidad necesita de la colaboración por parte del destinatario de la notificación puesto que la Administración no dispondrá de la posibilidad de acreditar por sí misma la recepción y acceso.

7. EXPEDIENTE Y ARCHIVO ELECTRÓNICO

Vienen regulados en los artículos 31 y 32 del la LAECSP que establecen:

Archivo electrónico de documentos artículo 31

1. Podrán almacenarse por medios electrónicos todos los documentos utilizados en las actuaciones administrativas.

2. Los documentos electrónicos que contengan actos administrativos que afecten a derechos o intereses de los particulares deberán conservarse en soportes de esta

naturaleza, ya sea en el mismo formato a partir del que se originó el documento o en otro cualquiera que asegure la identidad e integridad de la información necesaria para reproducirlo. Se asegurará en todo caso la posibilidad de trasladar los datos a otros formatos y soportes que garanticen el acceso desde diferentes aplicaciones.

3. Los medios o soportes en que se almacenen documentos, deberán contar con medidas de seguridad que garanticen la integridad, autenticidad, confidencialidad, calidad, protección y conservación de los documentos almacenados. En particular, asegurarán la identificación de los usuarios y el control de accesos, así como el cumplimiento de las garantías previstas en la legislación de protección de datos.

Expediente electrónico (artículo 32)

1. El expediente electrónico es el conjunto de documentos electrónicos correspondientes a un procedimiento administrativo, cualquiera que sea el tipo de información que contengan.

2. El foliado de los expedientes electrónicos se llevará a cabo mediante un índice electrónico, firmado por la Administración, órgano o entidad actuante, según proceda. Este índice garantizará la integridad del expediente electrónico y permitirá su recuperación siempre que sea preciso, siendo admisible que un mismo documento forme parte de distintos expedientes electrónicos.

3. La remisión de expedientes podrá ser sustituida a todos los efectos legales por la puesta a disposición del expediente electrónico, teniendo el interesado derecho a obtener copia del mismo.

Ediciones Rodio pone a tu disposición la Colección de Corporaciones Locales, donde encontrarás temarios desarrollados para la preparación de oposiciones en entidades de ámbito local como Ayuntamientos, Cabildos o Diputaciones entre otras.

Esta colección recoge los temas principales a desarrollar en cada una de las categorías, totalmente actualizados y organizados didácticamente para afrontar, con éxito, tanto exámenes tipo test como de desarrollo.

TE INVITAMOS A SEGUIR ALERTA SOBRE NUESTRAS NOVEDADES Y PROMOCIONES.

SUSCRÍBETE GRATIS A NUESTRO BOLETÍN EN:

www.edicionesrodio.com/suscripciones.html

Si necesitas más información ponte en contacto con nosotros en el

☎ **955 28 74 84**

o escríbenos a: **info@edicionesrodio.com**

CPSIA information can be obtained
at www.ICGtesting.com
Printed in the USA
BVOW06s1131011116

466595BV00016B/137/P

9 788416 232901